JN441235

우리는 무엇을 사랑하는가

허밍버드

허밍버드

우리는 무엇을 사랑하는가

초판 1쇄 발행 2026년 1월 17일

지은이 이원식
펴낸이 장길수
펴낸곳 지식과감성#
출판등록 제2012-000081호

교정 주경민
디자인 강샛별
편집 강샛별
검수 한장희, 이현
마케팅 김윤길

주소 서울시 금천구 벚꽃로298 대륭포스트타워6차 1212호
전화 070-4651-3730~4
팩스 070-4325-7006
이메일 ksbookup@naver.com
홈페이지 www.knsbookup.com

ISBN 979-11-392-0782-8(03810)
값 16,700원

이원식 지음

허밍버드

우리는 무엇을 사랑하는가

Humming Bird

지식과감성#

| 머리말 |

우리 시대의 가장 뼈아픈 상실은 사랑을 잃어버렸다는 것이다. 사랑은 사람들 간의 사랑, 그 가운데 남녀 간의 사랑이 으뜸이다.

우리는 사랑을 갈망하면서도 사랑이 무엇인지 모른다. 사랑은 이 세상 너머에 있는 숭고한 신적 삶의 진실이요 실재의 힘이다. 사랑에는 아득한 옛날 잃어버린 원초적 쾌락과 같은 무엇인가가 작용한다. 그것은 그리움이요 눈물이며 끝내는 좌절이다. 우리는 사랑하고 사랑받음으로써 쾌락이 있었던 빈자리에 다가가고 싶다. 그곳이 잊혀진 나의 존재요 낙원이었기 때문이다. 사랑, 그것은 존재에로의 접근이다(J. 라캉).

사랑이 이 공백을 수식하며 채워 줄 수 있을까? 사랑으로 잃어버린 존재의 한 모금을 마셔 볼 수 있을까? 인간은 비록 주체로서의 자기 삶을 살지 못하지만 우리는 사랑을 욕망하면서 살아가야 한다. 그 욕망은 불을 좇는 불나비처럼 죽음을 충동한다. 우리가 진정 욕망하는 것은 그러나 결코 채울 수 없는 저 너머의 환상이다. 사랑은 신기루처럼 멀고 세이렌처럼 위험하다.

차례

2부

3부

1부

희미한 옛 사랑의 그림자

그럭저럭 한 십여 년 전이었나. 8.15 광복절 공휴일을 빌려 전날 저녁 시골 중학교 운동장에서 총동창회 전야제가 열렸다. 낮의 뜨거운 열기가 채 식지 않아 아직도 후끈거리는 그 여름밤, 늙은 선배와 젊은 후배들이 뒤섞이며 차일 안은 와글거렸다. 13회 우리 동기들은 아직 코빼기도 안 보인다. 나 혼자 한구석에 자리 잡고 앉아 파전 안주에 그럭저럭 두 번째 소주병 마개를 막 따려고 하는데 누군가가 내 곁에 와 앉는다. 분 냄새가 확 풍겨온다.

"선배님 저 아시겠어요?"

웬 서울 말씨? 돌아보니 생면부지의 통통하고 하얀 얼굴의 중년 부인이 살짝 웃고 있었다. 생글거리는 눈매와 미소 짓는 입술이 귀염상이다.

"묵촌 박약국 딸이라면 생각이 나실는지……."

아, 박약국이라면…… 그 집 아들 한 해 선배인 박재희는 알겠다마는 그 딸은 모르겠다. 그 여동생이 후배였나?

"오빠 삼 학년 때 전 중학교 일 학년이었어요."

미안하지만 난 생각이 나지 않는데…….

그러다가 불현듯 집히는 것이 있었다. 누군가가 분홍빛 러브레터를 내 책가방 속에 몰래 넣어두었던 사건이 기억났다. 나만 알다가 몰래 묻어버린 그 편지, 지금 그 내용은 생각나지 않지만 어쨌든 그 당시 그런 편지는 남이 알아서는 안 되는 비밀스러운 것이었다. 누가 보냈는지 끝내 알 수가 없었다.

내가 슬며시 웃으며 물었다.

"혹시 그 러브레터의 주인공?"

"맞아요. 그거 제가 썼어요."

새쭉이 웃을 줄 알았는데 웬걸, 이 아줌마 우울 모드로 들어간다.

한동안 침묵하다가

"오빠……."

하고 부른다. 날 선배에서 오빠로 바꿔 부르며 우수에 잠기는 이 여인.

으흠으흠 하며 헛기침으로 목청을 가다듬고 나서 물어본다.

"혹시 이름이?"

"저 재남이에요. 박재남."

그녀의 오빠는 재희라는 여자 이름이고 딸내미는 재남이라, 박약국 영감이 자식들 이름 짓는 데도 무슨 사주역술을 동원했던 듯싶었다. 당시 박 영감은 만령단이란 만병통치약으로 꽤 많은 돈을 모았다. 카이젤 콧수염을 한 박약국은 대단한 식자인 양 제법 거들먹거리며 장안에서 똥깨나 뀌는 위인으로 행세하였다.

재남이는 눈을 내리깔고 계속 침묵과 우울모드를 이어간다.

'야(이 애)가 보통 내기가 아니구나.'

팜므는 우수의 어두운 동굴 속으로 수컷을 끌고 들어가 요리를 해 먹는 법.

잠시 후 그녀는 침묵을 깨고

"오빠, 나 술 한 잔 주세요."

한 잔을 원샷 하고는 술잔을 내 앞으로 내민다. 날 주려는 줄 알았더니 손가락을 까닥이며 한 잔 더 따르란다.

'혹시 술집 비슷한 물에서 놀았나?'

화류계로 풀린 후배들이 몇몇 있다는 소문을 누군가로부터 들은 적이 있었다.

술김에 수작을 걸어본다.

"설마 그 편지를 내놓으라고 온 건 아닐 테고?"

재남이 피식 웃는다.

"오빠아, 나 지금 흘러간 옛 노래가 생각나서 왔지 연애할 맘은 조금도 없거든요. 따지러 왔단 말이에요."

날 똑바로 쳐다보며 앙칼지게 쏘아붙인다. 이거 만만찮다. 까딱 잘못하다가는 그녀의 술주정에 휘말릴 판이다. 술 취한 여인의 뒤치다꺼리는 정말 질색이다. 어디서 벌써 몇 잔을 걸쳤는지 살짝 술 냄새가 나는 숨을 색색거리며 말을 이어간다.

"오빠가 선도부 완장을 차고 거기, 그 등굣길 교문 앞에 서 있을 때 날 빤히 쳐다봤단 말이에요. 한참 동안이나…… 이상한 눈빛으로."

이번에는 새초롬한 표정으로 빈정거리듯 입을 삐죽였다.

잃어버린 시간을 찾아서라더니 아련한 옛 기억 하나가 어렴풋이 떠올랐다. 그날 아침 교문 앞에서 겨우 초딩을 면한 단발머리의 계집아이, 겁먹은 송아지 눈처럼 커다랗고 새까만 눈, 그 순진한 눈과 내 눈이 일치하며 스파크가 일어난 사건이 기억났다. 그래, 그런 일이 있었어! 방울 같은 그 커다란 눈이 내 눈 속으로 불쑥 들어왔다. 뭔가 강한 기(氣) 같은 것이 교차한 사건, 이것은 좀 재미가 있다. 말하자면, 당시 걔의 모습이 강한 힘으로 나의 내밀한 곳을 자극하여 나의 눈빛이 이상해졌을 것이다. 그걸 알아챈 소녀는 부끄러움을 넘어 나의 내적 감정에 감염되면서 덩달아 그도 이상하게 되었으리. 서로가 서로를 침습하며 서로를 동(動)하게 했던 얼얼한 순간, 미묘한 기운이 교직하며 하나로 감전되던 찌릿한 순간이 있었던 것은 사실이었다.

'난 잊어버렸는데 걔가 너였구나.'

그래도 내 표정은 짐짓 '몰라'였다. 그러자 그녀가 날 빤히 쳐다보며 처음으로 생글거리며 웃었다. 애써 태연한 척하려 했으나 나도 모르게 귀밑으로 나타난 나의 내밀한 부끄러움을 잽싸게 눈치챈 것이었다.

중일의 글 솜씨로 밤새 고쳐 쓰며 다듬었을 사모의 문장들이 분홍빛 편지지에 가득 쓰여 있었다. 어설픈 사과와 존경한다는 신중하고 조심스러운 글들, 얼마나 힘들었을까? 그걸 또 내 가방 속에 몰래 넣으려 했던 조마조마함. 철없던 어린 시절, 그를 설레게 했던 그 애잔한 사랑의 추억이 회상되는지 재남은 물끄러미 소주잔을 바라보며 혼자 쓴웃음을 지었다.

"저 재남이 지금 서울 살아요."

갑자기 재남이 차분하고 낮은 목소리로 속삭였다. 그 음성은 비밀을 고백할 때 나오는 떨림 같은 것이어서 나를 살짝 긴장시켰다.

"때때로…… 오빠 생각이 났어요. 참 이상하지요. 그렇게 오래 전의 철부지 때 일인데. 선배님은 혹시…… 제가 생각나지는 않았는지요? 한 번쯤이라도……. 좀 부끄럽네요."

재남은 멋쩍게 미소를 지었다. 재남은 그 일을 어린 철부지 짓으로 치부하지 않았다. 오히려 아름다운 추억으로 간직하고 있었다.

한동안 우리는 다툰 사람들처럼 말이 없었다. 그러나 그런 어색함 속에서도 우리는 다정한 친근감으로 함께 보내는 시간을 기뻐하고 있었다. 낯선 여인에 대한 급속한 친밀감이 갑자기 강한 충동을 일으켰다. 형용할 수 없는 애잔함이 솟아올라 나도 모르게 그녀의 손을 잡으려 하자 그녀가 먼저 내 손을 잡는다.

"선배님……. 우리 다시는 못 만나겠지요?"

십여 분 정도의 짧은 만남이었다. 도둑고양이처럼 다가온 재남이 사십여 년 전의 풋내기 옛사랑을 유령처럼 재현시켰다. 그녀가 떠난 뒤 밤은 무척 어두웠다. 어두움은 모든 것들을 침묵 속으로 묻어버린다. 서쪽 하늘에는 몇 개의 별들이 반짝이고 있었다.

좀비 씨

1st Impact: Encounter

오래된 이야기다. 시골서 중학을 마치고 대구로 나와 고등학교에 입학한 나는 할머니와 함께 단칸방에 세 들어 살게 되었다. 그런데 하필 남산동 성모당과 담을 사이에 두고 있는 H여고 정문 옆에 셋방을 얻은 것이 잘못이었다. 가장 곤혹스러운 일은, 아침 등굣길에 우르르 떼거지로 몰려드는 여고생들과 정면으로 맞닥뜨려야 한다는 것이었다. 더구나 그들과 마주치며 가야 하는 그 길은 좁아서 자칫하면 서로 부딪힐 수도 있었다. 까만 교복에 하얀 칼라의 까치 떼 같은 여고생 무리는 당시 숫기가 부족한 나에게는 가히 위압적이었다. 걔들은 시골서 보던 중학교 어린 계집애들과 다른 거의 처녀에 가까웠다. 부끄럼기가 많은 시골 촌놈이 그 무리 사이를 통과할라치면 긴장감이 늘 따라붙었다. 굳은 얼굴로 고개를 외로 꼬거나 약간 아래로 내려다보며 빠르게 그들 곁을 지나가야 했다.

화창한 어느 봄날이었다. 그날도 그 좁은 길에서 다가오는 까치들을 거슬러 지나가려는 중이었다. 여고생 한 무리가 재잘거리며 다가왔다. 언뜻 유달리 나의 귓속으로 강하게 박히는 소리가 들렸다.

"재 좀 봐, 아주 얼이 빠졌어."

분명히 날 보고 하는 소리였다. 한 여학생이 정면으로 내게 다가왔다. 당황한 내가 약간 길옆으로 비켜 주려 하자 걔가 같은 방향으로 다가서며 나를 가로막아 섰다. 명백한 의도적 도전이었다. 나도 모르게 흘낏 쳐다보니 장난기 어린 눈으로 생글거리며 말을 건넨다.

"좀비 씨?"

그러자 주위에 있던 대여섯 명의 까치들이 까르르 웃었다.

좀비? 그게 뭐지? 당시 나는 좀비란 말이 무엇인지 몰랐지만 결코 좋은 말은 아닌 것 같았다. 도서관에서 찾아본 백과사전에는 이렇게 쓰여 있었다.

좀비: 살아 있는 시체, 즉 살아 움직이는 시체 괴물을 뜻한다. 부두교에서 유래하였다.

아! 얘들이 나에게 씻지 못할 괴상망측한 별명을 붙였구나. 이런 사디스틱한 닉네임이 H여고 전체에 퍼졌을 것을 생각하니 눈앞이 캄캄하였다.

2nd Impact : Invasion

어느 무더운 여름, 이번에는 하굣길이었다. 집 근처에 다 와가는데 하늘이 캄캄해지더니 갑자기 천둥번개와 함께 소나기가 퍼붓기 시작하였다. 길가에 가까이 약국이 보였다. 약국의 처마 밑으로 뛰어들었다. 모자를 벗어 어깨 빗물을 털어내고 있는데 후닥닥 누군가가 처마 밑으로 달려들었다. 언뜻 쳐다보니 이런, 나에게 흉측한 별명을 붙여주었던 바로 그 계집애였다. 원수는 외나무다리에서 만난다더니. 내가 있는 줄도 모르고 걔는 물이 뚝뚝 흐르는 머리칼을 매만지고 있었다. 하얀 교복 상의는 잠깐의 소나기에 푹 젖어 몸에 찰싹 들러붙어 있었다. 불룩하게 솟은 가슴이 눈에 들어왔다. 작지 않은 볼륨이었다. 순간 내 얼굴이 화끈거리며 가슴이 두근거렸다. 괘씸한 마음은 온데간데없어지고 가슴을 본 부끄러움에 얼른 약국 안 창문 쪽으로 고개를 돌렸다. 약국은 휴업 중인지 문이 잠겨 있었고 불도 꺼져 있었다. 그런데 그 창문에 비친 얼굴은 나의 얼굴이 아니었다. 그 계집애였다. 묘한 표정으로 날 응시하더니 씽긋 웃었다. 아마도 속으로 '오호라, 좀비 씨 아니야?' 하는 것 같았다. 비는 뚝 그치고 걔는 소리 없이 사라졌다. 이상야릇한 감정이 가슴 깊숙이 파고들었다. 한참 그렇게 있다가 나는 남의 일처럼 중얼거렸다.

"사나운 아이구나……. 일진인지 몰라."

참으로 이상하였다. 그 아이는 사라졌지만, 걔는 오랫동안 내 마음 속 깊은 곳에 예쁜 옹이로 자리 잡고 있었다. 옹이는 수시로 뜻 모를 눈짓과 해찰궂은 미소를 보내곤 하였다. 그러다가—모든 일들이 다

그러하듯이—세월이 지나면서 그 응어리는 허물허물 어디론가로 사라졌다.

The Name of the Zombie

나이가 들면 할 일도 줄어들고 세상만사 흥미도 잃어간다. 책이나 한 권 사볼까 하며 서점으로 향하고 있었다. 지하철 계단을 올라와 걸어가는데 저쪽 길에서 웬 아주머니가 기울어진 어깨로 무거운 시장바구니를 들고 이쪽으로 오고 있었다. 가까이 다가와 지나치려는 순간 서로 눈이 마주쳤다. 흠칫 놀란 건 그쪽이 먼저였다. 걔였다. 바로 그 계집아이. 얼굴은 많이 변했으나 그 눈은…… 생글거리며 날 놀리던 옛날 그 눈이었다. 날 좀비라고 부르고 비 오는 날 창문 속으로 들어왔다가 이상야릇한 웃음을 던지고 사라진 그 아이……. 멀리 못 갔구나. 서로 놀람을 교환한 후 그녀는 아무 표정 없이 이번에도 그냥 가버렸다. 나는 몇 걸음 가다가 어이가 없어 뒤를 돌아보았다.

'한 번만, 한 번만 더…… 뒤돌아봐 줘. 넌 내가 반갑지도 않니?'

그러나 그 소녀 아줌마는 아무 일도 없었다는 듯이 뒷모습만 보인 채 그냥 골목길로 사라졌다. 그날 약국 창문에서 그랬듯이 40여 년이 지난 오늘도 역시 눈만 마주치고 지나가 버리는구나. 그때는 짓궂은 미소를 날리더니 오늘은 날 남인 듯 무심한 얼굴로…….

그런데 그게 나에겐 무심히 지나갈 일이 아닌 것처럼 자꾸 느껴졌다. 나는 뒤돌아본 채 우물거리며 뇌까렸다.

"네가 불러준 좀비를 한번 눈여겨봐 주면 안 되겠니? 그래도 그렇지, 세 번이나 마주침은…… 우연이 아니잖아! 무언가 말을 좀…… 나눠야 하지 않겠니?"

나에게 그 이름 좀비는 아담의 언어였다. 좋아, 이제 내가 너를 좀비라고 불러주마.

첫사랑

대구 반월당 어디쯤에 교차로라는 다방이 있었다. 교차로라는 간판 글자 밑에는 조그맣게 'chiasma'란 알파벳이 쓰여 있었다. 키아즈마란 생물학적 용어로 세포가 분열할 때 두 염색체가 X 자로 겹쳐진 다음 서로 상대의 것을 나눠 가지는 교차점을 이른다.

늦가을의 해는 짧아져서 오후 5시쯤에 벌써 해거름 석양빛이 창문 넘어 비스듬히 새어들어 왔다. 빛살 속에 먼지들이 부유하고 있었다. 투사된 햇살이 숙의 웨이브 머릿결을 밝음과 어두움으로 어우러지게 하였다. 마주 앉은 숙이의 가름한 옆얼굴을 보며 나는 그녀가 서양의 어느 배우를 닮았다고 생각하였다. 각진 턱을 가진 강렬한 인상에다 군복 같은 까만 정장을 입은 그 여배우. 그날 숙이도 그런 류의 단색 정장을 입고 마주 앉아 있었다. 이국적이면서 섬세하고 우아한 여성적 아우라가 그녀를 감싸고 있었다. 우수에 잠긴 듯하면서도 이지적인 느낌을 주는 눈을 갖고 있던 그녀, 어쩌다 웃을 땐 눈이 좁아지고 눈꼬리가 휘어져 초승달 모양이 되었다. 나는 게슴츠레한 그 눈을 사랑하였다. 옅은 미소와 함께 짓는 그 서글서글한 눈웃음은 가히 마력적(魔力的)이었다. 진짜 나를 혼란스럽게 하는 것은 나를 바라보는 그녀의 시선이었다. 부끄러운 듯하면서도 한참을 쏘아보는 그 시선은 무얼 이야기하려는 듯한 응시였다. 간혹 입술을 비틀며 가벼운 미소를 짓기도 하였다. 그게 조소 같기도 하였지만 그것 역시 나에겐 즐거운 매력이었다. 숙은 평소에 거의 말이 없었다. 그녀의 일상적 언어는 침묵이었다. 그녀에게서 가장 흔히 표현되는 것은 탁자 위에서 토닥거리는 그녀의 손가락들이었다. 나는 그녀가 무슨 생각을 하고 있는지 그녀의 기분은 어떤지 도통 알 수가 없었다. 그녀는 어떤 표정이나 수식이 아니라 그 자신으로 내게 나타났다. 말로 표현할 수 없는 뇌쇄적인 분위기가 나를 압도하였다. 왜 이 여자는 나에게 이토록 눈부시게 자신을 드러내는가?

창문을 넘어온 햇살은 그녀의 광댓살 부근에서 부서지면서 조그만 자국을 부각시켰다. 이상하게도 그 작은 마마 자국이 지금도 뚜렷이 기억에 남는다.

"볼에 작은 자국이 있어. 너 그걸 알고 있니?"

그러자 그녀는 조금 웃었다.

눈을 내리깔고 있던 숙이 뜻밖에도 조용히 이야기를 시작하였다.

"애정이란 감정에 너무 깊이 빠져들면 도리어…… 그게 화근이 될 수도 있어요."

평소 말이 없던 그녀가 오랜만에 똑똑한 말을 하는 것 같아 한참 쳐다보았다. 이 솔직하고 꾸밈없는 여자는 내가 그리 알았던 나이브하기만 한 여인이 아니었다.

어느 날 저녁 갑자기 숙이가 보고 싶어서 연락도 없이 그녀의 집을 찾아갔다. 그녀의 홀어머니는 시외버스 주차장 언저리에서 작은 식당을 하고 있었다. 밤 9시쯤 늦은 시각이었다. 식당 문을 열고 들어가자 밀대로 바닥을 청소하시던 어머니가 허리를 펴고 나를 쳐다보았다.

"저 죄송합니다만, 숙이를 만나러 왔는데요."

나는 정말 죄송하였다.

어머니는 자기 딸의 남자 친구로 이미 나를 알아보는 듯했다. 어머니들이 늘 그러하듯이 머쓱해하면서 경계하는 눈빛으로 날 다시 한번 살펴보고는 이층에 있던 숙이를 불러주었다. 숙은 놀라며 얼른 나를 집 밖으로 데리고 나왔다.

몇 분 걸어서 당도한 곳은 가을걷이가 갓 끝난 빈 밭 언저리였다. 날씨는 쌀쌀하였으나 그날따라 달빛은 형광등 불빛처럼 훤하게 밭을 비추고 있었다. 참으로 아름다운 가을밤이었다. 그날 밤 숙이와 나눈 대화는 거의 기억나지 않는다. 다만 흰 서리가 덮인 것처럼 달빛 아래 하얗게 줄지어 누워있던 밭고랑들과 나를 반기는 듯한 그녀의 얼굴 표정만 기억에 남는다. 숙은 나의 불시 방문에 당황한 듯 서툴렀고 더듬거리기까지 하였다. 우리는 밭 언저리 풀밭 위에 나란히 앉았다. 무릎을 세우고 추운 듯 목을 움츠리고 있던 숙이 고개를 내게로 돌리며 말을 꺼냈다.

"저…… 하빈 씨. 하빈 씨는 저의 어떤 부분을 좋아하세요?"

'뭐? 어떤 부분이라니? 너는 왜 내가 대답할 수 없는 질문을 하는

거지?'

"그리고…… 내게 원하는 게 뭐예요?"

'어허 참, 그런 거 없다.'

어린아이처럼 수줍기만 하던 숙의 도발적인 질문에 나는 당황하였다. 나의 이 애절한 마음을 어찌 바벨의 언어로 표현할 수 있단 말인가? 나는 우리가 이미 친밀한 관계라고 생각하고 있었던 터라, 멀찍이 물러서서 남 대하듯 하는 숙의 이런 질문 태도가 못내 섭섭하였다.

"왜 내 말을 진지하게 듣지 않고 자꾸 웃으려고 해요?"

비실비실 헛웃음을 짓는 나를 보고 숙이 핀잔을 놓았다.

'이런, 네가 내 넋을 빼놓고 있잖아.'

그녀는 자기가 매력 덩어리란 것을 전혀 의식하지 못했다. 그녀는 날 잠시 빤히 쳐다보다가 고개를 돌렸다. 어쩌면 숙이는 이런 질문 말고 다른 하고 싶은 말이 있었는지 모른다.

그날 밤 우리는 휘황찬란한 달빛에 갇혀 있었다. 나는 무슨 이야기를 나누기보다 그녀의 손을 잡고 싶었다. 따뜻할 것이었다. 그러나 달빛이 너무 훤하였으므로 끝내 그 손을 잡지 못했다. 나도 무엇인가 할 말이 있었으나 결국 하지 못했다. 그 하고 싶은 말은 아마도 이런 내용이었을 것이다.

나는 너의 어떤 부분을 좋아하는 것이 아니야. 네게서 나타나는 너의 전부가 말할 수 없이 아름다워. 너는 나의 모든 것이야. 그래서 원하는 무엇이 따로 있을 수가 없어. 사랑이란 말이야, 욕망이 아니라 너란 존재에 대한 특별한 마음이란다. 그걸 말로 할 수가 없어.

그녀도 남달리 날 생각하고는 있었으나—나중에 알았지만—적어도 나처럼 곯어 엎어지는 그런 사랑에 빠지지는 않았던 것 같다. 그것이 슬펐지만 어쩔 수 없는 일이었다. 그날 밤 내가 한 일이라고는 아무것도 없었다. 우물쭈물 뭔가 간절함만 그 텅 빈 밭에 남겨두고 왔다.

팔공산이라면 그 당시 나는 모르는 곳이 없었다. 어느 골 어느 모퉁이에 있는 바위 하나, 그 바위 틈새서 자라고 있는 잡목 하나도 알고 있었다. 예과 이 년 동안 나는 주말과 공휴일에는 거의 빠짐없이 산속으로 들어가 다람쥐처럼 여기저기를 오르내렸다. 산은 나에게 어머니 품속과도 같았다. 산 속으로 들어가면 이불을 뒤집어쓰고 숨는 것처럼 아늑하였다. 산은 날 생명체로 만들고 키워낸 어머니 자궁을 환유(換喩)한다. 어느 악우(岳友)는 산에 오르는 것을 입궁(入宮)이라고 불렀다. 산은 나도 모르게 상실된 그 무엇이 있을 것 같은 곳이다. 나는 산 정상에서 늘 정적이 진동함을 느낀다. 어떤 때는 계곡에서 뜻 모를 신비감에 휩싸이기도 한다. 형언 불가능한 그 정적과 신비감은 이유 없이 날 안달 나게 하였다. 나는 숙이를 산으로 초대하고 싶었다. 내가 엄선하여 최종 결정한 곳은 바윗골(수태골)이었다. 바윗골의 하얀 슬래브(비스듬히 누운 암벽)와 그 아래 어우러진 구절초 화원을 숙에게 보여주고 싶었다.

4월 어느 봄날이었다. 남문시장 어귀에서 숙이를 만나 함께 팔공산행 버스를 탔다. 그날 숙은 나에게 『Jonathan Livingston Seagull』이란 책을 건네주었다. 당시 시중에 '갈매기의 꿈'이란 제목으로 번역되어 나온 이 책은 먹이를 잡는 것이 목표가 아니라 더 멀리 더 높이 날고 싶어 하는 한 갈매기의 고상한 꿈을 그린 책이었다. 숙이와 결별한 후에도 그 책은 주인 잃은 반지처럼 오랫동안 내게 남아 있었다.

한 시간 넘게 걸려 팔공산 입구 주차장에 도착하였다. 산길 입구를 통과하려면 절에서 운영하는 매표소에 입장료를 내어야 했다. 동화사는 한참 위에 있었다. 사찰의 입구가 아닌 산길 초입에서 왜 입장료를 받느냐고 투덜대며 그녀에게 동의를 구하듯 쳐다보았으나 그녀는 말이 없었다. 숙이 불교학생회 활동을 열심히 하고 있다는 사실을 알고 나는 입을 다물었다. 나는 매표소를 피해 가는 우회로를 알고 있었다. 그 길은 우리 산쟁이 몇몇이만 아는 은밀한 비밀 통로라고 자랑스럽게 말해 주었다. 숙은 웃기만 하였다. 숨겨진 그 길을 통하여 우리는 산을 오르기 시작하였다. 한참 오르다가 힘이 들었는지 그녀는 가끔씩 그 자리에 멈춰 서곤 하였다. 무표정한 얼굴을 하였으나 불평을 하지는 않았다. 오르고 내리기를 반복하며 거의 두 시간 넘게 걸려 마침내 바윗골에 도착하였다. 그때만 해도 바윗골은 아무도 모르는 우리 산 친구 몇몇이만 아는 비밀의 정원이었다.

많이 지쳐 보이는 숙이를 다독이며 펑퍼짐한 바위 위에 앉아 쉬게 하였다. 산행이 힘들었던지 그녀의 양 볼은 복숭아처럼 발갛게 물들어 있었다. 예상했던 대로 구절초가 흐드러지게 피어 있었고 저쪽 보이지 않는 곳으로부터 개울물 흐르는 소리가 들려왔다. 거무스레한 슬래브는 게으른 거인처럼 기지개를 켜며 비스듬히 누워 있었다. “저게 나야. 멋있지?” 하자 숙은 또 조금 웃기만 하였다. 따스한 햇빛, 구절초와 물소리, 그리고 고요가 어울려 있는 세계, 그날 그곳은 우리 둘만을 위하여 마련된 특별한 장소였다. 숙이는 고즈넉하고 화사한 화원에 만족한 듯 행복한 표정을 지었다. 나는 쌀을 씻어와 버너에 불을 붙이고 밥을 안쳤다. 숙은 바윗돌에 앉아서 취사 준비를 하는 나를 가만히 구경하였다. 반찬은 그녀가 가져온 김치뿐이었다. 그녀는 아침 식사가 부실했던지 생각보다 많이 먹었다.

숙은 원래 말이 없는 편이었다. 무슨 결정장애나 느림장애가 있는 게 아닐까 할 정도로 말이 없었고 반응도 느렸다. 생각하고 반응하는 과정에 무슨 차질이 있는 그런 병이 있는지도 모른다. 나는 그것이 늘 걱정스러웠다. 숙이는 의사 표시를 거의 대부분 얼굴 표정이나 턱짓으로, 혹은 말을 하려다가 멈추고 손가락 가리킴으로 뭘 표현하였다. 어린아이 같기도 하고 때로는 바보처럼 보이기도 하였다. 가끔 내가 쉬운 퀴즈를 내면 골똘히 생각하다가 답은 항상 “아이씨, 몰라.”였다. 그즈음 숙은 『아라비안나이트』를 읽고 있었다. 그녀는 두어 번 술탄에 관하여 이야기를 꺼내 들었으나 그 내용을 모르는 내가 머뭇거리자 대화는 중단되고 말았다. 숙이 가장 재미있게 읽은 책은 『서유기』였다. 그 말을 듣고 내가 껄껄 웃자 화를 내며 "웃지 마요." 하고 소리쳤다.

그러나 나는, 그 당시 나는 말이다, 그녀를 위해 무엇이든 해주고 싶었다. 그가 벗어 놓은 신발도 내가 신겨주고 싶었고 그가 목말라 하면 얼른 물을 떠다 줄 것이었다. 나의 모든 걸 그에게 바칠 수 있었다. 나는 그녀에게 예속되고 싶었다. 그와 하나가 되는 것만이 내가 살아가는 이유였으며 간절한 목표였다. 그녀는 천상에서 내려와 내 앞에 우뚝 선 아프로디테였다. 숙은 나를 압도하였다. 날 지배하는 그녀는 그의 자그마한 체구보다 더 큰 힘을 가지고 있음에 틀림없었다. 그녀는 나의 아니마였으며 나를 유혹하는 운명의 여인 팜므 이기도 했다.

식사가 끝난 후 조금 떨어진 개울에서 코펠을 씻고 돌아오니 그녀는 조그마한 바위 위에 다리를 모으고 오도카니 앉아 있었다. 무슨 생각을 하고 있는 걸까? 그녀의 발밑에, 아니 온 사방에 널브러진 구절초가 산들바람에 한들거리고 있었다. 그 꽃들은 숙이었고 숙이 바로 그 꽃이었다. 아름답고 신비스러웠다. 그녀가 아름답다고 느끼는 것은 그가 나의 욕망의 표적이 되었다는 의미이다. 갑자기 그녀의 귀 곁에 꽃을 하나 꽂아주고 싶었다. 그 꽃은 우리를 결합시켜 줄 사랑의 메신저일 것이었다. '이게 너야.' 하면서 꽃을 꽂아준 후 물어볼 참이었다. '우리는 연인 사이지?' 그녀는 틀림없이 무응답으로 대답할 것이다. 잘하면 미소를 지어 줄지 모른다. 구절초 한 송이를 꺾어 뒤춤에 감추고 슬그머니 다가갔다. 그러자 그녀는 이상한 낌새를 느꼈는지 갑자기 긴장하며 발딱 일어나 빠른 걸음으로 저만치 도망을 가는 것이었다. 빌어먹을, 그것은 안타까운 오해였고 낭패였으며 무안이었다. 풀밭에서 한들거리던 구절초들이 까르르 웃었다.

그녀는 얼마간의 거리를 두고 다른 바위 위에 쪼그리고 앉아 무언가를 말하려는 듯한 눈으로 나를 바라보았다. 화가 난 얼굴은 아니었으나 즐겁지도 않은 표정이었다. 이상하였다. 그 모습은 평소의 아름답고 사랑스럽던 숙이 아니었다. 처음 본 듯한 낯설고 어색한 얼굴이었다. 평소의 다정스러운 눈매에서 고정된 눈빛으로 바뀌어 나를 응시하고 있었다. 생기 있게 살아 있는 사람의 얼굴이 아니라 흑백사진 속의 얼굴 같았다. 사람들에게는 평소 겉으로 드러나는 얼굴과 다른 진짜 얼굴이 하나 더 있는 모양이었다. 말하자면 그것은 그녀로부터 제시되어 나에게 내보여진 그녀의 객관적 이미지였다고나 할까. 하여튼 그것은 내 앞에 있는 그녀가 아니라 나의 깊은 내면에서 다가온 형상이었다. 나는 그녀에게서 모든 심정적 관계를 떠난, 한 객체로서의 존재 자체에 대한 신비스러운 상대감을 느꼈다. 사랑하는 숙이의 갑작스러운 변모, 어색한 불일치, 이 존재의 낯섦을 누군가는 매스꺼움(nausea)이라고 했던가. 그 굳은 얼굴에는 나와 그리고 지금까지 우리들의 관계 모두가 포함되어 있었다. 뜻밖에 갑자기 나타난 이 섬뜩한 환영은 숭고한 존재 생톰(sinthome)이었다.

그것은 마법이 보여준 실재였다.

등 뒤로 감췄던 꽃은 하릴없이 땅에 떨어지고 나는 짐짓 아무 의도도 없었던 체하고 말았다. 꽃을 꽂아주려던 시도는 나의 어설픔으로 실패하고 말았다. 잃어버린 기회는 다시 오지 않았다. 숙은 나를 경계하며 이제 딴 데를 바라보고 있었다. 안타깝게도 그녀는 여전히 저만큼 떨어져 있는 남이었다. 앙큼한 것 같으니, 도대체 뭘 생각하고 있는 거야? 그러나 나는 어찌할 도리가 없었다.

서봉을 거쳐 염불암 쪽으로 땅거미 지는 산길을 터덜터덜 내려오던 해거름, 그때 우리 젊은 청춘은 즐겁고 자유로웠다. 나는 숨겨야 할 강렬한 충동을 참지 못하고 와락 그녀의 손을 잡고 말았다. 이번에는 놓치지 않을 거야 하면서. 그것은 철없는 마음이 절박함에 쫓겨 저지른 폭력적 행동이었다. 그 손은 조그만 새처럼 촉촉하고 따뜻하였다. 맨살의 접촉에 숙은 매우 놀란 듯하였으나 그녀는 잡힌 손을 그냥 그대로 놔두었다. 그러자 무엇인가 우리 사이를 하나로 이어주는 합의가 있었다. 우리는 서로를 쳐다보지 않은 채 말없이 앞만 보고 걸었다. 우리 둘은 몸과 마음의 일체감과 절대감 속에서 하나가 되었다. 그것은 뛰어오르고 싶은 희열이었으며 환희에 가득 찬 축제 같은 것이었다. 이루 말할 수 없는 황홀감에 나는 말을 잃어버렸다. 그 순간이야말로 앞뒤 시간이 멈춰버린 신비한 영원의 세계가 아니었던가.

교차로에서 일어나는 정신착란

사랑은 우연한 사건처럼 불현듯 다가와 잠시 머뭇거리다가 지나가기 마련이지만, 그 사랑은 너무나 강력한 마력을 가진다. 사랑은 매우 위험한 곳을 건드린다. 사랑의 황홀한 만남은 뛸 듯한 희열을 넘어 때로는 충동적이거나 심지어 파괴적이기도 하며 슬픔이거나 괴로움이기도 하다. 그것은 신비스럽기도 하고 광적이기도 하다. 교차로에서 만나 사랑에 감전(感電)된 연인들은 혼란스러움에 점령당하며 정신착란을 일으킨다. 나를 잃고 돌아버린 광인으로서가 아니라 도리어 내가 사랑의 강력한 주체가 된다는 것이 나를 미치게 한다. 사랑에 넋을 빼앗긴 사람은 사회성과 평정심을 잃고 누구 말도 듣지 않는다. 우리는 주변 환경과 주어진 조건에 적응하며 순간순간 변하는 존재여야 하지만, 사랑에 매몰된 연인들은 한결같은 자기로 고집한다. 변하지 않기 때문에 미치는 것이다(R. 바르트). 이처럼 사랑은 평온한 인간적 삶을 낯설게 하고 고유한 자기의 일상적 인격을 바꾸어 버린다.

사랑에 빠지면 광기의 강인함으로 어떠한 시련도 받아들이며 힘든 고통도 감내한다. 모든 것이 용서되며 사랑을 지키기 위하여 희생을 각오한다. 서로가 하나로 융합되는 순간 사랑은 불타버리며 소진된다. 낭만적 신화 속에서 불같은 사랑은 흔히 죽음으로 끝이 난다. 불타버린 사랑 저편에 살아갈 만한 아무런 여백도 남지 않기 때문이다.

너는 나의 꽃이 되었다

내가 사랑하고 또 나를 매혹시키는 너는 길거리의 아무나가 아니다. 너는 나의 욕망을 사로잡는 나에게 특별한 아토포스다. 너는 내게로 와서 이 세상에서 단 하나뿐인 나의 꽃이 된다. 나의 숭고한 대상이 된다. 그 누구도 그 어떤 언어로도 눈부신 너를 수식할 수 없다. 네가 가진 그 독특한 이미지는 나의 진실의 형상이다. 너는 진실로 내가 찾는 궁극적 그 무엇을 환유(換喩)한다.

사랑받는 너는 나와 동일시되며 나에게 내사(內射)된다. 그 자극은 나를 흥분시키고 영혼을 고양시킨다. 그리하여 형성되는 나의 자아이상은 새로운 이상적 자아를 너에게 투사한다. 사랑하는 당신은 비록 타인이지만 나의 이상적 자아이다. 누군가를 사랑한다는 것은 자신의 나르시시즘을 연인의 눈길 아래 노출시키는 것이다. 거기에 나르시시즘적 공략의 감정이 있다. 한없이 사랑하면서도 너를 부숴버려야 할 것같이 나는 안달한다.

이제 우리들 사이에는 그 무엇도 범접할 수 없는 우리들만의 독창적인 관계가 이루어진다. 나와 너는 '우리인 나'이자 '나인 우리'가 된다. 서로가 서로를 보면서 새롭게 형성되는 얼굴은 사실 나의 얼굴도 아니고 너의 얼굴도 아니다. 너에 의해 보인 나이고 나에 의해 보인 너이다. 우리의 관계는 애매해져 너와 내가 구분되지 않는다.

서로가 서로이면서 우리라는 하나가 되는 관계이다. 이것이 사랑이라는 요술이 구축해 내는 새로운 세계다.

사랑이라는 환상

— 나는 무엇을 사랑하는가? —

사랑이라는 감정에는 무의식의 배후가 있다. 내가 너를 사랑한다는 감정은 투사를 포함한다. 내 마음속에 있는 나의 여성상(아니마)이 투사되면서 그걸 닮은 너를 최면에 걸린 듯 사랑하게 되지만, 너를 있는 그대로 사랑하지 않고 내가 원하는 모습의 이미지로 너를 욕망한다. 마찬가지로 여성들의 내면에도 자신의 모습을 있는 그대로 좋아해 주기를 바라는 자기만의 남성적 인물(아니무스)이 있다. 그 아니마/아니무스가 상대에게 투사되면서 양성전이(陽性轉移)를 일으키는 것이다. 내가 만나는 선생님이나 성직자에게 부성(父性)을, 혹은 남성을 느낀다. 역전이도 일어난다. 엄밀히 말하면, 우리는 상대를 사랑하는 것이 아니고 사랑 자체를 사랑한다. 나는 나의 아니마를, 너는 너의 아니무스를 사랑하는 것이다. 대상 자체의 본질이 아니라 그가 주는 이미지를 사랑하기 때문에 당신이 없는 곳에서 나는 더 너를 사랑한다. 짝사랑이나 심지어 배척당한 사랑이 사랑받는 사랑보다 더 강한 법이다. 연인들이 서글퍼하면서 마침내 깨닫는 것은, 사랑이란 불투명한 채로 내게 영원히 남아 있을 가상의 무언가를 간절히 욕망하는 것이라는 사실이다. 사랑은 성취할 수 없는 나르시시즘적 환상을 욕망하는 것이다. 두 연인 사이의 모든 요구들은 사랑의 신호로 읽히지만, 그러나 사랑하는 상대는 사랑에 대한 자신의 요구를 전달하는 대상일 뿐이다. 나는 너라는 주체를 사랑하는 것이 아니다. 너는 나의 욕망을 메우려고 동원된 대상―그러나 매우 특별하고 고귀한―에 지나지 않는다.

"난 당신을 잘 알아요. 속속들이 모든 걸 다 알게 되었어요."라고들 하지만 연인들은 서로에 대하여 아무것도 모른다. 결코 알지 못한다. 유사성을 찾으려는, 즉 타자로서의 나와 너를 동일화하려는 이러한 시도는, 처음에는 사랑으로 공감하지만 곧 이어 둘 사이의 차이와 다름이 발견되며 궁극적으로 경쟁과 증오로 이어진다. 욕망의 선로를 나란히 달리다가 교차점에서 우리는 서로의 욕망의 정체(正體)를 마주 보게 된다. 안타깝게도 그 욕망은 결코 합의되지 않는다.

애정이라는 감정의 유대관계는 한편으로 상대를 구속하고 점령하려는 욕망의 관계이다. 사랑에게 아무리 숭고한 의미를 부여해도 사랑의 대상은 욕망의 표적이 된다. 사랑의 감정은 대상에 집착하며 그 집착은 결국 상대를 방해하고 속박하게 된다. 그리하여 너라는 이질적 존재를 나에게 융합시키려는 노력은 필시 갈등으로 이어진다. 사랑이 성취되었다고 믿는 순간 나는 너를 움켜쥔다. 그러나 그 순간 사랑은 변질되고 왜곡되기 시작한다. 에고이즘이 고개를 쳐들고 사랑은 그 지고의 숭고함과 진리를 잃어버린다. 필연적으로 너와 나는 부자유스러워지고 그걸 깨닫는 순간 서로에게서 벗어나려고 몸부림을 치게 된다. 결국 사랑은 한계를 초래한다. 우리는 항상 사랑 앞에서 좌절한다. 사랑의 열정과 혼란도 마침내 시간과 함께 균열을 일으키며 다른 방향을 잡기 시작한다. 사랑과 미움이 교차한다. 연인의 뺨을 때려놓고 내 뺨을 만지며 울음을 터뜨린다. 애절함과 무감각이 교차하며 우연한 만남과 필연적인 헤어짐이 교차한다. 모든 만남은 이미 헤어짐을 예고하고 있다. 영원불변의 고정(固定)이란 없다. 시간과 함께 모든 것은 흘러가고 변해간다. 호수에서 잠깐 만났다가 멀어져간 그때 그 배를 같은 모양으로 다시는 만날 수 없다. 그 교차로에 나의 교회가 세워진다.

사랑의 심리학

아니마와 아니무스
— C. 융의 이야기 —

인간 내면의 무의식에는 아니마와 아니무스라는 서로 다른 성적 원형이 있다. 남자가 남성의 표시를 가지는 것은 오직 의식에서만이고 그의 무의식 속에는 약하지만 여성적 인격(아니마)이 숨어 있다. 여자도 의식의 마음과 외양은 여성이지만 그의 무의식에는 남성적 인격(아니무스)이 내재해 있다. 실제로 많은 수의 생물학적 남자들이 여성적 구조를 갖고 있으며, 많은 수의 생물학적 여자들 역시 남성적 구조를 갖고 있는 것으로 판명된다. 그러니까 우리 몸은 자웅동체로 되어 있는 셈이다. 반대되는 성은 내적 인격으로서 미분화된 미성숙 상태로 본성에 비하여 열등하다. 아니마가 비록 남자 속의 여성성이긴 하나 그 여성적인 형상은 상위 인격의 유형이 아니다. 즉 아니마가 생물학적 여성을 말하는 것이 아니다. 아니마는 요정 혹은 한 마리의 나비나 꽃이나 고양이로 나타날 수도 있다. 다만 인격주의적 해석이 아니마를 인격화하여 어머니나 누나 혹은 소녀로 압축하는 것이다.

여성성은 주로 감정(혹은 연계성, 에로스)을, 남성성은 주로 사고(혹은 이성, 로고스)를 특징으로 하기 때문에 아니마는 감정이나 기분으로 나타나고, 아니무스는 생각이나 의견으로 나타난다. 아니마에 사로잡힌 남자는 까탈스러운 여성처럼 변덕스러운 기분의 동요, 짜증, 질투, 허영심을 보이거나 우수나 허무와 쓸쓸함, 때로는 폭발적 분노와 격렬한 열정 등을 보인다. 한편 아니무스에 붙잡힌 여성은 전혀 나이브하지 않다. 마치 그녀 자신 속에 숨은 거룩한 신이라도 있는 듯이 다른 사람을 지배하려 든다. 그녀에게는—예외란 있을 수 없고 일반적인 타당성만 있어서—완고하고 냉혹한 힘으로 자신의 의견과 판단을 고집한다. 학을 떼게 하는 고집불통의 여성의 성격을 지배하고 있는 것이 아니무스다. 아니무스는 파괴적인 성격을 키워서 남편이나 자식을 파멸로 몰아가기도 한다.

이 두 원형들에 부정성만 있는 것은 아니라 긍정적 측면도 있다. 여성적 아니마의 길은 사랑의 길이고 남성적 아니무스의 길은 욕망의 길이다. 아니마의 긍정적 발전은 미적 낭만적 에로스적 요소, 나아가 영적 측면을 포함한다. 아니마는 무의식 속에 숨어 있는 사실들을 파악하고 분별할 수 있도록 해준다. 아니마 원형과 함께 우리는 신들의 세계, 즉 내면의 영적 세계로 들어갈 수 있다. 남성 속의 아니마가 어떤 여성에게 투사되어 인격화되면 정반대의 양면이 나타날 수 있다. 돈키호테에게서 하찮은 시골 처녀가 돌시네아 공주로 보이며, 어떤 여성이 종교적 상(像)으로 숭배되면 성처녀나 마리아 혹은 관음보살로 나타날 수 있지만, 반대로 어떤 아니마는 마녀로 나타날 수도 있다. 어떤 남자의 아니마가 외부세계로만 투사될 때, 그 남자는 이 아니마를 그의 색정적 희생물로 삼거나(여성을 성적 노리개로 봄) 반대로 한 여자에게 강박적으로 매달리는 위험에 빠진다. 이런 남자는 자신의 환상과 감정이 잘못된 것임을 심각하게 받아들이는 고통스러운 결단을 내려야 한다. 그래야만 그의 아니마는 본래 있던 자리 "마음속의 여성, 위대한 어머니상"으로 남아 있게 된다. 아니무스 역시 그 부정적 측면이 긍정적인 것으로 바뀔 수 있다. '이거 아니구나' 하면서 고집스러운 성격을 버리고 다른 무의식을 받아들일 때 그녀는 내적 동반자로 탈바꿈하면서 주도성, 용기, 영적 지혜, 그리고 창조적인 결단 등의 긍정적 남성성의 성질을 부여받는다. 그리하여 그녀는 기민한 판단과 지혜로운 행동으로 가업을 일으키고 훌륭한 남편과 자식을 만들어 낼 수 있다. 이런 내조자를 우리는 업(집안에 복을 가져온 존재)이라고 부른다.

남성 속의 아니마와 여성 속의 아니무스는 장구한 세월 동안 인류가 집단 무의식으로 지녀온 무인격적 정동이지만, 분석심리학자들은 태어나 성장하는 동안 자기를 낳고 길러주는 어머니와 아버지가 자식들의 아니마 혹은 아니무스의 형성에 영향을 준다고 본다. 남/여아가 자라나 성인이 되면 그들은 자신을 낳아준 어머니/아버지의 성향을 가진다. 이를테면 부부가 된 후 아내에게 투사된 남편의 아니마는 그의 어머니를 포함하고 있으며, 아내가 바라보는 남편에게는 친정아버지로부터 받은 부성(父性)의 내용들이 들어있다. 그런 측면에서 연인이나 부부 관계에 깔린 심리는 근친상간적이라 할 수 있다. 흔히 아내는 남편을 아빠라고 부르고, 남편은 아내에게서 어머니를 찾거나 모성을 느낀다. 사내아이의 태생적 아니마는 그의 어머니에게서 나타난다. 아들에게 아니마는 어머니의 지배적인 힘 안에 숨어 있으며 평생 동안 감정적 집착을 남길 수 있다. 어떤 성인 남자가 한 여성에 대하여 가지는 애정감은 오직 '어머니 콤플렉스'의 전이에 의해서 설명될 수 있나. 어머니로부터 정신적 분리를 이루지 못한 남자는 어머니 아니마에 점령당하고 있다. 그런 남자를 우리는 마마보이라고 부른다.

아니마/아니무스라는 무의식의 투사로 나타나는 전이는 남녀노소에 관련 없이 무차별적으로 발생할 수 있다. 여성이 신부(神父)님을 흠모하고 점잖은 가장이 옆집 여인네에게 이끌린다. 성인 남자는 젊고 관능적인 여인에서, 노인들은 어린 소녀에게서 그의 아니마를 보상하려고 한다. 그 성적 느낌, 무의식 속에서 일어나는 동요를 부끄러워하거나 음흉하다며 비난하거나 도덕 윤리에 반한다고 해서 죄악시할 필요는 없다. 그것은 차라리 잉여향유로서 인간 사이에서 일어나는 객관적 실존 이상의 아름다움이다. 그 끌림을 느끼는 순간만큼은 진실하다. 그러나 그 진실 속에는 항상 상실을 보상받고 싶은 간절한 요구가 포함된다. 거기서 필연적으로 발생하는 욕망을 어떻게 대처할 것인가는 각자 하기 나름이다. 욕망이란 대상을 침습하는 것이다. 그뿐만 아니라 그 욕망은 내재적 불가능성이므로 끝내는 허무와 공허만 남긴다. 욕망을 움켜쥐려는 노력에는 필연적으로 낭패와 현실적인 비극이 따를 수밖에 없다. 우리는 욕망을 이루려 하지 말고 그 아름다움을 경험하는 데 그쳐야 한다. 더 좋게는 그 성적 감정을 고차원적인 아름다움의 이데아로 승화시키는 것이다. 우리가 우리의 욕심대로 이룰 수 있는 것은 이 세상에 아무것도 없다. 아니마/아니무스를 만족시키는 대상은 언제 어디서나 다시 만날 수 있다.

원형적 아니마상을 심리적 욕망과 관계되는 타자로서의 어머니상에 등치시키면 안 된다. 고유한 내재적 아니마상과 어머니상은 완전히 다른 개념이며 심리학적으로 도리어 대척의 관계에 있다. 대타자로서의 어머니의 욕망에 매몰된 사내아이는 자신의 고유한(태생적) 아니마가 그의 어머니에 의하여 억압된다. 아이는 성장하면서 상징계의 법 '아버지의 이름'으로 거세를 받아들여 어머니로부터 분리되어야 한다. 성 조지아가 창으로 용을 찔러 죽여 소녀를 구한다는 영웅신화가 암시하듯이, 자기를 집어 삼키려는 무의식적 모성상으로 상징되는 용을 살해함으로써 자신의 고유한 아니마상(소녀)을 해방시키는 것이다. 이러한 성장의 과정, 즉 어머니로부터 분리(거세)를 겪어야만 그는 모성 콤플렉스에서 벗어나 다른 여성과의 참된 관계를 맺을 수 있게 된다.

여성의 경우 그녀 내면에 있는 남성성 아니무스의 발달은 아버지 콤플렉스에 바탕을 둔다. '아빠의 딸'로서, 즉 아빠와 밀접한 관계에서 그녀는 보통 어머니와 사이가 좋지 못하다. 여기서도 마찬가지로 딸은 아버지로부터 벗어나야 한다. 딸은 아버지에 대한 근친상간적 공포 때문에 성적 욕망을 억압한다. 심하면 그 성적 억압이 히스테리라는 신체적 증상으로 나타난다. 근친상간에 대한 공포(억압)를 받아들이면서 아버지로부터 떠나야만 그녀 자신 속에 존재하는 건전한 남성상 아니무스를 구제하게 된다. '아빠 안녕' 하면서 이별해야만 그녀는 자신이 사랑하는 남자와 좋은 관계를 맺을 수 있다는 말이다. 「미녀와 야수」라는 영화가 이 관계를 잘 설명해 준다.

무의식은 자아처럼 상대를 배려하지 않는다. 자아는 의식적으로 남을 사랑하거나 감정을 조정하려는 노력을 할 수 있지만 무의식은 그렇지 않다. 무의식은 오로지 자기 자신의 전체가 되기를 원한다. 그것은 영혼의 힘센 주체로서 거칠고 비타협적이다. 무의식은 자기 자신을 지키려고 한다. 사랑을 위해 목숨을 바치는 것도 자기를 위한 에고이즘에 지나지 않는다. 외투사를 일으키는 아니마는 무한한 매료와 심취 혹은 과대평가적이기도 하지만 일반적으로 부정적 성격을 띤다. 여성 혐오의 온갖 변형된 형태로 나타난다. 긍정적 아니마 투사가 충족되지 않으면 투사는 부정적인 것으로 바뀌진다. 사랑이 증오로 변한다. 온몸을 바쳐 그녀를 사랑했지만 그녀가 비켜서 버리면 그는 중심을 잃고 쓰러진다. 수습 불가능한 파국의 사태를 알아차린 아니마의 잔인성이 엄청난 복수를 계획한다. 간절한 사랑이지만 이를 능가하는 지독한 에고이즘이 자기를 지키고 있는 셈이다. 한 쌍의 사이좋은 부부나 연인들의 뒤(무의식)에는 극도의 긴장을 품은 내용물들이 자리 잡고 있는 것이다. 이것이 위험한 이유는 그/그녀는 그 내용물들을 의식적으로 통각(統覺)하지 못하며 오직 무의식적 투사로서만 지각한다는 데에 있다. 무의식의 강력한 충동은 흔히 쉽게 의식의 통제를 벗어나며 엄청난 일들을 벌인다.

아니마/아니무스는 밖으로 외투사(外投射)를 일으키지만, 그 투사가 안으로 더 깊은 무의식 층위로 향하기도 한다. 명상에서와 같이 의식이 바깥세상을 외면하고 내향의 상태에 있을 때 아니마/아니무스는 더 깊은 무의식, 즉 원형적 자기로 넘어가는 다리 역할을 해주며 이때 이들은 매력과 가치를 가진다. 의식과 무의식이 만나는 이 과정이 C. 융이 말하는 개성화 자기실현이다.

인간은 욕망하는 주체다
— J. 라캉의 이야기 —

라캉은 그 무엇도 결여하지 않는, 즉 모든 것이 완벽하게 만족되는 신화적 순간의 실재(實在, the Real)를 설정한다. 이것은 큰 사물(das Ding, 상징화가 일어나기 전의, 아직 질서와 권력의 작용이 개입되지 않은 실재로서 충동이나 쾌락 그 자체)로서 이 원초적 실재는 '언제나-이미' 있는 것이다. 자아 발생 이전의 몸뚱이는 순백(純白)의 날 존재일 뿐이다. 유아의 신체는 성감대 그 자체다. 출생 후에도 수유의 쾌감과 같은 만족을 주는 사물체험을 통하여 잊지 못할 향유(주이상스)를 경험한다. 아기는 엄마와 구분 없이 전체성으로 있다. 결핍(부족함)이 없다. 그러기에 욕망도 없다. 그야말로 신화적인 미분화된 전체이다. 그러나 아이는 생겨남과 동시에 어떤 외적인 것들과 조우하면서 쾌락이나 고통의 원초적 경험 혹은 외상을 체험한다. 아기는 어머니로부터 분리가 진행된다. 태어남과 동시에 이미 탯줄은 잘려나간다. 냉혹한 현실적 문제가 다가온다. 배고픈데 제때 젖이 없는 상황을 아이는 경험한다. 좌절과 결핍을 느끼며 젖이라는 대상과 어머니란 타자를 의식하기 시작한다. 울음과 욕구라는 생존투쟁이 나타난다.

6~18개월 사이의 유아는 거울에 비친 자신의 모습을 보고 '저게 누구지? 저게 나인가!' 한다. 거울에 나타난 소타자에 주체를 동일시하면서 자아가 구성된다. 이 자아는 상상적 타자 안에서 이루어지는 주체의 동일시적 소외에 상응한다. 자신의 신체적 부조화(파편화)에 비하여 그 멋진 시각적 게슈탈트는 이상적인 통일성, 즉 구원의 이미지를 표현하며 여기서 나르시시즘(자기성애)적 자아가 형성된다. 팔다리 움직임이 부자연스럽게 바동거리면서도 멋진 자아를 상상한다. 라캉은 이를 달리 말해, 카오스적(무질서의) 리비도의 흐름이 하나로 통합되고 조직화되면서 자기성애에서 자아로 응결되는 것이라고 말한다. 자아는 리비도에게 사랑의 대상으로 제공되며 자아는 리비도를 저장하는 체류 장소가 된다.

상상계에만 머물러 있지 않고 아이는 곧 상징계로 진입하면서 언어에 사로잡힌다. 언어는 모든 사물을 상징한다. 배고픔을 알리는 울음은 상징계로의 진입을 뜻한다. 아이는 상징계의 경험적 생활 속으로 들어서면서 '아버지의 이름(아버지의 법, 부성은유)으로' 어른들에 의하여 언어로 길들여진다. 아이에게 부과되는 언어는 주체를 다스리고 지배하는 권력으로서, 소통의 용도라기보다 지시와 명령으로서의 언어이다. 언어는 강박적 억압이요 쾌락의 포기를 요구하지만 동시에 그것은 그를 보호하는 안전한 제도적 장치이기도 하다. 상징적 질서(언표, 기표)는 원초적 실재를 자르고 파고들어 가서 그것을 구획 짓고 구멍과 틈새를 만든다. 실재는 상징계의 질서 속으로 안장(安葬)된다. 이렇게 사물(事物)의 실재 주이상스는 무의식으로 잠재되면서 상징계 속으로 묻혀버린다. 그 무덤에서 형성되는 기표들의 구조가 무의식의 앎(지식)이 된다. 꿈은 무의식의 의식화라 할 수 있다. 그 꿈에서의 주인공은 잠재된 사물이다. 실재는 상징들 속에서 무화(無化)되어 버리지만 그러나 아주 미세한 양의 찌꺼기가 신체의 일부(특히 구멍, 4개의 부분충동으로)에 남는다. 상징계에서 구멍이나 틈새의 잔재로 남는 이 실재의 증상들은 결여로서 되찾고 싶은 간절한 욕망의 대상이요 원인이 된다. 실재계의 큰 사물의 주이상스를 상징계에서 차단하는 것이 법(언어)이라면 상상계에서 실재의 주이상스를 막는 것은 아름다움(美)이다. 아름답기만 하면 실재의 광적인 상상을 참을 수 있다. "큰 사물의 아름다움은 선(善, 법)보다 멀리 간다."라는 말이 있다.

우리가 평생 꾸려가는 경험적 삶은 상징계로 이루어진다. 상징계에서 타자로 작용하는 언표(言票, 시니피앙)들은 담론의 구조 속에 주체성을 의식과 무의식으로 분열시킨다. 주체는 ①무의식의 사고를 무시하는 거짓된 자아와 ②자아에 무관심한 무의식적 사고로 나눠진다. 주체는 거짓된 자기 감각(의식)과, 무의식 속에서의 언어의 자동작용(기표들의 사슬, 무의식의 앎, 즉 사고) 사이에서 분열되어 있다. 주체는 바로 이 분열에 다름 아니다. 주체의 '두 부분' 아바타들은 그 어떤 공통 지반도 공유하지 않는다.

주체가 분열되는 이 과정을 거세(去勢)라고 한다. 상징계의 질서 '아버지의 이름으로' 가해지는 거세란 실재의 주이상스를 박탈하고 주체를 분열시키는 것이다. 분열된 주체는 원래적 자기로부터 소외된다. 소외된 주체가 자기를 분열시킨 대타자(욕망으로서의 타자, 예를 들면 쾌락을 함께 나누던 어머니-타자)조차 분열되어 있음을 확인하고 스스로 자신을 해방시키려는 능동적인 구원의 과정을 '분리'라고 한다. 전체성으로 있던 '어머니-아이' 사이의 상호 욕망이 완벽하게만 이루어지지 않은 실질적 위치에서 주체는 배제된다. 그것은 상징계로 들어서는 주체가 겪어야 할 피할 수 없는 운명이다. 거세는 소외와 분리에 관련하여 이전에 가졌던 향유(예: 어머니와의 근친상간적 쾌락)의 포기를 요구받는다. 만약 이러한 부성은유(상징적 아버지가 내리는 금지, 즉 아버지의 법이 일으키는 심리적 의미작용)를 받지 못하면, 즉 거세되지 못하여 상징계의 언어로부터 추방당하면 그 주체(폐제廢帝라 부름)는 실재계의 발현이라 할 수 있는 조현병으로 발전한다. 그는 상징계의 질서에 대하여 끊임없이 의문을 제기하며 고독한 언어로 조잘거린다.

상징계의 시니피앙에 의하여 제거되었지만, 채 사라지지 않은 잔여물로 남는 그 존재(실재)는 주체의 근원적인 몸, 기관 없는 원형질(G. 들뢰즈)과 같은 것으로 거짓 자아보다 더 본질적 주체이다. 실재계의 피부라 할 수 있는 무의식 속으로 잠재된 이 존재가 욕망의 주체

사랑은 환상으로서 베일 너머에서 나를 유혹하는 희미한 이미지다. 그 이미지 너머에 대상이 실재할까? 그 대상에 대한 욕망은 항상 한계 너머 불가능 영역(실재계)의 극단을 요구하고 있다. 그 접근 불가능성은 어쩔 수 없는 무한성의 빈자리로서 부재요 무(無, 공백)이며 우리의 언어로는 알 수 없는 비밀스러움이다. 욕망은 죽음을 무릅쓰고라도 거기에 다가가려고 하지만 다가 갈수록 그 극단은 멀어진다. 대상 a는 '언제나-이미' 상실된 실재적 대상이기 때문이다. 그 욕망은 죽음을 무릅쓰는 죽음충동이 된다. 성취 가능한 대상이라면 욕망도 일어나지 않는다. 그것이 부재 혹은 불가능한 대상이기 때문에 욕망이 일어난다. 인간의 무의식은 여유나 행복보다 궁핍, 결여, 그리고 고통을 욕망한다. 상실과 결여의 자리에는 항상 유령처럼 욕망의 대상 충동이 나타나며 그것은 쾌락과 등가적이다. 인간은 무의식 속에 향유를 억압당한 신경증 환자이며 불만족과 고통을 욕구하는 마조히스트적 존재자들이다.

연인들의 사랑은 대상 a를 통한 욕망의 환유작용이다. 그 불가능한 빈자리를 사랑으로 대신해 보려는 욕망이 곧 사랑의 진리이리라. 그러나 그것은 성취될 수 없으므로 사랑은 환상이다. 라캉은 대상 a를 근본 환상이라고 하였다. 우리는 나도 모르는, 잃어버렸다고 생각되는 막연한 대상, 이루어질 수 없는데도 이루어질 것처럼 간절한 그 잠재적 주이상스를 좇으며 살고 있다.

팔루스적 욕망

애초에 있었던 그 카오스적 무질서의 쾌락의 덩어리, 그 다형충동들은 상징계의 언어에 의하여 억압되고 사라졌다. 어머니와의 성적 관계는 억압되고 차단당했으므로 어머니는 나에게서 거세된다. 그 상실을 보상하기 위하여 아버지로부터 배운 것이 팔루스적 욕망 유형이다. 이제 '아버지'가 쾌락(주이상스)의 기능을 가지는 팔루스(상징적 남근)가 된다. 팔루스는 대상 a를 쫓는다. 팔루스는 상실된 존재의 공백을 메우려는 기표요 이미지다. 보편적 근본환상이 팔루스이며 이것은 주인담화(S_1)의 구조가 된다. 우리는 상실에 대한 애도의 울음을 운다. 주이상스의 상실에 대한 애도의 절차가 문명이며 우리 삶의 과정이다. 그러나 현실적으로 일상에서 우리는 그 무질서의 쾌락을 추구하기는커녕 도리어 그 카오스를 불안해하며 안정을 추구하기 위해 질서 속에 안주한다. 그 이유는 그런 카오스적 무질서가 우리를 불안하게 한다고 오인하게끔 상징계와 팔루스에 의하여 가스라이팅당하고 길들여졌기 때문이다. 유한한 경험적 세계를 사는 우리는 강박적 문명 속에서—마치 무엇인 듯, 마치 그것이 진실한 듯—그런 오인의 속성에 빠져 살고 있다.

실재계

실재계란 현실세계가 아니라 초월의 세계다. 현실은 상상계와 상징계의 혼합으로 언어가 지배하는 허용된 유한성의 세계이지만, 실재계는 주체 외부의 영역으로 언어에 포함되지 않는 결여로서의 공백인 무한성의 세계이다. 실재계는 상징계와 그리고 상상계와 맞닿아 있다(이 삼항조의 연결을 보로메오 매듭이라고 한다). 그러나 그것은 경험적 일상인 상징계와 경계 지어진—그래서 의식할 수 없는—접근 불가능하여 무능하다 할 수밖에 없는 욕망의 영역이요 절대적 공허요 광기와 죽음의 영역이다. 실재계는 상징화 이전의 주이상스요 죽음충동이다. 이미 설명했듯이 유아가 성장하면서 원초적 실재가 상징화에 매몰되며 무화되어 갈 때 부성은유(아버지의 이름, 거세)는 상징계의 외부 보증자 혹은 그 배경으로 기능하며 주체가 실재에 의해 침략당하지 않도록 막아준다. 방어(거세)에 실패한 부성 폐제(廢帝)의 경우 '실재의(쾌락의) 언어'로서의 무의식이 일상의 현실 안에 출현한다. 극단적으로는 망상이 일어나고 정신병이 나타난다. 조현병 환자들은 팔루스의 지배를 벗어나 있다. 상징화되지 않은 것은 실재 안에서 회귀한다.

실재는 상징화될 수 없는 것을 나타낸다. 그 실재는 근본환상이다. 하지만 이 불가능성은 상징계에 내속적이다. '내 마음은 호수요'라는 은유에서 내 마음이란 명명 불가능한 실재가 호수라는 언어로 상징된다. 내 마음이 진짜 호수인가? 마음이 호수일 리가 없다. 상징은 결코 실재를 말 할 수 없다. 상징은 항상 속여 말한다. 우리가 흔히 부르는 '존재'란 말도 사실 의미를 가지지 않는 실재이며 그것이 언어로 상징화(의미화)되는 순간 즉시 상징계에서 은폐되어 버린다. 상징적 타자가 접촉하는 실재는 원초적 실재의 잔여물이다. 근본환상, 무의식, 그리고 실재라는 등가적 개념들도 상징계의 언어로 표현할 수밖에 없다. 이들은 결코 알 수 없는 앎(진리)이지만 언어로 표상되는 순간 거짓이 되어 버린다. 진리는 반만 알려지고 알려지는 그 반도 언어가 하는 거짓(상징)이므로 결국 진리는 허구다. 그러나 그 거짓을 지어내는 언어가 없으면 우리는 아무것도 인식하지 못한다.

상징계에서 대상 a를 통해 사라진 원초적 물(物)의 체험을 욕망하는 것은 실재에 접근하려는 것이다. 실재에 접근한다는 것은 죽음에 접근하는 죽음충동이다. 때때로 그 실재가 예기치 않게 갑자기 상징계를 뚫고 나타난다. 우리는 '으악' 하고 당황하며 비명을 지른다. 실재로서 상징계에 나타나는 증상(사건)을 우리는 증환(생톰, sinthome)이라고 부른다. 실재계는 망상이나 광기와 같은 정신병으로 상징계에 나타날 수도 있지만 예술적 영감의 원천이 되어주기도 한다. 도달할 수 없으나 그렇다고 포기할 수도 없는 이 모순적 대상은 우리를 유혹하는 세이렌과 같다. 우리가 두려워하면서도 욕망해 마지않는 사물, 실재라고 부르는 이 신비스럽고 숭고한 대상은 잔인하고 슬픈 그러나 간절한 어둠의 공백일 뿐이다. 실재에 접근할 때, 예를 들면 사랑을 고백하거나 기도할 때만큼은 그 누구도 진실해진다. 그곳이 숭고한 신적인 영역이기 때문이다.

어쩌면 원초적 사물(질료)의 주이상스는 우리가 소유한 적이 없는 사후적으로 꾸며낸 가상으로서 신기루 같은 것인지도 모른다. 엄밀히 말하면 상징적 질서 너머에 실재란 존재하지 않는다. 우리가 경험하고 사는 일상생활의 상징계에서 의식적인 욕망은 항상 대타자의 욕망이다. 내가 뭘 욕망하는 것은 언제나 항상 부모, 동료 혹은 사회가 요구하는 욕망이다. 주체는 타자의 욕망을 모방하고 그것을 욕망한다(R. 지라르). 그러나 진짜 내가 욕망하는 것은 그것이 아니다. 무의식의 욕망은 실재계—그것이 가상의 원초적 질료에서 비롯되었든 혹은 상징적인 것의 실재(상징계가 만든 대상 a)이든—의 주이상스로 근본환상 안에서 조직화된다. 언어의 실재, 즉 언어가 가지는 어찌할 수 없는 한계라는 그 공백을 봉합하려다가 인간은 신이라는 심연(深淵)을 가정한다.

우리는 기표들의 순환체계인 상징계, 이미지와 의미가 작용하는 상상계, 그리고 무한성과 접근 불가능성의 실재계라는 세 가지 세계에 연계되어 살고 있다. 우리는 이 세 가지 삼항조의 존재론적 층위에 옳게 자리를 잡아야만 정상인으로 살아 갈 수 있다. 이 삼위일체 구조의 보로메오 매듭 한 가운데 S1(주인기표), 신, 아버지, 대상 a가 등치한다. 삼환계를 서로 연결하며 삶을 안정되게 유지하기 위해서 상실된 존재의 존재 자리에 증상, 즉 상실에 대한 보상으로 정동 a가 있어야 한다. 정동(affection)은 신체 내부로부터 느껴지는 모든 감정과 감각으로서 잉여향유(대상 a)를 탐닉하는 방법이다. 그것은 명명불가능한 실재로서 무의식에 사로잡힌 근본환상이다.

증상의 대표적인 이름이 아버지다. 아버지는 이 세계를 구성할 능력과 파괴할 능력을 동시에 갖고 있는 모순된 개념이다. 이를테면 상징계에서 아버지는 가부장적으로 법으로 명령하며 주이상스를 억압하고 박탈하는 자이다. 그러므로 그는 쾌락의 원래 아버지가 아니라 죽은 아버지다. 그러나 상징계의 죽은 아버지를 초과하는 아버지로서 실재계에서 살아있는 팔루스로 환기되면 그는 쾌락의 아버지가 된다. 한때 아리안족 독일 국민을 광분시켰던 아돌프 히틀러는 그들에게 쾌락의 아버지였다.

사랑은 결코 현전하지 않는다

연인들의 사랑은 기념비와 같은 깊은 각인을 남긴다. 그 기념비는 잊히기는 하나 없어지지 않으면서 새로운 결들을 계속해서 만들어 낸다. 우리는 사랑하면서도 사랑의 본질이 무엇인지 알지 못한다. 사랑은 네가 가진 그 무엇을 요구하는 것이 아니라 온전한 네 자신을 욕구한다. 그것은 불가능하다. 사랑은 근본적으로 매울 수 없는 나의 결핍에 대한 환상이기 때문에 헛된 욕망으로 남는다. 사랑은 결코 현전(現前)하지 않는다. 언제나 미완성인 채 우리 주위를 서성인다. 완성된 사랑은 사랑이 아니다. 완성할 수도 없다. 자크 데리다의 『해체』에 따르면, 사랑은 더(more)를 요구하며 아직 이루어지지 않았음(not yet)이라는 욕망이 끊임없이 이어지는 해프닝이요 진행이다. 사랑은 그 스스로 지나가고 소멸되면서 새로워지는 무한성의 영원한 의미를 지닌다. 어쩌면 사랑할 수 있는 사랑보다 사랑할 수 없는 사랑이 더 진정한 사랑이리라. 이루어질 수 없는 것에 대한 열정, 이루어지지 않았으므로 도리어 그 사랑은 끊임없이 새로운 모습으로 연기(延期)하면서 반복한다. 간절하지만 이루어지지 않는 이 double bind의 설렘과 애도가 우리들의 삶이다. 정체가 불분명한 파토스의 유령은 시간 너머에서 노스탤지어처럼 서성인다.

다. 실재계로 배척되어버린 원 존재는 주체에게 언제나-이미 영원히 상실된 물(物)의 형상으로 남는다. 사물은 무(無)로서 자신을 드러내는, 원초적 만족체험(사물체험)이 있던 빈자리다. 사람들은 평생 이 결여의 빈자리를 매울 무언가를 끊임없이 찾는다. 그 공백이 원래 자기의 존재였기 때문이다. 쾌락과 존재는 등가적(等價的)이며 결여와 욕망은 동연적(同然的, 상관적)이다. 존재는 상징계의 규정 바깥 실재계에 있는 공백(∅)이다. 공백은 속이 빈 허공으로서가 아니라 '없음'으로 채워진 nothing이다. 주체로서 나는 나의 존재인 그 공백에 도달해야만 한다. 진정한 주체란, 언표에 의하여 거세되어 부성은유가 이루어지면서 영원히 상실된 물의 형상으로 나타나는 '나'의 존재를 말한다. 나는 '나'가 군림했던 곳에서의 '나'가 되어야 한다. 자아로서의 의식적인 나, 대타자들 속에 사는 경험적인 나는 원 존재로서의 '나'가 되어야 한다. 그러나 '나'가 있었던 그 욕망의 빈자리는 무(無)로 드러나는 공백이기 때문에 다다를 수 없는 근본 환상이 되고 만다. 우리는 상실된 존재를 보상받기 위하여 끊임없이 무언가를 욕망한다. 본질적으로 욕망은 결여에 대한 끝없는 탐색이지만 그 욕망을 만족시킬 방법은 없다. 오직 더 많은 욕망을, 더 큰 욕망을 계속해서 욕망하기를 바라는 그 자체의 지속이거나 진전일 뿐이다.

분열된 주체에 대하여 프로이트는 말한다. "Wo Es war, soll Ich werden(그것이 있는 곳에 내가 되어야 한다)." 그것(무의식, 이드)이 있는 곳에 나(자아)가 와야 한다. 또한 자아가 있는 곳에 이드가 스며들어야 한다. 이를테면 이성적이고 반성적인 일상의 삶에 예술이 들어와야 하며 아폴론적 질서와 꿈속에 디오니소스적인 것이 깃들어야 한다. 라캉에서 진정한 '나'는, 주체의 개입 없이 저절로 발생하는 생각들의 무의식적 연결에서 등장하는 나를 말한다. 무의식적 사고에서 배제된 순간적으로만 존재하는, 그래서 엉뚱한 말실수에서나 등장하는 나이다. 장자가 나비가 되어 날아다니는 꿈을 꾸었다. 그는 의문을 제기한다. 그 나비가 진짜 나인가 꿈 깬 후 지금의 내가 진짜인가? 라캉은 무의식(꿈) 속의 나비가 더 진정한 나라고 주장한다.

무의식 속의 나는 '타자의 권력이 지배하는 장소(상징계)'에서 내가 되어야 한다. 이것은 나로의 도덕적 명령을 내포한다. 라캉은 "우리는 주체로서의 자신의 위치에 대해 언제나 책임이 있다."라고 말한다. 이제 우리는 타자에 귀속되어 거기에 순종만 하던 삶에서 나 자신을 따라 자유롭게—그러나 상징계의 틀 속에서—살아야 한다. 그 틈 사이에서 인간의 모든 실존적 문제가 야기된다.

대상 a로서 사랑

사물의 향유는 처음 한 번으로 끝나고 사라진다. 그것은 다시 되풀이되지 않는다. 우리는 그 최초의 향유를 되찾으려는 간절한 욕망을 가진다. 사물의 향유는 사라졌으나 완전히 없어진 것은 아니다. 사물은 찌꺼기 같은 잔해를 남긴다. 사물의 찌꺼기는 상징계 속에 빈틈과 구멍으로 남아 있다. 상징계의 균열을 통하여 물(物)의 잔여물이 고개를 내미는 것이 실재계다. 실재는 잡히지 않으면서도 틀림없이 있는 것으로서 효과를 발휘한다. 내 안에 있는 나 이상의 것이다. 그것은 물의 찌꺼기가 작용하는 구멍이요 공백이다. 그것은 언어를 앞서므로 실존하지 않는 탈존의 실체다. 실재계의 이 잔여물이 주이상스를 유발하는 대상 a(오브제 아, 혹은 숭고한 대상)다.

이미 설명했듯이 상징계로 진입하면서 아이가 가졌던 원초적 쾌락 주이상스는 대부분 소멸되지만 파편화된 미세한 양은 에로틱한 성감대 등 흥분하기 쉬운 특권적 부분에 사로잡혀 있다. 라캉은 대상 a의 유형들을 구강(입술), 항문, 시관(눈, 시각), 그리고 호원(귀, 청각) 등 네 개의 부분충동으로 명시하였다. 우리는 상징계의 빈 구멍인 그 잔해에서 향유를 맛볼 수 있다. 비록 원초적 사물의 경험은 아니지만, 그만큼 강렬하지는 않지만 그 대체물은 비슷한 향유를 줄 수 있다. 우리는 원초적 사물체험을 가져다줄 것 같은 대상을 우리 삶이 몸담고 있는 상징계에서 찾는다. 상징계가 만들어 내는 대상 a로부터—비록 원초적 사물의 향유와는 다르지만—잉여향유를 느낄 수 있다. 그래서 요즘은 대상 a를 잉여향유(주이상스)라고 부른다. 고통스럽고 무기력하기만 한 일상생활 속에서 금지의 세계, 법의 세계인 상징계가 쾌락거리를 만들어 낸다는 말이다. 상징계에서 만들어지는 대상 a는 곧 잉여향유를 창출하는 잔여물로서 상징계, 상상계, 그리고 실재계의 교차점에서 정동(affection, a로 표시)으로 나타나는 주이상스다. 대상 a는 향유의 대상이자 향유를 일으키는 원인이다. 대상 a는 다른 어떤 것이 있다는, 어쩌면 상실된, 어쩌면 아직 발견되어야 할 그 무엇이 있을 것임을 상기시키는 상기물(想起物)이다. 프로이트적 '사물'은 대상 a의 초기 판본이라 할 수 있다.

불감증

첫사랑과 헤어진 후 나는 옥이 씨를 만나게 되었다. 그녀를 처음 만난 것은 예과 2학년 때 분석화학 학점을 놓쳐 낙제의 위기에 몰렸을 때였다. 당시 대학입시 본고사에서 과학은 물리, 화학, 생물 가운데 한 과목만 선택하면 되었다. 외우기만 하면 될 성싶어서 생물을 택한 나는 화학에 대한 지식이라곤 고2 때 배운 원소주기율표 정도의 기억만 남아 있었다. 기본이 되어 있지 않은 나는 분석화학에 나오는 용어 자체를 도무지 이해하지 못하였다. 분석화학은 의예과 2학년 교양과정 필수 이수과목으로 문리대 화학과 이○락 교수가 가르쳤다. 옥이 씨는 같은 해에 문리대 화학과에 입학한 여학생으로 교양과정부 1학년 수업을 같이 받고 있었다. 친하지는 않았으나 인사 정도는 하는 사이었다.

이층 창문 밖으로 내려다보니 단발머리를 한 그녀가 솔밭 사이를 지나가고 있었다. 앞뒤 체면 차릴 여유도 없이 그를 불렀다.

"어이, 옥이 씨, 잠깐만!" 하고 달려 내려갔다.

그녀는 좀 부끄러워하며 날 경계하였다.

"왜 불렀어요?"

나는 우물쭈물 대답하였다.

"이○락 교수님 학점을 놓쳤는데 말입니다. 재시는 겨우 얻어 놨는데, 문제는 제가 화학의 '화' 자도 모르는 판이라……."

침을 꿀꺽 삼키며 겸연쩍게 부탁하였다.

"개인 지도를 좀 받고 싶은데요."

그녀는 '이 자슥이 작업을 거네'라는 생각이 들었는지

"안 돼요. 저 바빠요."

하며 단번에 거절한다.

"그러면, 이 교수님이 시험에 잘 내는 야마라도 좀……. 화학과 선배들한테 그런 게 있을 겁니다."

옥이 씨가 날 빤히 쳐다보며 물었다.

"야마가 뭐예요?"

야마란 일본말로 山이란 뜻으로 꼭지, 핵심이란 의미를 가진다. 우리들이 말하는 야마란 시험에 잘 나오는 기출 문제를 말하였다. 내 설명을 듣고 알겠다는 듯이 고개를 까딱이기에 반가워 얼른 채근하듯 캐물었다.

"그런 게 있지요? 화학과에, 옛날부터 내려오는……."

"그런 거 없어요."

그녀는 딱 잘라 버린다. 나는 사정하다시피 매달렸다.

"제가 곧 낙제할 처지입니다. 어떻게 좀 도와주셨으면……."

"해설서 비슷한 게 있는데 내일 갖다줄게요. 이 시간 여기서."

다음 날 기대를 갖고 건네받은 해설서는 나를 크게 실망시켰다. 더 어려운 책이었다. 이 난해한 사태를 어찌할꼬 하며 고민하다가 드디어 비장한 결심을 하였다. 해설서도 내버려두고 강의에 쓰인 분석화학개론에 나오는 문장을 아예 외워버리자는 것이었다. 다행히 시험 범위는 150페이지 조금 넘는 적은 분량이었다. 좀 버겁기는 하지만 가능할 것 같았다. 내가 봐도 놀라운 초인적 능력이 발휘되었다. 어떤 제목 아래 있는 문장을 내용도 모르면서 거의 달달 외워버렸다.

운명의 그날 재시 대상자 열댓 명이 넓은 강의실에 띄엄띄엄 앉아 있었다. 조교가 와서 시험지를 나눠준다. 시험지를 받아들고 보니 '오! 하느님 감사합니다. 할렐루야!'라는 말이 절로 나왔다. 주관식 일곱 문제 가운데 다섯 제목은 내가 자신 있게 쓸 수 있는 것이었다. 한 문제당 15점 배점이 되어 있었으니 낙제는 틀림없이 면할 수 있겠구나 하며 외운 대로 써나갔다. 넉넉해하면서 자신 있게 답안지를 제출하였다.

일주일 후 이 교수님이 그의 연구실로 날 불렀다. 문을 열고 들어서자 힐끗 나를 쳐다보는 눈빛이 '같잖다'는 표정이었다. 뭔가 불길하였다.

"학생은 책을 달달 외웠나 보지? 내용을 전혀 이해하지 못하고 써놓은 답이야."

하는 게 아닌가? 언즉시야(言卽是也)라 옳은 말씀이었다. 죽을상이

되어 고개를 푹 숙이고 있는데, 이 교수님 담배를 한대 피워 물더니

"우리나라 대학입시 정책이 잘못된 거야. 어렵다고 화학 시험을 안 봐도 되게 해 놨으니……. 자네 본과에 올라가면 생화학을 배우게 될 거야. 그 기초가 이거라고."

라며 쯧쯧거렸다. 그 말씀도 나중에 본과에 올라와 보니 맞는 말씀이었다.

"나가 봐, 빵점을 줘야 마땅하나 외운다고 노력한 고생은 인정해주지."

그 말은 낙제는 면하게 해주겠다는 은혜로운 말씀이 아니신가! 형언할 수 없는 고마움에

"감사합니다. 열심히 하겠습니다."

하며 세 번이나 상체를 꺾으며 꾸벅꾸벅 절을 하였다. 그러자 교수님께서 화난 음성으로 소리를 꽥 질렀다.

"뭘 열심히 하겠다는 건가? 화학이 뭔지도 모르면서……. 나가!"

몇 주쯤 후에 본관 건물 앞 벤치에 앉아 따스한 햇볕을 쬐며 지난밤 과음으로 생긴 숙취에 못 이겨 졸고 있는데 지나가던 옥이 씨가 날 발견하고 다가왔다.

"해설서 돌려주세요. 시험은 잘 쳤어요?"

"네, 그럭저럭."

그녀가 돌아서려다 날 보며 물었다.

"참, 교수님께서 그러시던데……. 의예과에 책 한 권을 달달 외운

얼간이가 있다던데. 그게 누구예요?"

졸업한 후 바로 군에 입대하였다. 영천 고경에 있는 삼사(육군3사관학교)에서 기초 군사훈련을 받던 중 어느 날 부대에서 일박이일로 단체 외박을 보내주었다. 얼마 전에는 영내 단체 면회가 있었더랬다. 면회 날 아침, 모두들 면회실로 달려가 부모님과 처자식을 만났다. 여기저기서 감격스러운 재회의 장면이 벌어졌다. 대부분의 킴스(의대를 졸업한 후 전문의 과정을 마치고 입대한 군의 후보생)들은 기혼이었다. 그들은 이산가족을 만난 것처럼 흥분하였다. "아빠, 여보"가 난무하였고 어떤 이는 아내를 껴안고 하염없이 눈물을 흘리고 있었다. 술은 반입이 금지되어 없었으나 산해진미가 면회소 탁자 위에 가득 널려있었다. 거기로부터 통닭 냄새가 내무반까지 풍겨왔다.

면회 올 사람이 없었던 나는 내무반에 홀로 남아 있었다. 하나 건너 내무반에도 나 같은 외로운 인간 하나가 우두커니 앉아 있었다. 면회 오지 않은 후보생들은 사병식당에 가서 점심 라면을 먹어야 했다. 사병 식당에서 나를 포함하여 다섯 명이 같이 앉아 푹 퍼진 라면을 먹었다. 사병들이 힐끔거리며 우리를 쳐다보았다.

면회 나갔던 후보생 모두들 포식을 하고 저녁에 돌아왔다. 더 큰 비극은 그날 밤에 일어났다. 밤중에 중대장이 중대 전원을 연병장에 집합시켰다.

"모두들 많이 먹었냐? 이건 내 경험인데 말이야, 배불리 먹고 그냥 자면 반드시 배탈이 난다."

운동으로 소화를 시켜야 한다며 연병장 구보를 시키려 드는 게 아닌가. 그날 밤 허기진 배로 200미터 운동장 열 바퀴를 그들과 함께 돌아야 했다. 훈련 중 가장 괴롭고 힘든 하루였다.

이번에도 고민이었다. 외박 나가도 만날 사람이 없었다. 전국에서 모인 수백 명의 군의후보생들이 시커먼 얼굴에다가 죄수 모양 가슴에 번호표를 단 군복 차림으로 대구 시내 향촌동과 동성로로 쏟아져 들어왔다. 영천서 기차를 타고 와 대구역에 내린 것이었다. 대구 출신들은 그날 밤을 집에서 보낼 수 있었지만 외지 출신들이 일박이일 동안 집에 갔다 오기에는 시간상 무리였다. 대부분 대구 시내에서 그날 밤을 술로 보냈다. 나중에 들은 이야기지마는, 그 총중에 아침 차로 엄마한테 갔다가 다음 날 막차로 돌아온 찌질이들도 있었다. 전라도까지 갔다 온 어느 후보생은 그걸 자랑거리라도 되는 듯이 떠들어댔다.

동기생 모두들 하나같이 애인이 있었다. 나는 깜짝 놀랐다. 언제 이 애들이 갈치(애인의 속된 표현)를 하나씩 만들어 두었단 말인가, 그동안 나는 뭘 했지……. 나의 '참 바보처럼 살았음'이 반박 불가능한 사실로 드러났다. 친구들이 하나둘씩 모두 짝 맞춰 대구역을 떠난 뒤 마침내 길거리에 혼자가 된 나는 아연한 외로움에 휩싸였다. 그냥 집으로 향하기에는 너무나 아까운 밤이었다. 우두커니 서 있다가 혼술이라도 할 요량으로 만경관극장 뒤 향촌동 술집거리로 들어섰다.

당시 향촌동은 대구의 라스베이거스였다. 6.25 전쟁 시절로 거슬러 올라가면 피난 온 예술인들이 모여 놀았던 놀이터가 향촌동이었다. 개중에는 꽤 유명한 문인들도 있었지만 어중이떠중이들도 그들 근처에 얼쩡거리며 향촌동을 낭만의 환락가로 발전시켰다. 향촌동 길거리가 어두워지는가 했더니 찬란한 밤의 천국이 왁자지껄 펼쳐지고 있었다. 여기저기 네온사인이 차례로 터지고 골목 구비마다 팝송이 울려 퍼졌다. 이곳저곳 쭈뼛거리다가 나는 이조주촌이라는 간판이 걸린 막걸릿집으로 들어섰다. 어설프게 옛 주막을 흉내 낸 술집이었다. 대문은 싸릿대로 만들어 일부러 삐딱하게 세워 놓았고 양 기둥에는 청사초롱이 걸려 있었다. 사립문을 밀고 안으로 들어서자 내부 칸막이벽은 볏짚 이엉으로 조악하게 엮여 있었으며 바닥은 맨 흙이었다. 술 나르는 사내들은 모두 조선시대 종놈의 복장을 하였고 여종업원들도 쪽머리 붉은 댕기에 한복차림으로 계집종 흉내를 내고 있었다. 모두 짚신을 신고 있었다. 막걸리는 사기 호리병에 담겨 나왔다. 여기저기서 '이리 오너라'라는 종업원 호출 소리가 들려왔다. 다행히 조명은 화재의 위험 때문인지 호롱불 대신 백 촉짜리 둥근 전구로 실내를 밝히고 있었다. 술집 안은 취객들의 고성과 웃음소리로 왁자지껄하였다. 거기다가 볏짚에 숨은 스피커에서 쏟아지는 풍물소리와 악을 쓰는 듯한 판소리까지 버무려져 그야말로 난장판이었다. 엿쟁이가 엿판을 목에 걸고 철꺽철꺽 가위를 치며 어슬렁거렸고 한쪽에서는 병신을 흉내 내는 절름발이가 담배연기 가득한 실내를 돌며 껌을 팔고 있었다. 그들 말씨가 또한 가관이었다.

"엿 좀 사지? 맛있다카이."

"껌 있는데예."

건방진 반말에다 투박한 대구 사투리, 막걸릿집에서 엿과 껌이 팔릴 리가 없다. 그냥 우스개 구경거리로 돌아다니게 한 듯하였다.

이엉으로 가림막을 친 벽 밑 한구석에 자리를 잡고 앉아 몇 번이나 종놈을 부르던 끝에 겨우 파전 한 접시와 막걸리 한 병을 시킬 수 있었다. 오랜만에 만난 술인지라 텁텁한 막걸리 맛은 각별하였다. 두 잔을 거푸 마셨더니 벌써 알딸딸하며 취기가 오른다. 그때 멀리서 누군가가 반가운 목소리로 나의 이름을 부른다.

"하빈 씨이~"

웬 여성이 한걸음에 다가와 맞은 편 나무탁자에 앉는다. 이게 누구신가! 그 옛날 화학과의 옥이었다. 오 년 만에 여기서 우연히 그녀를 만나다니, 예전에 폐를 끼친 데 대하여 인사도 못 해 늘 미안한 감이 있었던 터였다. 옥이 씨는 전주가 있었던지 기분이 꽤 업되어 있었다. 그녀는 졸업 후 어느 여고 교사로 재직 중이었다. 오늘 동료들과 함께 한잔하러 왔단다. 가까이서 보니 양 볼은 발그스레하였고 눈은 게슴츠레 웃고 있었다. 예쁘고 귀여웠다. 하필 그때 스피커에서 밀양아리랑이 흘러나왔다.

'날 좀 보소 날 좀 보소, 날 조옴 보오소~'

그 가락에 맞춰 옥이는 머리를 까닥이며 흥겨워했다. 그러다가 나를 빤히 쳐다보았다. 훈련받다 나온 나의 초라한 몰골과 행색을 가

까이 보고서는 옥이 씨 놀란 토끼눈으로

"아이고 불쌍해라, 영락없는 군바리네요."

깔깔거리며 웃어댄다. 새로 막걸리가 나오자 먼저 생고구마 한쪽을 씹으며

"자자, 불쌍한 군인 아저씨 한잔 올리겠습니다."

예과 때 찬바람을 쌩쌩 날리며 새초롬하던 그녀가 왜 이렇게 친절해졌을까 싶었다. 사회 물을 먹고 철이 들었나, 술이 그녀를 해방시켰나. 내 눈에 그녀는 미인은 아니었으나 밉상도 아니었다. 키는 좀 작았다. 마늘쪽같이 동그란 두상에 이마가 볼록하며 약간 오목눈을 가진 꾀돌이형의 용모였다. 화학선생에 딱 어울리는 그런 얼굴이었다. 고구마를 다 씹었는지 술 냄새가 살짝 나는 날숨을 내쉰 다음 낮은 목소리로 딱한 듯이 묻는다.

"애인 없어요?"

얼떨결에 나는 대답했다.

"아니 있는데, 오늘 무슨 사정이 있어서……."

그 말이 거짓임을 알아차린 것 같았으나 옥이 씨는

"그럼 오늘 제가 애인이 되어 드릴까요?"

능글거리며 아양을 떤다. 약간의 취기가 감돌며 홍조를 띤 그녀의 얼굴에서 애교와 성숙한 여인의 향기가 풍겨났다. 발랄하고 매혹적이었다. 단발머리 소녀로 여고생 촌티가 어려 있던 대학교 때와는 완전 다른 분위기였다. 그녀는 곧 일본 무슨 대학 연구소로 유학을 갈 거라고 하였다.

어느새 몇 순배 막걸리 대작이 지나갔다. 그때였다. 갑자기 옛날에 헤어진 숙이가 유령처럼 눈앞에 나타났다. 내 앞에 앉아 있던 옥의 얼굴이 갑자기 숙으로 바뀐 것이었다. 그렇게도 매달리며 내가 사랑했던 숙이 무표정한 얼굴로 내 앞에 나타났다. 사랑을 가득 담던 눈빛과 아름다운 미소는 사라지고 석고상같이 무표정한 얼굴이었다. 바윗골에서 보았던 바로 그 얼굴이었다. 혼란스러웠다. 그리움인 듯 슬픔인 듯 이상한 감정이 파도처럼 밀려왔다. 그러나 안타깝게도 그녀는 여전히 아무 말도 하지 않는 흑백의 그림자로만 나타났다. 숙은 나의 마음속 빈자리를 도깨비처럼 굳건히 점령하고 있음에 틀림없었다. 그 환영은 알 수 없는 어딘가로부터 오는 정신착란적 현상이었다. 회한과 그리움이 범벅이 되어 눈물이 날 것 같았다. 나는 옥이에게 얼른 둘러대었다.

"속이 좀 안 좋아서, 화장실에……."

의아해하는 옥이 선생을 남겨두고 도망치듯 술집을 나왔다.

* * *

약학대학을 다니던 숙은 열렬한 불교 신자이자 불교학생회의 간부였다. 뚜렷한 이유도 없이 나는 그게 못마땅하였다. 남문시장과 반월당 사이 언덕에 보현사란 절이 있었다. 숙은 자주 그 절을 드나들었다. 법당에서 기도한다며 엎드려 있는 숙이를 보면 기분이 나빠졌다. 다가가서 그녀의 동그란 엉덩이를 툭 차고 싶을 때도 있었다.

나는 제단 앞에 엎어지는 여자가 지금도 싫다. 기도하며 짓는 그 진지한 얼굴 표정은 내게 위선으로 보였다.

"무얼 기도하고 있는 거야?"

물론 그녀는 아무 대답도 하지 않았다. 나의 물음 자체가 말도 안 된다는 듯이 날 쳐다보았다. 날 무시하는 듯한 그 표정이 나를 더욱 화나게 했다. 학생회 지도 스님과 함박웃음을 나누는 장면은 내게 분노를 넘어 구역질을 일으킬 정도였다. 그 사실을 숙 자신도 알고 있었으며 터무니없는 나의 신경질에 그녀 역시 내심 불쾌해하고 있음이 틀림없었다. 일그러진 나의 표정을 보고 숙은 시무룩해져서 미간을 찡그리며 입을 닫아 버리는 일들이 많아졌다.

어느 날 또 그 절에서였다.

"하빈 씨, 미안하지만 여기 마당에 좀 있어줘요……. 날 따라오지 말고."

숙이는 내키지 않은 어색한 미소로 억지 미안함을 표시하고는 혼자 돌계단을 올라 대웅전 법당으로 들어갔다. 거기서 또 삼배하며 기도를 할 모양이었다. 나는 마당 한편에 서 있는 돌탑 밑동을 발로 걷어차며 불쾌한 기분을 삭였다. 돌계단에 앉아 그녀가 내려올 때까지 한참을 기다려야 했다.

나는 그녀에게 막연한 불일치감과 불협화음을 느끼기 시작했다. 숙의 그런 행동들은 왠지 내게 낯설고 어색하였으며 마음속에는 원인 모를 심통이 불끈거리고 있었다. 아무래도 그녀의 관심은 내가 아니었다. 가끔 언쟁을 하다가 대화가 끊기는 일들이 생기기도 하였다. 언제부터인가 차츰 서로 마음이 변하기 시작하였다. 그녀도 변해 갔고 나도 변해 갔다. 그것은 부인하고 싶지만 부인할 수 없는 사실이었다. 모든 불화의 원인은 숙에게 있었다. 아니면 저 불상, 희미한 미소를 지으며 모든 것을 포용하겠다는 우수 어린 저 근엄한 얼굴, 좌중을 내려다보며 연민을 날리거나 혹은 날 은근히 비웃는 듯한 저 황금 불상에 있었다. 나는 왠지 그 불상의 표정이 싫었다. 하지만 숙은 불상 앞에서 진지하였고 행복한 듯 보였다. 그러한 그녀의 열정에 대하여 나는 무기력하였으며 어찌할 도리가 없었다. 그것이 나를 더욱 초조하고 짜증나게 만들었다. 당시 나에게 종교는 거짓이고 위선이었다. 종교는 미신을 그럴듯하게 치장한 추상적 가식이었으며 그 앞에 무릎을 꿇는 인간은—내가 보기에—스스로의 나약함에 굴복하는 마조히스트들이었다.

사실 숙은 20대쯤의 많은 여성들이 그러하듯이, 미남 배우나 가수를 오빠라고 부르며 쫓아다닐 법한 나이었음에도 불구하고 그의 내적 인격은 종교에 천착할 정도로 성숙하고 있었던 것이다. 돌이켜 보건대 진짜 불화의 원인은 나의 유치한 질투 감정을 그녀 탓으로 돌려댄 고약한 나의 심보에 있었다. 그게 화근이었다. 숙의 마음을 사로잡는 그 자리에 내가 있어야 한다는 그 유치한 욕심과 오기는 당시 나로서도 어쩔 수 없는 것이었다. 드러나지 않는 균열이 그때부터 시작되었고 뭔가 불길한 오멘이 우리들 사이를 어른거렸다.

드디어 올 것이 오고 말았다. 참지 못한 쪽은 내가 아니라 숙이었다. 그날 오후 숙의 요청으로 교차로에서 만났다. 한참 동안 침묵을 지키던 그녀가 무엇을 결심한 듯이 말을 꺼냈다.

"우리 당분간 거리를 좀 둬 봐요."

불쾌한 조바심이 솟구쳤다. 내가 놀라 빤히 쳐다보았다.

"아니 헤어지자는 게 아니라……."

화가 나 이글거리는 나의 눈빛을 보고 그녀는 깜짝 놀라 서둘러 말을 주워 담으려 했지만, 그 말은 명백히 결별을 선언하는 것이었다. 모멸감이 뒤섞인 분노가 뭉게뭉게 올라왔다.

"……왜 날 이해하지 못해요?"

"뭘 이해하라는 거지? 말해 봐."

숙은 대답이 없었다. 그러나 분명 이해해 주기를 바라는 무엇인가 있었을 것이다. 그것은 아마도 그녀 내면에 머무는, 같이 공유해도 좋았을 어떤 간절함이었겠지만 숙은 그걸 말로 표현하지 못하였다. 숙은 천정을 쳐다보다가 이내 포기한 듯 고개를 폭 숙여버렸다. 그러다가 작심한 듯 단호히 말을 꺼내들었다.

"난 말이에요. 날 좋아하는 하빈 씨보다 그냥 보이는 하빈 씨가 좋았어요. 바윗골에 있었던 그 어리바리한 남자 말이에요. 날 보고만 있는 그 시선이 날 참 편하고 행복하게 했어요. 그게 정말 멋있었단 말이에요."

한동안 침묵이 흘렀다.

"날 좋아한다는 그 감정은 위험을 숨기고 있었어요. 난 늘 그게 겁이 났어요."

다시 뜸을 들인 후 그녀는 단호히 힘주어 말했다.

"저…… 하빈 씨, 이걸 알아야 해요. 나는 내가 내 주인이란 말이에요."

말이 자유로워진 숙은 목소리가 날카로워지면서 다소 강한 어조로 선언하였다.

"마음만 먹으면 난 언제든지 도망쳐 버릴 거예요."

그녀의 얼굴은 이미 표독스러운 냉소로 일그러져 있었다.

"너 정말 엄청난 소리를 하는구나, 입만 까져가지고."

기가 찼다. 평소에는 미련곰탱이 같더니 지금은 태도가 돌변하여 남남처럼 차갑고 거칠어졌다. 말들이 쏟아져 나왔고 무슨무슨 이유를 들이대며 타협 불가능한 싸움이 시작되었다. 걷잡을 수 없는 분노가 치솟으며 거대한 불덩어리가 나의 인내심을 뛰어넘으며 폭발하였다. 마침내 나는 숙이를 사납게 찢어 놓았고 그녀도 두려움에 몸을 떨면서 지지 않고 맹수처럼 대들었다. 앙칼진 목소리로 똑 부러지는 자기주장을 고집하였다. 그렇게 냉정할 수가 없었다. 평소에 웃음을 가득 담던 그 눈에 불이 번쩍였다. 다른 자리에 앉아 있던 사람들이 놀라 우리를 쳐다보았으나 나는 아랑곳하지 않았다.

말로는 이길 수 없었던 나는 숙에게 더듬거리며 막말을 퍼부었다. 말이 없던 평소의 숙은 따발총을 쏘았고 되레 내가 더듬거리다가 벙어리가 되고 말았다. 인내와 이성은 일찌감치 도망을 갔고 저질스러운 감정이 주체할 줄 모른 채 횡행하며 난장판을 만들고 있었다.

"내가 아무리 하빈 씨를 사랑해도 날 가볍게 다루려는 건 참을 수 없어요. 그건 그쪽도 마찬가지고요."

숙의 단호한 주장에 나의 응수는 어린아이처럼 유치하였다.

"알아? 넌 이상한 여자야, 마녀 같은 여자, 여우 같은 계집애야, 꼬리가 아홉 개 달린 구미호."

"함부로 말하지 말아요. 어떻게 그런 말을……."

숙은 절망하였다. 나는 신음하듯 흐느끼는 그녀의 울음조차 냉소하였다. 그것은 잔인함의 극치였다. 서로가 서로에게 부여하던 고귀한 지위는 완전히 박탈되었다. 너와 나는 이제 아무짝에도 쓸모없는 폐왕(廢王)이 되어버렸다. 파국으로 치달은 우리에게 남은 일은 헤어지는 것뿐이었다. 사나운 싸움닭으로 변해버린 숙은 갈퀴로 날 할퀴고 부리로 쪼을 각오가 되어 있었다. 내가 이렇게 위험한 짐승을 사랑하였단 말인가.

"당신이 뭔데 날 모독하는 거야."

날 노려보며 고함치듯 이 한마디를 남기고 숙이는 자리에서 일어나, 놀랍게도 빙긋이 미소를 날리고는 뒤도 돌아보지 않고 문밖으로 사라졌다. 못된 년 같으니. 독기 서린 저 기분 나쁜 웃음은 또 무에야! 이 따위 사나운 암컷을 내 다시는 만나지 않으리라! 분노의 불바다 속에서 큰 건물들이 소리를 내며 차례로 쓰러지고 있었다. 어떻게 그 아름답던 사랑이 이렇게도 쉽게 파괴되어 버릴 수가 있단 말인가. 일여 년 동안의 꿈같던 사랑은 결국 야만적인 싸움으로 그렇게 끝이 나고 말았다.

그녀를 다시 만날 수 없었다. 어처구니가 없게도 우리는 친구보다도 못한 사이가 되어버렸다. 이 실패는 순전히 나의 고집스러운 이기적이고 독단적인 동일화라는 강박이 차이라는 벽에 충돌한 결과였다. 거기에 부딪혀 피를 흘린 전상자는 나였다. 파기의 끝물에서 오는 오물 같은 불쾌감과 구역질이 나를 오랫동안 따라다녔다. 시시때때로 그녀를 경멸하는 조소가 일어났다. 그때마다 그를 사랑했던 옛날의 감정이 꼭 따라붙었다. 사랑과 증오는 뫼비우스의 띠와 같은 것이다. 맺어짐과 헤어짐에 얽혀드는 모든 열정들은 성질과 방향만 다를 뿐 원천적으로 같은 폭력이라고 스스로 자위하면서 나는 점점 말이 없어져 갔다. 주인공이 사라진 황량한 공터에서 가끔씩 그 아름답던 사랑의 그림자가 바람처럼 다가와 내 주위를 서성거렸다.

40년이 지난 지금에도 나에게 그리운 상처로 자리 잡은 그녀는, 아무래도 무슨 주술을 걸어 날 혼미 속에 빠뜨렸다가 가오리의 독침으로 날 쓰러뜨린 마녀 키르케였다. 키르케는 우리가 함께했던 아이아이에섬 바윗골에서 떠나지 않을 것이다.

* * *

일 년쯤 후인가. 나는 포항 해군병원에 군의관으로 근무하고 있었다. 시내 청룡회관 면회소로부터 ○○옥이라는 분이 날 찾아왔다는 전화를 받았다. 옥이가 사전 연락도 없이 날 찾아온 것이었다. 내가 근무하던 부대를 어떻게 알았을까. 예고 없는 방문에 적잖이 당황하였지만 그렇다고, '뭐 하러 왔어요?'라고 할 수는 없는 노릇이었다. 그런데 그게 조금 이상했다. 해설서 빌릴 때와 이조주촌에서 만난 것 외에는 그녀를 만난 적이 없었을 뿐 아니라—그렇다고 굳이 그녀를 미워하지는 않았지만—연정을 품어 보거나 성적 매력을 느낀 기억은 없었다. 한번 막걸리 몇 잔을 잠깐 같이 마신 일은 있었으나 오해를 살 만한 눈짓을 날리거나 헛소리를 한 기억도 분명코 없었다.

좀 촌스러운 이야기지만, 나는 나의 입학식이나 졸업식에서 거의나 홀로였다. 군의관 임관식에서도 나 혼자였다. 그러고 보니 나 역시 참석했어야 할 친구나 친지의 무슨 예식에도 소홀하였다. 나는 자의식이 너무 강하여 나 자신을 좀체 풀어놓지 못했다. 흥이 깊어진 술자리에서도 춤은 고사하고 노래 부를 차례가 다가오면 저절로 긴장이 되어 화장실로 도망가 버린다. 나는 웬만한 코미디를 보아도 웃음이 나오지 않는다. 점잖은 자리에서 과장님이 조크로 좌중을 웃기려 하면 일부러 따라 웃었다. 이 억지웃음이 냉소로 비칠까 봐 조바심이 나기도 했다. 남의 일에 흥미를 느끼지 못하는 동시에 나 자신을 감싸는 이러한 자폐적 성격이—불구라고까지 할 정도의 장애는 아니었지만—그러나 그것이 불필요한 오해를 불러일으키는 것도 사실이었다. 하지만 나는 본성적으로는 다정다감한 사람이다. 다만 감정을 표현하고 교류하는 데 과도한 주의와 서투름이 있었던 것이다.

"나와 보니 딱히 만날 친구도 없고……. 잘 계시나 싶어서…… 그냥 한번 와 봤어요."

그녀는 현재 일본 어느 대학 연구소에서 학위 논문을 쓰는 중이며 집안에 무슨 볼일이 있어서 잠시 나왔다고 했다. 그 술집에서 그녀가 농담조로 내게 한 말이 생각났다. '애인이 되어드릴까요?' 내 짐작에 그녀는 날 좀 달리 생각하고 있는 듯했다. 그걸 느낄 수 있었다.

청룡회관에서 커피를 마시고 송도 해수욕장으로 그녀를 데리고 갔다. 그녀는 신발을 벗어 들고 모래밭을 맨발로 걸으며 어린아이처럼 유쾌하게 떠들었다. 그녀는 수많은 말로 재잘거렸지만 나는 할 말이 별로 없었다. 내키지 않는 사람과 긴 시간을 보낸다는 것은 지루한 일이다. 미안하게도 내가 표시한 유일한 의사는 헤어질 때의 악수 요청이었다. 모래사장에서 옥이는 나의 관심을 끌려고 노력하였지만 그것이 실패했다는 사실을 그녀는 내심 알고 있었다. 그녀는 내가 내민 손이 결별을 제의하는 것임을 알아챈 것 같았다. 그녀는 나의 악수를 받지 않았다. 원망스러운 듯한 표정을 감추지 못했지만, 끝내는 미소를 지으며 차에 올랐다. 그녀는 차창 밖으로 우두커니 서 있는 나에게 한마디 던졌다.

"군대 생활 잘하세요."

그러고는 고개를 돌려 차가 떠날 때까지 멍하니 앞쪽만 바라보고 있었다.

각별한 감정으로 무언가 할 말이 있는 듯한 눈빛과, 그 감정을 숨기며 하는 의례적인 작별인사 사이에는 이중의 감춤이 있는 것이다. 이 반어법에는 격한 자기 감정을 무관심으로 숨기고 있으며 또한 그 숨긴다는 사실을 알아 달라는, 새침데기로 위장한 암묵적 메시지가 포함되어 있다. 나는 떫은 감을 먹은 듯 씁쓰레한 기분으로 부대로 돌아왔다.

그녀가 밤차를 타고 돌아간 후 몇 차례 분홍빛 편지가 BOQ(독신자 장교 숙소)로 왔다. '하빈 씨는 혹시 내가 필요하지는 않으신가요?'라는 노골적인 유혹의 문장도 있었지만 '저는 진심으로 하고 싶은 말은 죽어도 못 하는 여자예요.'라는 호소도 있었다. 나는 답신을 보내지 않음으로써 침묵하였다. 그녀가 싫어서가 아니었다. 싫고 좋음 이전에 나는 모든 것에 흥미를 잃고 있었다.

숙과 결별한 후 나에게 무기력감이나 냉소 같은 분위기가 깔리기 시작했는데 그것의 본질은 그 어떤 자극적인 것에도 감흥을 갖지 못한다는 무심증이었다. 한번 헤어진 사랑을 이제는 영원히 되찾을 수 없다는 무력감과 자괴감이 나를 포커페이스로 만들어 놓았다. 어쩌면 그것은 첫사랑의 실패가 준 고통을 다시 경험하고 싶지 않은, 나도 모르게 무관심으로 위장한 반사적 도피였는지 모른다. 성애의 쾌감이 극단적인 고통으로 지각되어 그 공포감으로 말미암아 성불감증이 될 수 있다는 심리와 같은 것일까. 모든 것이 시답잖은 무감각의 상태가 지속되었다. 무감각 속에는 더 독한 무엇이 있을지도 몰랐다. 무감각은 성감(性感)에 대하여 병적인 혐오로까지 발전하였다. 술집에서 풍만하고 요염한 여인을 안아보았으나 '미안해요'라는 말을 할 수밖에 없었다. 아가씨의 귀여운 교태나 벗은 몸을 보아도 정체 모를 역겨움과 반감이 일어났다. 고통이 결여된 무해성(無害性)의

육욕적 정사는 의미의 부재에 있는 것이다. 나의 변명은 그랬다. 나는 다른 사람들 속에서 나의 모습을 보면서도 그들과 유대감을 느끼지 못했다. 누구하고도 정서적인 교감이 일어나지 않아 진지한 관계 맺음이 불가능하였다. 나는 그저 창이 없는 모나드로 외부의 모든 간섭과 관계와 단절하고 오로지 나의 세계로만 살고 싶을 뿐이었다. 언제부터인가 나는 나 자신도 하찮게 여겼다. 무엇인가에 중독되어 전신마비를 일으켜 눈만 껌벅거리게 된 신세, 나는 비정형 루게릭 환자가 되어 있었다.

불감증을 극복하는 데 많은 시간이 걸렸다. 아니 어쩌면 지금도 나는 나를 극복하지 못한 채 적당히 타협하고 있는지 모른다. 불감증을 불감하면 문제가 없는 듯해질 테고 그걸 당사자인 내가 알리가 없다. 사실 아직도 나는 마음속의 어느 한 빈자리를 극복하지 못하고 있다는 느낌이 든다. 그 빈자리는 매우 예민하여 때로 나의 본능이 비명을 지르는 뇌관과 같은 곳이다. 그 자리는 텅 비어 있으면서 무엇인가가 점령하고 있다. 그 무엇이 나를 강박한다. 사랑하지만 사랑받지 못한 채 날 떠나지 못하는 옥이에게서 나 자신의 모습을 보았다. 옥이와 나는 같은 처지의 '곤란을 당한 자'이며 삶의 감각을 잃어버린 매미 허물 같은 헛껍데기였다.

옥이를 보낸 그날 저녁 나는 해군병원 야간 당직사관으로 근무하고 있었다. 병원 입구 당직실에서 두 의무병과 함께 TV를 보고 있는데 저녁 11시쯤 외박 나갔던 한 해병 병사가 모자를 삐딱하게 쓰고 건들거리며 현관문으로 들어섰다. 병원으로 들어선다는 것은 그가 입원해 있는 환자의 신분이라는 것이다. 그는 술에 취해 있었다. 병사는 당직실 안을 힐끔 쳐다보더니 인사는커녕 본체만체 그냥 지나쳐 갔다. 그 안에는 엄연히 당직사관 해군 중위가 다이아몬드 두 개가 달린 정복 차림에 완장을 차고 앉아 있었다. 그는 나를 개무시한 거다. 술을 마시고 건들거리는 그는 나이롱환자였다.

'이노무 짜슥이…….'

갑자기 분노가 솟구쳐서 문을 박차고 나가 그를 불러 세웠다. 상병이었다.

"차리엇—"

현관이 쩌렁쩌렁 울리도록 고함을 질렀다. 상병은 깜짝 놀라며 자세가 굳어졌다. 날카로운 호령에 병사는 턱을 들어 올리며 부동자세를 취했다. 병사의 양어깨를 강하게 밀자 그는 뒤로 나자빠졌다. 그 당시 해병들은—그들에게는 미안한 말이지만—때리고 맞는 것이 일상사였다. 군대에서 행해지는 얼차려나 구타는 적의를 가지고 저질러지는 범죄적 폭행과는 다르다. 일정한 형식으로 육체적 자극을 가하여 정신을 가다듬게 하려는 필요악의 '새로 고침' 행위다.

"일어—섯. 쫄병 노무 새끼가……. 당직 사관이 좆으로 보이냐?"

해병은 늘 해군을, 특히 군의관을 깔보는 습성이 있다.

"차렷."

이번에는 그의 정강이를 걷어찼다. 그가 무릎을 꺾는다. 다시 호령했다

“일어—섯.”

양쪽 뺨을 왕복으로 후려쳤다. 난생처음 해보는 폭행이었다. 어디서 배웠을까, 그 구타 동작은 서투르기는커녕 나 스스로도 놀란 무척 세련된 폼이었다. 나의 내부에 있는 다른 누군가가 내 허락도 없이 저지르는 만행이었다. 당직실의 의무병들이 놀라 나를 쳐다보았다. 평소 점잖고 유순해 보이던 군의관에게서 상상도 못 할 난폭한 모습을 보았던 것이다.

우리 누구에게나 내부에 강력한 본질적 폭력성이 숨어있다. 그 야만적 폭력성이 없다면 우리는 이성이 애써 숨기고 있는 접근 불가능 지대로 다가갈 수 없다. 나는 그날 저녁 이성의 장벽을 부숴버리는 저 잔인한 폭력으로 무언가를 터뜨려야 했다. 나도 모르게 내재해 있던 억압된 분노의 응어리가 활화산처럼 분출하였다. 그 불덩어리들은 나도 몰랐던 위험하고 불순한 저항 세력이었다. 제대로 터져버린 용암은 쾌감과 흥분, 정복감과 같은 저질스러운 감정을 불러일으켰고 마지막에는 씁쓰레한 뒤끝이 따라붙었다.

7년 후 나는 의과대학에 전임강사로 있었다. 어느 날 저녁 가을 학회에 발표할 연제의 초록을 정리하고 있는데 연구실로 국제전화가 걸려왔다. 옥이었다. 반가웠다. 날 짝사랑하던 가련한 여인으로서가 아니라 어린 소꿉친구와 같은 천년지기로서 그녀가 마냥 반가웠다.

“이게 누구야, 옥이 씨!”

“잘 계셨어요? 대학에 계시는군요. 어떻게 수소문해서 전화한답니다.”

이런저런 상투적 인사치레가 지나갔다.

"실은 오늘 저 학위 최종 심사를 통과했어요. 몇 번을 실패한 끝에 이 둔한 머리로 겨우……. 이 소식 하빈 씨에게 제일 먼저 전하는 거예요. 축하해 주세요."

지긋지긋한 일본 생활도 이제 마감해야 할 것 같다며 그녀는 들떠 있었다.

"축하해요. 진심으로."

나는 진심으로 그녀를 축하해 주었다.

"그리고 서울에 있는 ○○연구소에 연구원으로 취직이 되었네요."

"귀국하면 전화하세요. 저녁 사줄게."

한 달쯤 후에 우리는 어느 호텔 중식당에서 저녁을 함께했다. 놀랍게도 옥이 씨는 초췌하다 못해 늙은 티가 났다. 박사학위 과정을 겪는 젊은이들이 치러야 할 홍역이었다. 그녀는 나와 대학 입학 동기이므로 내 나이와 비슷하게 삼십대 중반쯤 되어 있었다. 그놈의 논문 작업이 멀쩡한 젊은 처녀를 겉늙은이로 만들어 버렸다.

'쓸데없이…… 일찍 시집이나 가지 그랬어…… 쯧쯧. 그 노란 금메달이 그렇게 가치가 있어 보이더냐, 황금에 눈이 멀어 귀 뒤 흰머리와 눈 밑의 주름은 보이지도 않던가베…….'

식사를 하면서 속으로 내내 그녀를 나무랐다.

놀랍게도 그녀는 말씨도 굵고 낮은 저음으로 변해 있었다. 목소리조차 늙어졌나. 식사를 마친 후 물을 마시며 그녀는 당연한 듯이 요구하였다.

“술 좀 사주세요. 날 개무시한 옛 애인을 만나 오늘 저녁 복수를 좀 해야겠어요.”

이전과 달리 그녀에게 좀 거칠고 터프한 분위기가 풍겨났다. 어느 정도 각오는 하고 있었으나 나이 든 여인의 선전포고에 약간 두렵기도 하였다.

그녀를 데리고 생맥줏집으로 갔다. 술이 나오는 잠깐 동안 나는 그녀를 골려주고 싶었다.

“그거 알아요? 옥이 씨, 웬 중년 아줌씨 같은 노처녀가 지금 내 앞에 앉아 있단 말이에요.”

그러자 그녀가 지지 않고 눈을 반짝이며 앙칼지게 응수한다.

“그래요? 내 앞에는 적당히 삭아버린 아저씨가 하나 보이네요. 곧 영감이 되려나 봐…….”

화해를 해야 했다.

“같이 늙었으니 쌤쌤이네요.”

우리는 같은 시대를 살아가는 삼십대 후반의 친구로서 마음껏 웃어재꼈다. 웃지 않으면 눈물이 나올지도 몰랐다.

500cc 맥주잔 너머로 그녀를 은근히 바라보았다. 솔밭 사이를 걷던 단발머리 앳된 소녀에서 무르익은 여인으로서 교사 시절의 그녀, 그리고 중년의 그림자가 어른거리는 지금의 옥이 씨……. 볼과 목과 허리에도 군살이 붙었구나.

그날 저녁 11시가 넘어 나는 그녀를 그의 산격동 아파트까지 데려다주었다. 이조주촌에서 그녀에게 잠깐 보였던 매력이 다시 느껴져 나 혼자 살짝 웃었다. 그때의 그녀와 지금의 그녀는 내게 똑같았다. 약간 비틀거리며 걷던 옥이 씨가 불쑥 내게 말을 걸었다.

“그때 막걸리 마시다가 왜 도망갔어요?”

“너무 취해서…… 미안하게 됐심다.”

“아니죠……? 그게 아니었죠?”

좁고 어두운 골목길로 접어들자 그녀가 갑자기 걸음을 멈추었다. 잠시 침묵 후 그녀는 나의 품에 안겨 들었다. 내 가슴에 안긴 옥이가 고개를 들고 나를 바라보며 나의 목을 껴안았다. 그녀의 입술은 촉촉하고 감미로웠다. 맨살의 접촉만큼 순수하고 솔직한 것은 이 세상에 없다. 관능을 넘어 거기에는 형언할 수 없는 많은 이야기와 사랑의 환상이 담겨 있다.

한참을 그러다가 나의 가슴을 떠밀며 떨리는 목소리로 나직이 말했다.

“하빈 씨……. 저 할 말이 좀 있어요. 오늘 해야만 해요.”

‘뭐야? 고해성사라도 하려나. 그건 내가 해야 할 것 같은데?’

“나 며칠 전에…… 약혼했어요. ……안녕, 내 사랑.”

내가 수없이 되뇌었던 ‘안녕, 내 사랑’은 항상 숙을 향한 비가였다. 그 비련의 언어 안녕을 찐빠(절름발이) 사랑에 지친 옥이 박사가 지금 내게 하고 있었다.

‘다들 떠나는구나…….’

처음이자 마지막으로 받은 그녀의 입맞춤에는 지나간 모든 것들이 말해지고 있었다. 동시에 그것은 모든 것을 마무리하는 작별의 인사였다. 눈물이 났다. 사막 같던 그 불감증 속에서 어떻게 눈물이 솟아난단 말인가, 그것도 옥이를 향해서. 나는 숙이와 옥이를 구분 없이 바라볼 뿐이었다. 그들은 서로 다른 얼굴을 가졌지만 내게서 겹쳐 나타나기도 하는 나의 아니마상(像)들이었다. 그녀들은 내 눈앞에 보이는 여인으로서보다 그리고 나에게서 일어나는 감정으로서보다 훨씬 고귀한 존재들이었다. 내가 진정 사랑했던 것은 무엇이었을까? 숙이와 옥이는 사랑이라는 숙제를 남기고 떠나갔다.

"한때는 하빈 씨를 원망했어요. 글치만, 사랑받는 것보다 사랑하는 것이 행복이었음을 이제야 깨달았어요. 그런데 하빈 씨…… 우리는 누구도 사랑할 수 없어요. 참된 사랑으로 착각된 거짓 사랑을 하고 있어요. 사랑은 진짜 거짓말이에요. 틀림없어요."

눈물을 글썽이며 옥이가 한 마지막 고백이었다. 그것은 나의 고백이기도 했다. 옥이는 약혼이라는 사건을 계기로 사랑의 허무한 한계를 보았는지 모른다. 하지만 그것은 새로운 출발이었다. 다시는 서로 못 볼 것을 알았지만, 언제 어디선가 다시 만날 것처럼 우리는 덤덤히 헤어졌다.

첫사랑

첫사랑에 빠진 연인들은 어리석게도—금지된 장난을 저지른 것처럼—두려움과 그리고 쾌락인지 고통인지 분간 못 할 혼란에 사로잡히게 된다. 사랑은 한계를 넘는다. 한계를 넘는 희열은 괴로움이 된다. 고통을 동반하는 쾌락은 중독성이 강한 마약과도 같다. 이 위험한 유희는 계속 '좀 더'를 갈망하며 파멸과 죽음까지 각오한다. 그런 사랑은 본성상 열병이므로 화상과 흉터를 남기기 마련이다. 우리를 두렵게 하는 것은 첫사랑이다. 불타는 듯한 첫사랑을 경험했던 사람은 똑같은 사랑을 다시는 할 수 없다. 첫사랑은 오직 한 번뿐이다. 아무리 달콤한 입맞춤도, 아무리 강한 성적 극치감도 첫사랑의 손잡음만 못하다.

첫사랑의 좌절이 주는 고통이 지나치면 더 이상의 사랑은 거부된다. 버림을 받았다거나 잃어버렸다는 자기 상실감, 다 타버렸다는 소진감, 더 이상 나아갈 여백이 없다는 절망감, 그런 것들이 죽음처럼 괴롭고 무서워 그는 무감각 속으로 숨는다. 불에 데어 놀란 가슴은 숨 쉬기를 멈추고 무기물이 되려고 한다. 다행히도 그에게 대상이 없는 열정이라도 남는다면 그 고차원의 에로스적 리비도가 또 다른 심급의 사랑을 만들어 갈지 모른다.

첫사랑의 덫에 걸렸던 사람은 잃어버린 무엇을 되찾으려는 듯 이 사랑에서 저 사랑으로 옮겨 다닌다. 첫사랑 다음에 오는 사랑들은 그것이 반복될수록 사랑의 의미가 퇴색한다. 순수하고 무제약적인 사랑의 숭고함은 점점 사라져 간다. 쾌락원리를 따르는 사랑은 점차 고통과 멀어지는 무해성(無害性)을 띠기 시작한다. 괴로움을 포함하지 않은 사랑은 오락을 닮아간다. 마침내 사랑 같지 않은 사랑을 사랑이라고 착각한다. 아무나와 거지 같은 사랑을 한다. A. 바디우는 그의 저서 『사랑예찬』에서 "위험이 부재하는 체제에서 존재에 부여하는 이런 증여(이를테면, 만남 알선 사이트에서 제공하는 안전한 사랑)는 결코 사랑이 될 수 없다."라고 말한다.

> 우리는 첫사랑의 숭고한 욕망을 절대로 양보해서는 안 된다. 왜냐하면 나의 존재가 거기 그 쾌락에 있기 때문이다.

사랑의 미로

사랑의 유대감은 내가 너에게 좋아하는 상대성을 느끼는데서 시작한다. 그러나 진실로 내가 사랑하는 것은 네가 아니라, 너를 통해 비쳐진 내 마음속의 여성상(아니마)/남성상(아니무스)이다. 너에게 투사되는 나의 아니마/아니무스는 아무래도 일방적이므로 너의 인격과 불화의 충돌이 발생한다. 이러한 성적 무의식의 투사가 가지는 독자성과 불화의 내재성을 미숙한 연인들이 충분히 이해하고 인정하기란 쉽지 않다.

내가 너를 사랑한다고 할 때 나는 너를 점령하며 소유물로 즉자화

(卽自化)한다. 사랑에 빠지면 처음에는 서로를 소유함과 동시에 소유당하고 있다는 감정이 도리어 행복이라고 느낀다. 그러나 어떤 여자가 '사랑하는 남자에 속하는 여자'로서 머무는 한 그녀는 자신의 여성적 개성을 전혀 갖고 있지 않다고 말할 수 있다. 그녀는 반짝이기는 하나 속이 빈 깡통에 불과하다. 자기 생명이 없는 존재는 조약돌과 같아서 더 이상 사랑의 대상으로 지속할 수 없다. 한 인격체로서 인간은 독자적 자신이여야 하며 그것이 유지되지 않으면 그 혹은 그녀에 대한 상상도 매력도 사라진다. 남자나 여자나 모두 상대방의 취향대로가 아니라 자신의 인격체로서 아름다워야 한다. 첫 만남에서 차라리 '내 취향이 아니네'라며 포기하고자 하는 상대에게 발굴되어야 할 보석이 진리로 숨겨져 있는지 모른다. '이제 난 당신 거예요'라거나 '당신은 내 거야'라는 소리는 곧 파탄을 예고하는 전주곡이 되고 만다. 우리는 상대를 소유하려 해서도 안 되고 소유당해서도 안 된다. 사랑하려면 상대를 소유할 마음을 버려야 한다. 상대에 대한 완벽한 소유는 그 욕망을 안고 내가 죽거나 상대를 죽여야만 가능할 것이다. 그럴 수는 없다. 어느 누구도 타자의 고유성을 침범할 수 없다. 어떠한 관계에서도 둘은 개별자로서 양립하는 것이다. 사랑이란 오로지 상대방 마음의 일부를 배려된 형태로 가지는 것이다.

그렇지만 네가 나를 사랑하는 한에서 너는 내가 던지는 투사의 권역을 벗어날 수 있을까? 너의 고유한 내적 인격을 사랑 앞에 양보하지 않고 유지할 수 있을까? 안타깝게도 사랑에 빠진 연인들은 정신착란을 일으키며 분별력을 잃는다. 사랑은 너무나 강렬하고 절실하여 누군가를 순한 양으로 만들어버린다. 그 눈부심에 그만 장님이 되어버린다. 그러나 진정한 사랑이 궁극적으로 추구하는 것은 상대방이 아니라 그를 통하여 잃어버린 자기 존재를 되찾는 길이다. 상실된 그 존재가 원초적 쾌락(물, 物)이기에 그것이 욕망의 대상이요 원인이다. 그 욕망을 향한 간난한 길을 떠나기 위해, 여전히 끈질기게 자신을 얽매고 있는 경험적 자아를 죽이기 위한 고통과 파괴를 감수한다. 현실적 자기를 포기하고 양보하는 것이다. 그것이 극단화되면 죽음(파괴) 본능에 접근하는 마조히스트가 된다. 자신을 파괴하고 상대방에게 스스로를 공양함으로써 그로 하여금 자신의 빈자리(상실된 존재)를 메우게 하려는 행위가 성도착이다. 이것은 대단히 잘못된 판단이다. 꿈에서 깨어나 내가 나에게 돌아오는 순간 그 사랑은 거짓이 되고 만다. 황홀하기만 하던 그 도착적 사랑도 종료된다.

때로는 세상의 모든 것에 등을 돌리고 아나키로 내버려져 있고 싶다. 사람들은 자기가 좋아하고 자기에게 맞는 새로운 땅을 찾아 헤매는 자유로운 노마드의 영혼을 유지하고 있다. 자유에 대한 욕망은 주체의 본질적 속성으로서 세속적인 사랑에 앞선다. 그것은 자신의 존재를 찾고 지키는 일이다. 연인들은 상대방의 그 고약한 아니마/아니무스의 부당한 간섭으로부터 벗어나고 싶다가도 다시 상실된 존재가 그리워 사랑에 매달린다. 그리하여 연인들은 유대(紐帶)와 자유라는 상반된 갈등 속에 방황한다. 서로에게 매달리다가도 갑자기 그 애정이 미움이나 분노로 변화한다. 한편으로는 지나치게 집착하면서 한편으로는 거부한다. 미로 속을 떠돌며 사랑하면서 싸운다.

싸우는 이유도 모르면서 싸운다.

사랑에 필요한 거리

아득한 옛날 원시인들은 대상을 지각할 때, 현대인들처럼 사물 그 자체를 이성적이고 객관적으로 판단하기보다 자신의 정신 내부에 있는 사실들의 투사를 통하여 인식하려 했다. 즉 자신의 공상의 흐름으로 세상을 보려고 했다. 너를 너로 보지 않고 내게 이미지화된 그림 그려진 너를 보았던 것이다. 거기서는 주체와 객체가 분화되지 않고 상호 침투의 상태에 있다. 놀랍게도 우리들의 사랑을 지배하는 것은 오늘날에도 이와 같은 원시적인 미숙함이다. 아름다운 사랑의 관계가 파탄이 날 위험이 여기에 있다.

애정의 투사는 무의식에서 발사되는 나의 감정을 포함하므로 감정에 포획된 나는 너를 객관적으로 보지 못한다. 나의 이성은 그 감정에 휘둘리며 판단은 분열된다. 또한 내가 너에게 행사(투사)하는 그 아니마는 한편으로 까탈스러우며 이중적으로 변덕을 부리거나 교활함과 유혹하는 힘을 지니고 있다. 그것은 무의식의 내용물로서 나의 영혼을 점령하고 있는 강력하고도 사악한 정령과도 같다. 외투사(外投射)로 일어나는 아니마의 부정성으로부터 온전히 벗어나기란 매우 어렵다.

투사를 통한 과도한 감정적 아니마의 횡포를 막으려면 지혜로운 자아가 나서야 한다. 감정의 투사를 거두고 냉정하게 상대를 하나의 독립된 객체로 인식한다면 사랑하는 마음과 무의식은 진정한 화합과 균형을 이룰 것이다. 그러나 그런 관계를 일관되게 유지하기란 지극히 어렵다. 나의 자의식이 상대방의 객관적 실체에 대한 적응에 실패하면 무의식의 리비도는 정체되어 정감부하의 폭발을 일으키고 급기야 상대를 증오하며 분노에 사로잡힌다. 사랑하는 마음이 정상적으로 건네어질 수 없는 선생님에게 "선생님 미워요." 하는 어린 여학생의 무의식적 증오가 치솟는다. 심하면 복수를 계획한다. 사랑이 원시적 분노로 변하는 그런 파탄에 빠지지 않으려면 서로 거리를 유지하며 투사의 횡포에서 벗어나야 한다. 그 무의식의 불순한 감정을 이성이 나서서 다스려야 한다. 사랑할수록 서로 떨어져서 이성의 다그침을 받아들여야 한다. 감정에 휘둘리지 않으면서 이성의 밝은 빛으로 상대를 객관화(의식화)하여야 한다. 그렇다고 구심력을 잃어버릴 정도로 멀어지면 사랑 자체를 잃게 될 것이다. 사회학자 지멜은 가까우면서 떨어져 있음이 '완전한 긍정적 관계'를 형성한다고 하였다.

세상의 모든 존재는 '있는 그대로'가 가장 아름다운 법이다. 'let it be'의 지혜를 생각하며 있는 그대로를 사랑해야 한다. 애정에 너무 깊이 빠져들면 그게 화근이 된다는 말은 숙이가 내게 해준 말이었다. 만일 내가 너로부터 적당한 거리로 떨어져 너를 보았더라면 불상 앞에서 기도하던 그녀가 얼마나 아름답게 보였을까. "우리 거리를 둬 봐요."라는 말도 숙의 현명한 제안이었다. 나는 숙에게 향했던 나의 부정적 감정과 과장된 환상을 이성적으로 자제했어야 했다, 숙이와 싸울 것이 아니라 나의 내면의 감정과 싸워야 했다. 그랬다면 숙이는 본래의 모습대로 '내 마음속의 건전한 여성성'으로 남아 있었을 것이다. 일을 저지르는 것은 항상 무의식에서 솟아오르는 본능적 충동들이다. 그 못된 것들은 부정적이며 힘이 세고 막무가내다. 웬만해서는 무의식에서 터져 나오는 충동적 감정을 이성이 이길 수 없다. 이성은 그 돌발적인 충동을 다스리기는커녕 사후 변명거리를 만들어 내는 데 몰두한다.

모든 정동은 같은 원천에서 나온다

다툼에는 폭력이 행동한다. 사랑과 열렬한 육체적 성관계에서도 폭력이 주도한다. 심지어 성스러운 제의(祭儀)에서도, 그것이 성(聖)에 대한 죄악인줄 알면서도 폭력이 나선다. 성스러움은 폭력성을 내재하기 때문에 성스러움과 폭력은 공속한다. 폭력이란 열정과 과도한 힘의 의지가 벌이는 행사다. 인간의 행동에는 항상 충동과 폭력성이 어른거리고 있다. 다툼과 성관계라는 분리와 일치의 두 상반된 사태에는—방향과 정동은 다르지만—비이성적 열정으로 이루어진 무의식적 폭력성이 주도한다는 공통점이 있다. 그 폭압적 힘의 의지는 끝장을 보겠다는 파괴적 죽음충동이 이끌고 있다. 다툼이나 성관계가 파투(破鬪)된 뒤에는 항상 찝찝하고 꺼림칙한 기분이 남는다. 끝장을 못 보았다는 불만족에 따른 불쾌감이다. 폭력은 결코 도달할 수 없는 저 거룩한 곳을 향하는 인간의 의지라 할 수 있다.

간절한 바람이 이루어졌을 때 함박웃음 대신 고통스러운 울음이나 전율, 심지어 분노의 욕지거리가 튀어나온다. 성적 오르가즘에 이른 여인은 괴로움에 몸부림치며 역전 홈런을 쳐낸 타자는 길길이

뛰며 화를 낸다. 반대로 처형장 앞에 선 사형수나 가망 없는 말기 암 진단을 받은 환자의 입에서 놀랍게도 미소가 비어져 나온다. 그 미소는 패닉에 대한 부정(denial)이기도 하지만, 자기를 잠시 잊게 하는 디오니소스적 정동(情動)의 강렬함이 상반된 감정을 연이어 표출하는 것이다. 드러나는 표현적 성질과 지향성은 다르지만 이중성의 감정들이 무의식의 원천 안에 공속(共屬)되어 있다.

슬픔이란 무엇인가. 첫 성경험에서 에로스의 정점을 찍은 후 밀려드는 허탈감과 상실감 혹은 죽음을 맛본 감정은 눈물과 진한 슬픔을 남긴다. 슬픔은 열정을 가라앉히며 열기를 식혀준다. 사람들은 그것을 정화(淨化, 카타르시스)라고 부른다. 존재의 근원적 고통과 실존의 불협화음을 경험(극복)하기에 디오니소스적 비극은 도리어 위로를 주며 부활의 마음가짐을 마련한다. 그러므로 운다는 것은 기도하는 것이다. 사람들은 슬픔을 참으려 하고 심지어 울기를 나약함의 노출이라며 부끄러워하거나 두려워한다. 그러나 비극을 애도하지 못하면 허무라는 늪에 빠진다. 문화적 예술적 창조의 토대가 되고 힘이 되는 것은 이성이 아니라 항상 이러한 파토스들이다.

격한 감정 상태에서는 과격한 말과 행동이 자동적으로 폭발하듯 튀어나온다. 그것은 무의식이 뱉어내는 말실수나 헛소리이지만 의미를 가진 진실(진리)이다. 이 본능적 자율성은 무의식의 특성이다. 사랑과 증오, 희열과 분노, 환희와 깊은 슬픔 등의 격정 상태에서 자아(의식)의 자제력은 거친 무의식에게 쉽게 점령당한다. 사회 집단과 공동체에서도 흔히 이런 식으로 무의식적 격정이 광적으로 확산(전염)

된다. 무의식적 정동들은 전혀 체계적이지 않은 혼란의 형태로 나타난다. 인간들은 지혜로운 신을 닮았다기보다 아무래도 야만적이고 폭력적인 동물을 닮아 있다. 그런 동물적 잔혹성을 도덕적 의식(초자아)이 누르고 있을 뿐이다. 이성이 통제력을 잃고 무의식의 내용들이 범람하는 광기는—특히 그것이 집단적일 때—매우 위험한 상황을 초래한다.

사랑은 불가능하다

사랑하는 연인들은 아기와 엄마의 관계에서처럼 서로를 더듬으며 육체적으로 하나가 되고 싶어 한다. 그 욕망의 쾌락(주이상스)은 본능적 생물학적 실재다. 성관계는 너의 몸뚱이를 매개로 하여 나의 잃어버린 쾌락을 찾으려하기 때문에 본질적으로 그것은 나 자신과의 관계 맺음이며 그래서 너로부터 도리어 분리되고 멀어진다. 라캉은 '성행위에서 (진정한) 성관계는 없다'라고 하였다. 연인들은 "나는 너를 사랑해"라며 사랑을 선언한다. 여기서 사랑이란 무엇일까? 진정한 사랑은 이러한 분리라는 성관계의 결핍을 보충해 준다. 라캉은 '사랑이란 자신이 가지고 있지 않은 것을 주는 것이다'라고 하였다. 바꾸어 말하면, 사랑의 대상은 너의 겉모습이나 혹은 네가 할 수 있는 가시적인 어떤 것이 아니라 그 이상의 것, 즉 온전한 너 자신(존재)이다. 성적 욕망은 너의 몸에서 찾는 나의 부분충동이지만 사랑은 너의 존재에 다가가는 시도이다. 나 자신을 넘어서게 되는 것, 나르시시즘을 넘어서 너를 바라보며 너와 내가 함께 자기 자신으로 존재함을 경험하는 것이다. 너는 너 자신의 형언 불가능한 의미를 가지고 있다. 너 자신에게서 박동하는 충동, 실재적인 것, 도달할 수 없는 것, 즉 나의 욕망의 '대상이자 원인'인 것을 나는 너를 통해 만나고 싶다. 너는 비록 매개자이지만 너는 나에게 위대한 절대적 위상을 갖는다. 그것이 사랑의 만남이다.

성적 욕망과 사랑은 구분된다. 성행위 속의 타자가 왜 사랑 속의 타자와 다른지 생각해 보자. 남녀가 가지는 성관계에는—겉으로는 욕정으로, 암컷과 수컷이라는 성차(性差)로 엉키지만—거기에 동물적인 것만 있는 것이 아니다. 성관계를 하는 두 파트너는 성감대의 쾌감을 떠나 사랑을 찾는다. 무의식의 눈은 너의 몸뚱이를 자르고 편집하고 뛰어넘으면서 내가 욕망하는 (내게 결여된) 감춰진 그 무엇을 찾고 있다. 남자는 여성을 대상으로 자기 환상의 관계를 갖는다. 억압되어 없어진 원초적인 쾌락(물, 物)을 너를 통하여 맛보려 한다. 상징계에서 억압되고 금지된 어머니와의 근친상간적 욕망들은 변형된 다양한 증상들로 욕구된다. 감미로운 입술과 젖꼭지의 감각, 상대가 주는 사랑의 귓속말과 눈길, 사정(배설) 등의 부분충동들로 나타난다. 그것들은 엄밀히 말해서 너의 육체에서 오는 성감(性感)이 아니다. 모두 유아기 어머니와의 관계에서 체험된 구멍들과 관련된 쾌락들이다. 나는 무엇을 욕망하지만 그것은 생물학적인 성차에서 이뤄지는 것이 아니다. 너를 통해 감춰진 나의 증상을 향유하려 할 따름이다. 파괴적인 죽음충동까지 동원해 보지만 궁극적인 사랑은 이룰 수 없는 근본적 환상이 되고 만다. 간절하지만 불가능과 무능만 남는다. '진정한 성관계란 없다. 증상(욕망)만 있을 뿐이다'라는 말이 여기서 나온다. 성행위 끝에는 채 이루지 못한 무엇에 대하여 항상 꺼림칙한 불쾌감과 허탈감이 남는다. 성관계는 두 사람의 결합이 아니라 도리어 분리를 확인하는 것이다.

애정 행위에서 아무리 간절히 노력해도 사라진 물(物)의 쾌락을 다시 경험할 수 없다. 빈 구멍이 되어버린 그 원초적인 쾌락은 유아기에 겪은 최초의 사물체험에서 생긴 것이다. 어머니와 맺었던 성적 쾌락 같은 것이다. 성관계 도중 무의식은 두 파트너를 아들과 어머니(혹은 딸과 아버지)의 관계로 만들어 버린다. 모든 남자들은 근친상간적 쾌락을 찾는 간절한 꿈을 갖는다. 그러나 그것은 상징계에 억압되어 사라져 버린 결여로서 실재계의 찌꺼기로 남아 있는 허황한 욕망일 뿐이다. 이루어질 수 없는 억압된 욕망은 우리들의 경험적 일상인 상징계에서 다양한 증상을 만든다. 증상은 상징계에서 소외된 주체가 자기를 찾는 일이다. 증상은 실재계로 사라진 존재의 자기표현이다. 실재계의 공백의 뒤틀림이라 할 수 있는 증상은 반복하여 혹은 바뀌어가며 계속 강박적으로 상징계에 나타난다. 모든 방식의 애정 행위는 상징계에서 이뤄지지만 그것이 지향하는 것은 물의 만족체험, 즉 실재의 주이상스다. 성관계는 상징계가 만들어 내는 행위이지만 상징계가 포착하지 못하는 주이상스(성충동)로 실재의 빈 구멍을 메우려 한다. 때로는 실재계의 구멍(공백)에서 예상치 못한 물의 잔재가 증환으로서 상징계로 터져 나온다. 그것은 향유를 유발하는 외침과도 같다.

사랑의 관계란 한마디로 결여를 메우려고 찾는 대상 a의 자리에 네가 들어오는 것이다. 나는 너를 온전한 존재로 사랑하는 것이 아니라 환상의 대상으로서 사랑한다. 그러므로 나는 그 대상을 언제나 폐기할 수 있다. 나는 너를 오물(汚物)로 추락시킬 수도 있다. 너를 죽여버릴 수도 있다. 성행위는 사랑의 관계를 방해하고 추락시킨다. '나는 너를 사랑해'에서 존재에 대한 사랑은 성관계의 결핍을 보충하려고 도래한다. 그러나 그 사랑도 궁극적으로 환상이다. 우리는 성적 욕망과 다른 새롭고 고차원적인 사랑의 모습을 찾아야 한다.

Vita Nova

— A. 바디우의 이야기 —

어떤 철학자들은 공백을 봉합하려 하지 말고 오히려 존재와 맞서며 그 공백을 드러낼 것을 주장한다. 존재의 공백 그 언저리 무한소에서 어떤 우연한 사건을 계기로 덧셈을 해나가면 숨겨진 진리가 나타난다는 것이다. 사랑 혹은 시적 언어인 예술이 진리로 창조되면 거기서 작열하는 생명성이 빛을 발한다. A. 바디우는 존재의 상실, 그 공백에 대한 애도를 진리로 확장하려는 태도를 취한다. 그에게서 없음의 공백은 몰락의 지점이 아니라 사물이 시작하는 지점이다. 주체의 참여 아래 언어의 셈을 초과하는 공집합의 공백에서 발생한 우연한 사건에 개입하며 충실성으로 유적 절차를 통해 새로운 진리를 창조해 내는 것이다. 이 과정을 바디우는 주체(주체화)라고 하였다. 우리는 길들여지고 습관화된 것의 반복을 멈추고 새로운 것을 만들어

내야 한다. 그것은 배워진 지식이나 경험과는 완전히 다른 새롭게 창조된 것이므로 사랑스럽고 매혹적이다. 바디우는 진리가 기존의 지식에 구멍을 뚫는다고 하였다. 창조된 진리는 나의 존재를 확장시킨다.

사랑은 결핍에 대한 욕망의 구조를 갖고 있다. 내가 혹하는 연인, 그것을 결정하는 성향은 이미 내 몸에 배어있는 무의식이다. 그런 무의식의 투사에 붙잡힌 사랑은 거짓 사랑이며 참된 진리로서의 사랑을 불가능하게 한다. 우리 모두는 무의식에, 즉 기존의 과거에 오염되어 있고 거기에 습관화되어 있다. 과거에 붙잡히면 나는 나의 현재와 미래를 살지 못한다. 나는 이제 더 이상 이런 과거의 구닥다리에 연연하지 않을 것이다. 어머니 아버지라는 이름의 유령으로부터, 그리고 날 길들인 경험적 의미의 세상으로부터 벗어나고 싶다. 사랑은 새로워야 하며 사랑도 진리의 유적(類的) 절차에 의하여 진리로 창조될 수 있다. 나의 욕망에 붙잡혀 둘을 융합하려는 사랑이 아니라 도리어 분리된 둘을 정립함으로써 하나의 세계를 같이 경험하는 사랑을 하고 싶다. 성적 욕망을 능가하는 진리가 실존하는 장을 구축하고 싶다. 그리하여 나는 진리로서의 사랑으로 현재와 미래를 살 것이다. 서로 다른 두 사람이 동일한 상황 속에 독립적으로 존재하면서 무언가를 공유한다는 것, 그것은 사랑(진리)의 절차 안에 합체되어 있는 한에서만 그리고 이념의 표지 아래에서만—각자의 타자성에도 불구하고—나눔과 소통이 가능하다. 소통은 사랑의 노고 안에서 일어난다. 두 연인이 석양의 노을을 바라보며 각자가 가지는 진리 절차의 예외적 상황을 확장하려고 노력하면 공통의 그 무엇을 경험을 할 수 있다.

> 마법은 가르칠 수 있는 게 아니야. 자기 스스로 찾지 않으면 못 하는 거야(『키르케』, 메를린 밀러).

마담 X

1970~1980년도 대구 향촌동에는 가지각색의 음식점들과 술집들이 즐비했더랬다. 지금은 그게 어디쯤인지조차 생각하지도 않지만 내 기억 속에 마담 X는 또렷이 남아 있다. 수많은 술집과 술집들 사이 빈틈 자투리땅에 서너 평짜리 막걸릿집이 하나 있었으니 그 집이 바로 마담 X였다. 밤이면 벽돌 사이즈보다 조금 더 큰 크기의 직사각형 간판에 홍등이 켜지고 거기에 까만 글씨로 '마담 X'라고 쓰여 있었다. 마담 X는 워낙 구석진 곳에 있어서 낮에는 찾기가 어려웠지만, 그 앙증맞고 우스꽝스러운 붉은 간판 덕분에 오히려 밤에 찾기가 더 쉬웠다.

구미 금오산 명금폭포 옆에는 오륙십 미터 높이의 암벽이 있다. 우리들의 첫 록클라이밍 완등은 거기서 이루어졌다. 고등학교 때부터 단짝으로 의예과에 같이 입학한 업이와 전자공학과를 지망한 한 해 후배 준이, 우리 셋은 그것이 첫 등반이었기에 형언할 수 없는 벅찬 감정을 삭일 수가 없었다. 그 기분은 전투를 치른 전사의 살기 어린 흥분이었으며 한편으로는 첫 성경험 후 엄습하는 쓸쓸함과도 같았다. 그냥 집에 갈 수가 없었다. 가벼운 주머니 처지였지만 우리는 술을 마시고 싶었다. 그러나 향촌동에 익숙하지 않은 우리는 어딜 가야 할지 몰랐다. 해거름 향촌동 여기저기를 거렁뱅이처럼 기웃거리다가 마담 X를 발견했다.

"저기다 저기, 저기 가자."

마담 X, 어쩌면 붉은 입술과 풍만한 가슴을 가진 마돈나가 우릴 반겨줄 것 같았다. 문을 밀고 들어서니 예상한 대로 좀 초라한 탁자와 의자가 서넛 있었고 초저녁이라 그런지 손님은 우리뿐이었다. 여기는 아마도 돈 떨어진 취객들이 마지막 입가심하러 밤늦게 찾아드는 곳인 모양이었다.

"마담, 여기 좀 봅시다."

소리쳐 부르니 안에서 구시렁거리는 소리가 들려왔다.

"뭐시 이리(무엇이 이렇게) 일찍 왔노."

겉이 쭈그러진 놋주전자에 콩자반과 생고구마가 얹힌 접시를 들고 누군가가 다가온다. 늙으신 할머니였다. 우리가 앉은 탁자에 가까이 와 형광등 불빛에 얼굴이 드러나는데 얼굴이 많이 얽은 곰보 할매였다. 할매의 입술에는 빠알간 루주가 가늘게 발려 있었다.

할매가 히히하며 풍족한 웃음을 웃는다.

"처음 보는 아들(애들)이네."

우리를 보고 아들이란다. 막걸리 한 사발씩을 들이킨 후 친구가 할매를 부른다.

"할매요. 우리 마담은 어디 계시능교?"

그러자 할매가 획 돌아보며

"엥? 내가 마담이다. 와? 안됐나…… 속았제? 히히."

우리가 속았다. 쯧쯧거리며 서너 잔째 막걸리를 마시다가 뒤를 돌아다보니 할매가 뒷짐을 지고 우리를 그윽한 눈으로 내려다보고 있었다.

"너희들 산 타고 왔나, 어데 갔드노?"

"금오산 갔다 옵니더."

룩색에 매여 있는 자일(로프) 꾸러미를 보더니

"너들 폭포 옆에 방구(바위) 올라갔다 왔제? 조심하거래이."

"예, 할매예."

우리는 거기서 그만 할매의 양순한 손자들이 되어버렸다.

"야들아, 그런데 말이다. 너거 방구는 왜 기어오르노. 엉이?"

"젊은 것들은 펄펄 뛰는 힘이 넘치는기라, 무서운 게 없지."

업이 점잔을 빼며 대답하였다.

"쓸데없는 객기 아니겠습니까?"

"아니지, 혈기와 객기는 달라."

"할매요. 그런데 마담 X라는 이 이름은 누가 지었능기요?"

준의 물음에 할매가 살짝 미소를 짓더니 차분하게 말한다.

"내가 지었지. 너들 보기에 내가 남자가 아닌 것은 확실하제?"

"예, 그럼요."

"그렇다면 나의 현대식 이름은 마담이 마치 맞는기라. 아줌마보다 마담이 낫지……. 세련돼 보이잖아?"

"X는 뭡니까?"

"그걸 정하는 데 한참 걸렸단다. 잘 모르면서도 친하게 불러주는 이름, 미지의 당신, 그런 걸 X라 한다며? 너들 생각에도 마담 X가…… 괜찮제? '언년이 할매 술집'보다 '마담 X'가 낫다 아이가."

우리는 놀라 문학소녀 할머니를 한참 쳐다보았다.

그날 마담 X는 공짜 막걸리 한 주전자와 도루묵구이 한 접시로 우리들의 초등(初登) 자축연에 동참해 주었다.

"가다마이(양복) 빼 입고 빨간 넥구다이(넥타이) 매고 다방에서 가시나 꼬시는 머슴아들보다는 낫구마."

우리는 그날 할매로부터 은근한 부추김과 아늑한 위로를 받았다. 이상하게도 할매는 우리들에게 푸근한 모성감(母性感)을 안겨주었다. 그래서 그런지 막걸리 덕분인지 클라이밍으로 생겼던 긴장감과 흥분이 차츰 가시었다. 우리는 곧 편안해졌다.

그 뒤에도 몇 번이나 마담 X를 찾아갔다. 할매는 우리의 친한 친구가 되어 주었다. 그 연세에 그 얼굴로 술집을 연 배짱 좋으신 할매. 거기다가 마담의 입담은 단연 최고였다. 아무리 기분이 나쁠 때에도, 심지어 시험을 조졌을 때에도 할매를 만나면 웃게 되었고 즐거웠다.

"재시(再試)를 베렸뿟습니더. 아무래도……."

재시까지 위태하여 침울해하면 할매는,

"재시도 안 되면…… 우에 되노(어떻게 되느냐)?"

한가득 걱정을 하시며 애가 타 하신다.

"낙제합니더."

"우야겠노. 일이 그렇게 되면…… 할 수 없지, 한 해 더 하지 뭐. 바쁠 거 있나."

할매는 능청스레 불안한 가슴에 염장을 지른다.

"할매요! 무슨 말씀을 그래 하십니꺼. 남은 속이 타 죽겠는데……."

"꼬시다(고소하다). 산에 쳐 돌아다니쌌드니, 쯧쯧."

할매는—자기 말로—시집간 첫날밤에 영감을 당당하게 만들어 놓았다고 하였다. 얽은 얼굴을 한 색시를 은근히 자랑스러워하는 새신랑을 보고 친구들은 매우 수상쩍어하였다. 그것이 속궁합이나 방중술에 관한 이야기인가 하여 눈을 반짝이며 호기심을 보이자 마담께서는 짐짓 엄한 목소리로 우리를 꾸짖었다.

"더 이상 알라 카지 마라. 너들도 크면 차차 알게 된다."

밤늦은 시간 마담 X에서 벌어지는 광경은 가관이다. 이미 만취가 되어 밑도 끝도 없이 횡설수설하는 주정꾼들이 거기로 모여들었다. 그들은 모두 뒤틀리고 불안정하며 고단한 군상들이었다. 리어카를 끌며 폐지를 줍거나 고물을 모으는 아저씨, 환경위생과에 적을 두고 똥차를 타고 다니시는 아저씨, 큰 건물 뒤편에서 허드렛일을 하는 늙은이들, 이들이 퇴근 시간 포장마차에서 한 잔만 하고 간다는 것이—오늘은 특별한 뭔가가 있어—하면서 두어 잔 더 보태다가 그만

고주망태가 되어버리는 것이었다. 그들에게는 정말 특별한 무엇인가가 있어야 했지만, 그러나 항상 그들은 별 볼일 없는 루저들일 뿐이었다. 비틀거리며 걸음이 꼬여 의자에 앉다가 땅바닥으로 엉덩방아를 찧는 취객도 있었다. 무슨 이유에서인지 분노에 찬 고함쟁이들이 이상하게도 할매 앞에선 모두 순한 양이 되었다. 세상 고민을 혼자 다 짊어진 듯 울고잽이 찌질이들도 할매 앞에서 코를 풀며 훌쩍이는가 하면 오매요 어무이요 하는 혀 꼬부라진 소리를 하다가 제풀에 자불어 들기도 하였다. 할매는 그들을 꾸짖지 않고 강아지 다루듯이 쓰다듬으며 이 피로한 영혼들을 달래고 잠재웠다. 마담은 이런 쓰레기들을 나스리는 데 탁월한 재주가 있었다.

조금 떨어진 염매시장에는 이름난 욕쟁이 할매가 있었다. 국숫집을 경영하시던 그 사나운 할매는 당신이 정성껏 말아주는 국수를 누군가가 먹다 남기면 야단이 났다. 국수를 남긴다는 것은 호의에 대한 거절이요 그녀가 자랑해 마지않는 국수말이 손맛에 대한 폄하였다. 할매는 성이 나서 못다 먹은 국수 그릇을 싱크대에 집어 던지며 "국시도 한 그릇 못 처먹는 놈이 무신 일을 할껬꼬(무슨 일을 할 수 있을까)." 하며 혼잣말로 욕지거리를 퍼부었다. 그 욕쟁이 할매에 비하면 우리 마담 X는 조신한 숙녀이셨다. 향촌동의 두 할머니는 지치고 피곤한 저잣거리 사내들에게 다정한 모성(母性) 이마고였다. 모든 것들의 어머니였다.

본과 일이 학년 때에는 정신이 없다. 재시가 끝나면 본시가 닥치고 사알디리(매 사흘마다) 시험이었다. 노랑 눈 주갱이(눈동자가 노랗던 해부학교실 주강교수)는, 지식의 습득이 문제가 아니라 의사로서의 마음가짐이 중요하다며 엄중한 조련사 역할을 자처하였다. 한때는 학생들에게 양복차림으로 예를 갖춰 강의실에 입장할 것을 강요하였다. 그는 의대생들에게 저승사자와 같은 존재로서 1학년 학생 120명 가운데 30여 명을 해부학과 조직학 시험으로 낙제시키는 장본인이었다. 그가 떨어뜨리는 낙오자 숫자는 해마다 거의 비슷한 점으로 보아 아예 작정을 하고 정해진 숫자로 떨어뜨리는 고약한 사디스트임에 틀림없었다. 한 학년이 끝나는 을씨년스러운 어느 겨울 저녁 의대 본관 게시판에 '진급자 명단'이라는 공고가 붙는다. 일렬로 된 출석표 군데군데 까만 매직으로 지워진 이름이 있다. 그 앞에 모여선 학생들, 얼핏 보고 웃으며 돌아서는 이도 있지만 더러는 공고판 앞에 사라진 자기 이름을 좇으며 망연자실 얼어붙은 듯 서 있는 학생도 있다. 진급에 실패한 자들은 MBC라고 불린다. '메디컬 병신 클럽'의 약자다. 불명예스럽게 MBC 멤버가 된 의사들이 이상하게도 교수직이나 연구직에 많이 남았다. 주갱이의 교육 신조에 일리가 있었는지도 모른다.

이상두라는 무데뽀 학생이 있었다. 그는 진급자 명단에 들어 있었으나 거기에 이의를 제기하였다. 다음 날 오후 그는 해부학교실의 문을 두드렸다.

"선생님, 저를 낙제시켜 주십시오. 1학년 과정을 다시 하고 싶습니다."

주교수가 놀라며 '이놈 봐라' 하며 그를 쳐다보았다. 반항인가 하며 학생을 살펴보았으나 그의 얼굴은 진지하였다. 교수님은 성적부를 꺼내들고 한참을 살펴보더니 말했다.

"자네 성적은 꽤 괜찮아. 진급해도 되겠어."

"죄송하지만, 제 생각에는 시험만 통과되었지 진급할 만큼 실력이 되지 않았습니다. 교수님의 평가보다 저는 제 스스로를 평가하고 싶습니다. 아무리 생각해도……."

"알았어, 그만해. 그렇게 원한다면 그렇게 해."

이상두는 경북의대 역사상 자원 낙제한 유일무이한 학생이 되었다.

기원전 400년 경 그리스에 히씨 성을 가진 노인장이 있었다. 그의 의학 수준은 거의 원시적이었을 것이나 의료에 대한 마음가짐은 존경할 만하였다. 히씨의 선서가 퇴색되고 '진급자 명단'이 사라진 지금 우리나라 의료계에서는 께름칙한 현상이 일어나고 있다. 차가운 가슴을 가진 고급 의료 기술자들이 범람하고 있다는 사실이다. 심지어 예쁜 마네킹 만들기를 의학의 한 장르요 예술이라 착각하는 꾼들도 있다. 인간을 상대로 하는 기술의 운용이 따뜻한 가슴이라는 토대를 잃으면 '의사쟁이'가 되고 만다. AI가 아무리 똑똑해도 히씨의 심장을 가질 수는 없는 것이다. 그가 왜 의료를 지식이나 기술이라 하지 않고 의술(Art)이라 불렀는지 아무도 알려고 하지 않는다.

마침내 마지막 시험이 끝나던 어느 가을 늦은 오후, 지옥의 한철 긴 터널을 빠져 나온 듯한 해방감이 들면서 갑자기 마담 할매가 보고 싶었다. 이른 저녁이었으나 집으로 가지 않고 곧장 마담 X로 달려갔다. 그러나 거기 있어야 할 붉은 간판도 없어지고 나의 사랑 마담 X도 사라졌다. 건너편 구멍가게 아저씨가 소식을 전해 주었다. 사우디 갔던 아들이 돈벌어 와서 할매를 모시고 갔다고.

춘시(春時)

요즘은 사라져 보이지 않지만 1960년대 시골 마을 주변에는 거지들이 있었다. 거지들은 몇 명이 어울려 있기도 했지만 대부분 혼자였다. 자식이나 처를 데리고 다니는 거지는 없었다. 그들은 누군가의 남편이거나 아버지가 아니었으며 남의 시선이나 체면 따위를 벗어난 완전 나 홀로의 자유 유랑인이었다. 거지들은 둑 밑이나 다릿발 밑에 움막을 지어놓고 기거하였다. 아침에 각자 다른 동네로 흩어져 동냥 출근을 하고 해거름께 거처로 돌아온다. 그들이 무슨 생각을 하며 살았는지 그리고 그들의 실생활이 어떠했는지 나는 잘 모른다. 그들은 비록 사람의 형색을 하고는 있었으나 비루한 인간 낙오자들이었다. 무언가가 결여되어 있었다. 우리는 그들을 걸뱅이라고 불렀다.

다릿발에 기대어 지어놓은 움막 앞 모래마당에는 몇 개의 돌들로 둥글게 둘러싸인 공터가 있었다. 밤에 그들은 그곳에 불을 피웠다. 거지들은 불 주위에 둘러앉아 그날 얻어온 음식을 먹는다. 칠흑같이 어두운 밤에 팔락이는 불꽃은 아주 먼 동네에서도 보였다. 그 원시적인 오두막과 모래 마당에서 피어오르는 화톳불은 인간의 원초적인 감정에 어울리는 것이었다.

초등학교 시절 우리 동네에 상시로 드나들던 한 거지가 있었으니 그의 이름은 춘시였다. 아무런 장래가 주어지지 않은 그에게 누군가가 '봄날'이란 뜻의 춘시(春時)라는 멋진 이름을 지어준 것이다. 그가 어디서 왔는지 무슨 사연으로 거지가 되었는지는 아무도 몰랐으며 알려고 하지도 않았다. 춘시는 사십대쯤의 나이로 보였다. 얼굴은 자연 선탠이 된 듯 연한 초콜릿 색깔을 하고 있었고 이가 누랬다. 어디서 구했는지 그는 얼굴색과 비슷한 갈색의 길쭉한 영국식 기수 모자 같은 것을 쓰고 다녔다. 그러고 보니 얼굴 색깔은 햇빛에 거슬려서라기보다 씻지 않아 생긴 더러움에 더 가까웠다. 춘시는 구호품으로 받은 듯한 국방색 모직 롱코트를 사시사철 입고 다녔다. 안으로는 후줄근한 바지에 이상한 상의를 입고 있었다. 이것저것 주어지는 대로 입다 보니 이상한 패션이 되고 말았다. 옆구리 허리춤에는 밥통으로 쓰이는 빈 우유깡통과 양철컵이 매달려 있었다. 가끔 둘이 부딪히며 댕그랑 소리를 내었다. 포크와 스푼은 코트 안주머니에 꽂혀 있었다. 모두 미제였다.

춘시는 얼굴 표정의 변화를 보인 적이 없었다. 항상 무덤덤한 얼굴과 초점을 잃은 듯하기도 하고 졸리는 듯하기도 한 눈을 하고 있었다. 상대와 눈을 마주치는 일도 거의 없었다. 얼굴을 마주하더라도 그의 눈은 다른 데를 보는 것 같았다. 개나 소가 인간을 쳐다볼 때처럼 무덤덤하기만 한 눈길, 한마디로 먹을 걸 좀 얻으러 왔지 당신과 교분을 나눌 마음은 전혀 없다는 그런 얼굴이었다. 그것들은 막연한 격리감이었다. 그는 우리들과 관계하는 사람이 아니었다. 춘시는 도대체 무슨 생각을 하며 살고 있을까? 어린 나는 그것이 항상 궁금하였다.

우리 하빈 마을 가가호호 춘시의 방문을 받아보지 않은 집이 없었다. 대문을 넘어 들어올 때 춘시는 거지에게 있을 법한 궁색함이나 비굴함은 전혀 보이지 않았다. 도리어 맡겨놓은 주문품을 받으러 온 양 당당하였다. 식구들이 식사 중인 마루로 다가와

"어허, 춥다 춥다, 어이(어서) 다오."

그가 깡통을 내밀면 아낙이 큰 양푼이 냄비를 들고 와 식구들이 먹고 있던 갱죽을 조금 비워주려고 한다. 그때 춘시가 갑자기

"어, 춥다, 추워."

하며 냄비 안으로 퉤퉤퉤 하고 침을 뱉으며 딴전을 피운다.

"춘시야, 와 침을 뱉노."

아낙이 화를 내며 나무랐지만 이미 때는 늦었다. 춘시의 침이 튀긴 양푼이 죽을 다 비워 줄 수밖에. 이런 춘시의 속임수를 미리 알고 있던 어느 아낙네는

"춘시야, 네 밥통을 먼저 이리 다오."

하였다. 그러자 춘시는 속셈이 들켜 내심 불쾌한 듯이 눈을 찔끔찔끔거리며

"니 다 무라(너 혼자 다 먹어라)."

하며 시무룩해하였다. 음식을 얻어가는 그나 나눠주는 아낙 사이에 고마움이나 배려 따위의 감정은 거래되지 않았다. 춘시는 당연한 듯이 그저 식사 한자리를 떼어갈 뿐이었다. 세상에 이렇게 뻔뻔하고 무심한 인간이 어디에 또 있을까.

춘시는 누구에게나 반말을 하였다. 나이 드신 할아버지께서 "춘시야." 하고 부르면 "와?" 하고 대답하였다. 코흘리개 꼬마들도 그를 '춘시야' 하고 불렀다. 춘시 또한 동네 사람 누구든지 '너'라고 불렀다. 부르고 답함이 단순 명료하였다. 그러나 결코 가까운 동무로서가 아니었다. 당시 거지들은 다소 혐오의 대상은 되었으나 동네 사람들에게 해를 끼치거나 위험한 존재는 아니었다. 하지만 그들은 절대로 부락민의 생활 권역 안으로는 들어올 수 없었다. 그들은 지켜야 할 경계 밖에 있어야 했다. 거지들은 그저 낯설지 않은 이방인으로서 등록되지 않은 거주자들이었다. 우리와 관계하면서 우리 밖에 있는 자, 그들은 호모 사케르였다.

좀 잘사는 기와집 사랑채에는 가끔 며칠을 묵고 가는 과객들이 있었다. 그냥 공짜로 밥술만 얻어먹는 부류들이 아니라, 초상화—이것은 나중에 영정(影幀)에 쓰일 것이었다—를 그려주거나 병풍의 바탕그림으로 쓰일 산수화나 사군자를 치는 환쟁이, 갓을 수선하는 갓쟁이, 양은냄비나 양철통에 난 구멍을 납으로 때워주는 땜쟁이, 그들이 '쇠'라고 부르는 나침판을 차고 다니며 명당 장지(葬地)를 잡아주는 풍수(지관, 地官), 혹은 묘비석을 지게에 지고 산을 오르는 힘장사들이 그들이었다. 과객이 머무는 사랑채에는 동네 어른들이 찾아와 곰방대에 쌈지 담배를 담아 피우며 그들과 환담을 나누었다. 거기서 어르신들은 외지의 소식을 들을 수 있었다.

그 가운데 갓을 고치는 갓쟁이는 좀 별났다. 동네 영감님들이 낡은 갓을 들고 와 약간의 수선비를 내며 수리를 부탁한다. 갓쟁이 영감은 말총으로 헤진 갓을 수선해 내는데 그 솜씨가 매우 노련하였다. 수선을 마친 다음 그는 화롯불에 새까만 옻을 녹여 그것을 수선해 둔 갓이나 오래되어 빛이 바랜 갓에 발랐다. 그 정교한 작업을 하는 동안 영감은 양 볼을 씰룩거리거나 눈을 희번덕거렸다. 원래 삐딱하게 곧추선 고개가 작업 도중에는 수시로 까딱거렸다. 그것은 불수의적 발작으로서 유식한 말로 뚜렛증후군이었던 것 같다. 옻칠이 다 된 갓은 새까맣고 반질반질해진다. 동네 아이들이 둘러 앉아 그 작업을 신기한 듯 구경하였다. 구경꾼들 가운데 나이가 좀 든 삐딱이 선머슴아가 있었는데 이 애가 구경을 하다말고 뒤로 저만큼 내빼며 갓쟁이를 놀렸다.

"갓쟁이 똥구멍은 반질반질."

"이노무 짜쓱이."

갓쟁이 영감이 뭘 집어던지며 화를 내었으나 쫓아가지는 않았다. 우리 뒤에 춘시가 뒷짐을 지고 갓쟁이를 물끄러미 쳐다보고 있었다. '지 집 없이(자기 가족 없이) 돌아다는 신세는 너나 나나 비슷하네, 너도 어중간한 중치기(중간치)구나.' 그것이 춘시의 심정이었다. 춘시는 맞먹으려고 하였지만 갓쟁이는 어림도 없었다. 그에게 기예자(技藝者)와 거지는 엄연히 다른 부류였다.

잔치가 벌어졌다. 춘시도 참여한다. 그러나 그는 다른 손님처럼 잔치마당이나 차일 안으로 들어올 수 없었다. 대문 밖 담벼락에 기대어 그가 설치한 햇빛 가림막 밑이 그가 있어야 할 장소였다. 춘시는 아침 일찍 물지게도 져주고 장작개비도 날라주는 등 허드렛일을 돕는다. 잔치가 무르익어 갈 무렵 춘시 앞에도 조촐한 개다리소반과 막걸리 한 대접이 내어진다. 허리춤에서 수건을 꺼내 이마를 훔친 다음 춘시는 으음으음 목을 가다듬고 막걸리를 맛있게 쭉 들이킨다. 조금 있다가 춘시는 차일 밑으로 불려간다. 그의 특기인 품바 각설이 타령을 부르기 위해서다. 공연이 시작되기 전 숟가락으로 깡통을 탕탕 쳐서 주위를 집중하게 만든 다음 춘시는 걸쭉하게 각설이를 뽑기 시작한다.

"어얼~ 씨구씨구 들어간다. 저얼~ 씨구씨구 들어간다. 작년에 왔던 각설이가 죽지도 않고 또 왔네."

제사에서 축관이 축문을 읽듯이 높은음자리의 낭랑한 초성으로 시작한 그의 음성은 저 너머 어딘가에서 다가오는 성스러운 울림과 같았다. 그의 노래가 내용을 포함하면서 차츰 청중들을 흥이 가득한 어디론가로 데려간다. 타령은 소박하고 구성지며 씩씩하다. 4박자로 된 4소절이 같은 곡조로 당겼다 놨다를 반복하며 율동적이어서 반은 흥이고 반은 춤이다. 사설 내용은 쉽고 흔한 일상사의 이야기를 코믹하게 엮어놓은 것이었다. 본풀이에 대응하는 뒤풀이는 모든 세상사가 쉽고 슬슬 잘 풀린다는 긍정과 순응이요 질서였다. 그의 타령 가운데 '어허 이놈이 이래 뵈도 정승 판서의 귀한 자제로서 팔도감사 마다하고 돈 한 푼에 팔려서 각설이로 나섰네'라는 가사는 부질없는 아귀다툼의 속세를 버리고 노래 부르며 즐기는 풍류의 자연세계로 들어섰다는, 거짓으로 가상된 코믹한 자기 고백이다. 자기 비하이지만 결코 겸손을 과장하지 않으며 비굴하지도 않다. 요샛말로 미니멀리스트 되기를 자청했다는 뻐김이 은근슬쩍 숨어있었다.

타령이 깊어지자 그는 완전히 망아지경(忘我之境)에 도달한다. 그곳은 그가 마음대로 꾸밀 수 있는 그만의 자유로운 무대였다. 고개를 까딱거리며 때로는 손을 들어 허공의 무엇을 가리키기도 하고 질끈 감았던 눈을 부릅뜨며 몸을 부르르 떨기도 하였다. 그는 현상 세계를 떠나 존재의 세계 속에 들어가 있었다. 그곳은 그의 고유한 비밀의 세계였다. 그곳은 안과 밖이 따로 없고 너와 내가 한데였으며 공간과 시간이 사라진, 아무것도 없이 있는 무아지경 혼연일체의 세계였다. 격식은 없었으나 경솔하지는 않았다. 그곳에서 그는 전혀 다른 존재, 황홀한 대타자가 되어 있었다. 진중함과 격정이, 질서와 유희가 하나로 어울렸다. 사람들 앞에서 그는 조심해야 했으나 끓어오르는 감흥과 격정에 주체를 못 한다. 으쌰으쌰, 땅과 하늘을 가로지르며 돌고 뛰고 날고 하였다. 깊숙이 쟁여 놓았던 심연의 불덩어리가 불끈불끈 솟아오르며 회오리를 일으키고 그는 거기에 휘감기며 요동치고 있었다. 그러나 박자와 리듬으로 짜인 어떤 정형의 틀을 벗어나지 않았다. 춘시의 이런 모습은 굿판에서 신들린 무당의 몸짓과 흡사하였다.

춘시의 각설이는 고통스러운 세상사를 단순화하고 희극화하였다. 부조리한 세상을 수용하고 즐거워하였다. 노래를 듣다 보면 중간에 남녀 정사를 묘사하는 듯한 음탕한 가사가 은근슬쩍 끼어든다. 초장의 '어얼~ 씨구씨구 들어간다, 저얼~ 씨구씨구 들어간다'라는 대사의 유래는 씨가 뱃속으로 들어간다는 성행위를 뜻하였다. 춘시는 그 내용을 알고 있는 듯 '어얼 씨구씨구' 할 때는 한 발씩 앞으로 갔다가 뒤로 물러섰다 하다가, '들어간다'를 부를 때는 갑자기 공격 자세를 취하며 허리 엉덩이께를 앞으로 불쑥 내밀었다. 이를 눈치챈 아낙들은 '지랄한다'며 눈을 흘기고 고개를 돌렸다. 타령이 끝나자 춘시는 냉수 한 모금을 청해 마시고는 탈진한 듯 그 자리를 떠나버렸다. 이 역시 비범한 행동이었다. 모두들 춘시의 타령에 박수를 보내고 거지로 사는 그의 처지를 측은해하였다.

바람이 제법 차가워지기 시작한 어느 늦가을 영미 마을에서 잔치가 벌어졌다. 영미는 강변에 지어진 춘시의 움막과 가장 가까운 동네였다. 춘시는 예의 그 멋들어진 각설이 타령으로 환갑을 맞은 독골 어른의 무병장수를 축원해 주었다. 그날 저녁 춘시는 잔치에 쓰고 남은 막걸리를 한 바케쓰나 얻어왔다. 움막으로 돌아온 그는 불을 피워놓고 깡통 가득 담아온 잔반을 안주 삼아 그만의 향연을 벌였다.

거지에게 부여된 유일한 특권은 아무것에도 간섭받지 않는 무제약적 무한자유 아니던가. 춘시는 그 순간 어떠한 것으로부터도 자유로운 절대인간이었다. 이 우주 안의 모든 것을 부정하였고 자기 자신도 부정하였다. 그러므로 그는 다른 무엇으로부터 자유로웠고 자기 자신으로부터도 자유로웠다. 그는 신이 되어 있었다. 따뜻함과 배부름, 내일 없음의 지금에 춘시는 에피쿠로스적 쾌락에 흠뻑 젖어 들었다. 취몽(醉夢)의 시간은 그를 고향으로, 어린 시절로, 그리고 그에게도 분명히 있었을 어머니에게로 그를 데리고 갔다. 그의 영혼은 이미 하늘에 가 있었고 육신은 가누기 어려울 정도로 마비되었다. 육신은 무시되어도 좋았다. 이글거리는 불빛, 그 불빛 속에 그의 모든 것이 요동치고 있었다. 엑스터시의 절정 속에서 그는 무엇을 보았을까. 춘시는 밤새 모든 것을 무효화시키는 그 불꽃과 함께 울고 웃으며 마음껏 어울려 놀았다.

이튿날 새벽 동네 사람들은 희끄무레한 강변의 안개 속에서 피어오르는 검은 연기를 보았다. 그것은 매우 불길한 징조였으며 누군가의 죽음을 알리는 것이었다. 사람들이 서둘러 강변의 움막에 도착했을 때 춘시는 시커먼 숯덩이가 되어 하늘을 향해 누워 있었다. 그의 초라한 움막도 다 타버렸다. 사람들은 바로 그 자리에 땅을 파서 그를 묻어주었다.

춘시, 그는 지상(至上)의 환희를 얻고자 피워놓은 불에 자신을 태워 없애버렸다. 갈 때까지 가버린 그 유희는 광기였다.

'작년에 왔던 각설이가…… 이제 그대들 곁을…… 영영 떠나가네.'

춘시는 이제 시간으로부터 격리되어 영원한 연속성으로 편입되었다. 춘시가 대지의 품으로 내려간 후 아침 해는 여느 때처럼 푸른 하늘로 붉게 타올랐다. 강렬한 햇빛을 반사하는 강변의 파란 포플러 나뭇잎들은 한줄기 바람에 일제히 바르르 떨며 반짝거렸다. 그 반짝거림은 강 건너 멀리 떨어진 우리 하빈 마을에서 그리고 외기, 선이, 새마, 창동, 시평 마을에서도 보였다.

"춘시가 죽었단다. 춘시가."

모두들 슬퍼하였다. 사람들에게 춘시는 무어라 분류할 수 없는 인간 존재의 특별한 실존 유형이었다.

강변에 줄지어 서 있던 키다리 포플러들이 춘시를 내려다보며 슬픈 조가를 불러주었다. 포플러들은 키만 훌쭉 자란 철없고 여린 처녀들 같았다. 춘시의 움막을 그들 발치에 두고 있던 포플러 나무들은 춘시와 가장 친숙한 사이었으며 춘시의 모든 것을 알고 있었다.

'머지않아…… 당분간은 내가 그리울 것이오.'

'Adios Amigo(잘 가게, 친구).'

현존재가 종말을 맞아 이 우주의 시공간에서 사라질 때 우리는 우리가 모르는 세계 언어로 작별 인사를 해도 좋다. 왜냐하면 죽는 그에게는 국적이 없어지고 역사가 없어지기 때문이다. 시간과 공간으로부터 분리된 존재는 죽음을 정점으로 완전히 다른 성질로 변환한다. 존재자에서 무화(無化)된 존재로의 변형은 그가 더 이상 그림자를 데리고 다니는 사람이 아니라 귀신이 되었음을 의미한다.

논밭 사이 들길을 혼자 걸어 다니던 춘시의 고독한 모습을 우리는 더 이상 볼 수 없었다. 우리와 달리 살았던 그가 죽고 나서 우리는 그와 동질감을 느끼며 더 친숙해졌다. 세속적인 삶에서는 달랐으나 죽음 앞에서 우리는 같은 존재인 것이다. 그는 이 마을에 나타나기 이전에 그랬듯이 이제 우리 곁에서 사라진 부재의 존재가 되었다. 춘시의 역사가 어떠했든 시간은 똑같이 흘러간다. 사람들은 시작과 끝이 없는 이 흐름을 영원이라고 부른다.

몇 년 전 나는 춘시의 움막이 있었던 강변을 눈짐작하며 찾아가 보았다. 어딘지 알 수가 없었다. 춘시와 함께했던 어떠한 흔적도 남아 있지 않았다. 줄지어 서서 춘시의 영혼을 지켜 주던 포플러들도 모두 사라지고 없었다. 간간히 훈훈한 바람이 소리 없이 강기슭을 타고 올라왔다. 강물은 예처럼 굼실굼실 그저 자기가 흘러갈 방향에만 몰두하고 있었다. 강변에 일렁이는 파릇파릇한 풀들은 모두 새로 솟은 것들이었다. 땅은 모든 것을 묻어주고 위로한다. 그러면서 대지는 새로운 생명을 준비시킨다. 그들에 비하면 인간들이 짓는 역사는 너무나 사사로운 것이다.

춘시에 대하여 더 이상 쓸 내용은 없다. 다만 그가 공연한 각설이 타령과 만취 상태의 분사(焚死) 사건에 대하여 무엇인가 생각해 볼 것이 있다. 그 타령의 음험(陰險)함과 엑스터시에 관해서다. 춘시 그는 금기의 일상 세계를 탈출하여 쾌락의 극단인 죽음으로 넘어갔다.

각설이 타령과 성 금기 위반

원래 각설이(覺說理) 타령은 신라시대의 원효대사가 '깨달음을 전하는 말씀'이란 뜻으로 민중들에게 세상 이치를 알려주려고 만들었다는 설이 있다. 가사 중에 등장하는 '얼씨구'는 서자(庶子)의 씨앗을, '절씨구'는 절(승려)의 씨앗을 뜻한다. 씨가 배속으로 들어간다는 내용은 번식을 위한 성 교접을 가리킨다. 잦은 전쟁과 역병으로 사람들이 죽어나가니 아녀자들은 아무 씨나 받아 새끼를 낳으라고 하는 것으로 이 구절은 슬프고도 비참한 그 시대상을 반영하는 것이었다.

그러나 과연 원효가 번식을 위한 성교만을 이야기 하였을까? 동서고금을 막론하고 인간에서 성행위는 원칙적으로—결혼한 경우를 제외하고는—금기로 지켜져 왔다. 그 금기는 인간들이 의도하는바 무엇을 위해 인위적으로 조작된 것이었다. 하지만 인간들에게는 금기를 깨고 싶은 욕구가 끊임없이 발로한다. 그게 인간이 동물적이면서 동물과 다른 점이다. 남녀칠세부동석이 강요되던 그 엄격한 성 금기 시절에서도 허용된 배우자가 아닌 그 누구와 뽕나무밭이나 보리밭에서, 혹은 방앗간이나 농막에서 죽기를 각오하고 은밀하게 격렬한 정사가 벌어졌더랬다. 쉬쉬하면서 다가가고 싶은 것이 성의 금기 영역이다. 도덕에 반하는 이러한 금기위반을 우리는 불륜이라고 부른다.

지역에 따라 시대에 따라 온갖 종류의 '하면 안 된다'는 금기가 있어왔다. 인간들이 사는 일상세계는 온갖 관습, 윤리도덕, 그리고 규율과 규제들의 금기로 이루어져 있다. 그러나 인간들은 금기로 구성되는 일상의 노동에만 매달려 살지 않는다. 금기 위반을 감행한다. 그것은 우리들의 일상인 노동의 세계, 즉 금기로 체계 잡힌 제도와 억압에 대한 반항이요 현실세계를 벗어나 신비(신성)를 경험하려는 충동적 욕망이며 속세의 부정이요 질서에 대한 거부다. 금기 위반이라는 일탈은 인색한 현실과 일상에 닫힌 고리타분한 질서를 뒤엎는다.

에로티즘은 전체적으로 성 금기의 위반이지만 인간적 행위이다. 인간적 행위라 함은 동물적 야만성을 외면하거나 혐오함이 아니라 도리어 동물성에 기초함을 뜻한다. 인간은 신을 동경하기는 하나 여전히 동물이다. 그 둘이 대척되는 것이 아니라 등가적이다. 본성적 동물성이 곧 자연성이요 신성이다. 신성은 또한 광기와 이웃한다. 금기의 위반은 금기가 지배하는 노동의 현실계를 떠나 자연성으로의 회귀를 뜻한다(G. 바타유). 다만 그 행위는 인간이 만든 윤리도덕적 규범과 질서를 위반한다.

인간의 역사는 금기와 그것을 깨는 위반의 대물림이었다. 금기가 있는 곳에는 늘 위반이 따라다녔다. 금기는 위반하기 위하여 존재한다. 죄는 저지르기 위하여 존재한다. 용서라는 은총을 받으려면 먼저 죄가 있어야 한다. 죄를 범하는 순간 사함을 받는다. 그것이 금단이었기에 아담(히브리어로 사람을 뜻)은 사과를 따 먹었다. 그 행위는 인간으로서 주제 넘는 욕심이지만 본성이기도 하다. 신의 영역을 넘보고 싶은 그 욕망 말이다. 역사적으로 위반이 불가능한 금기는 없었다. 금기가 강할수록 더 강한 쾌감을 느낀다. 금기가 없어지면 쾌락도 사라진다. 나체가 허용되는 해변에서나 진료실에서는 벗은 몸을 보아도 성욕이 동하지 않는다. 인간은 오로지 금지된 것을 혹은 이룰 수 없는 불가능을 탐닉한다. 시대에 따라 상황에 따라 금기도 달라져 왔다. 각설이 타령이 불렸던 삼국 시대에는 그러한 성 금기 위반이 좋은 의미로 어느 정도 허용되었던 넉넉한 시대였는지 모른다.

성적 주이상스와 죽음충동

프로이트가 죽음충동(파괴충동)을 본능으로 이해한 반면 라캉은 '사물(das Ding, 모든 것이 완벽하게 만족되는 충동, 쾌락 그 자체)의 체험', 즉 원초적인 만족체험으로 설명한다. 인간은 누구나 생겨남과 동시에 사물을 체험한다. 처음부터 태아는 엄마와 전체성으로 있었으며 그때 아기의 몸은 성감대 그 자체였다. 오로지 쾌락(향유, 주이상스)만 있었다. 엄마 젖꼭지의 감촉과 허기를 채웠을 때의 포식감과 같은 그런 쾌감 말이다. 그러나 아기는 사물과의 조우에서 쾌락과 함께 외상을 경험한다. 원초적 향유는 상징계(우리가 사는 경험적 일상세계)에 길들여지면서 사라지기 시작한다. 그러나 실재의 그 쾌락은 완전히 없어지는 것이 아니라 극소수는 상징계에 빈틈이나 구멍 속에 찌꺼기로 잠재한다.

원존재로 경험했던 그때 그 사물체험의 주이상스를 우리는 결코 잊을 수 없다. 그것을 되찾고 싶은 욕망은 간절하지만 그 향유를 다시는 경험할 수 없다. 주이상스를 되찾고 싶은 욕망은 너무나 강렬하며 죽음을 충동한다. 우리들의 경험생활(상징계) 속에는 물(物)의 잔재를 느낄 수 있는 대체물로 기능하는 대상(대상 a, 오브제 아)들이 있다. 우리는 대상 a를 통하여 물의 찌꺼기와 비슷한 잉여향유를 찾는다.

이러한 주이상스적 욕망은 성행위에서 가장 잘 나타난다. 라캉이 말하는 주이상스는 지고(至高)의 궁극적 쾌락이다. 그것은 달콤하고 안락한 쾌락이 아니라 고통과 파괴를 동반한, 죽음과 인접한—그것을 넘어서면 죽을 것만 같은—위험한 쾌락이다. 고통과 환희가 한데 합쳐진 극도의 쾌감(오르가즘)이 주이상스다. 주이상스 다음에 남은 것은 죽음뿐이다. 주이상스와 죽음의 그림자가 어른거리는, 말로 표현할 수 없는 그 세계를 우리는 실재계라고 부른다.

성행위는 본질적으로 폭력적이며 파괴적이다. 성행위는 발가벗겨진다는 모멸감과 성적 절정에 이르러 자기를 잊어버리는 죽음을 경험하게 한다. 성적 오르가즘에서는 너와 내가 구분되지 않는다. 나를 잃고 하나 됨은 파멸이며 없어짐이다. 둘이 하나가 될 때 바깥도 없고 안도 없으며 수컷도 없고 암컷도 없다. 아무것도 뵈는 것이 없는 몰아(沒我) 지경 속에서 절정을 향하는 성적 욕망은—'죽여버리겠다'와 '죽여주세요'라고 하는—저 SM적인 모순된 이중성을 가지며 그것은 끝장을 보겠다는 파괴충동을 나타낸다. 이것은 죽음으로의 위험한 접근이다. 그 쾌락은 통렬한 고통과 파멸의 공포에서 오는 성애적 죽음충동(thanatos)이다. 죽음충동의 반복 속에서 주이상스가 경험되는 것이다. 대상이 나의 정신에 통일되어 없어져 버린 상태, 말로 표현할 수 없는 해방과 희열의 절정을 이루는 이 주이상스는 라캉의 실재계에, 헤겔의 절대정신(신)에 닿아 있다. 쾌락원리에 따른 안락한 일반적 쾌감은 긴장을 완화시켜 얻는 반면 주이상스는 충동적으로 긴장을 강화시켜, 즉 고통이나 위험한 스릴을 통하여 죽음의 방향에서 얻는 향유다. 성행위에서는 폭력과 쾌락과 죽음의 삼중주가 함께 어울린다.

충동은 언제나 과거의 상태, 즉 생명 이전의 죽음을 목표로 한다. 인간뿐 아니라 모든 생명체는 놀랍고도 위험하게 죽음을 향해 다가간다. 에로티즘은 '죽음까지 인정하는 삶(G. 바타유)'으로 생명의 충일(充溢)이다. 야만적 동물성에 기초하는 에로티즘은 가장 인간적인 행위로서 숭고한 신성(神性)이요 진리의 전체가 하나로 경험되기에 선(善)인 것이다. 사물(원초적 쾌락)을 향한 성적 욕망이 지향하는 대상은 절대적 숭고함인 실재로서 그곳은 신성의 영역이다. 하지만 인간은 결코 상실되어 버린 물(物)의 빈자리에 도달하지 못한다. 그곳은 언제나 죽음, 즉 무(없음, 공백, nothing)이기 때문이다. 없음은 공백이므로 성취될 수도 없다. 오직 간절히 욕망될 뿐이다. 죽으면 되찾을 수 있으려나! 욕망은 죽음을 충동한다. 인간은 끝없이 욕망하는 주체다. 사물로, 원 존재로 회귀하려는 본능적 충동은 성취 불가능하기에 그것은 환상으로 남는다.

비 오는 날의 수채화
— 그때 그 저수지 —

시골에 살아본 사람은 마을에서 조금 떨어진 곳에 있는 저수지나 연못을 기억할 것이다. 우리 마을 위쪽 미지말리에도 얼추 축구장 반만 한 크기의 저수지가 있었다. 우리는 그 저수지를 미지말리 못이라고 불렀다. 미승산 골짜기를 타고 흘러내린 물과 난데골 산개울물들이 겨우내 그 못에서 조우하며 정적을 이루고 있었다. 마을 주위에서 가장 높은 미승산 너머 북쪽은 성주와 칠곡이다. 미승산 정상에는 대가야 시대에 축조된 산성이 있었다. 고려 말 이미숭(李彌崇) 장군이 이 성에 진지를 재구축하고 이성계에게 항거하였으나 실패한 후 순절하였던 곳이다. 전장에서 쓰이던 무기와 시설물들의 저장고로 추정되는 거대한 흙무덤은 필자가 초등학교 시절 이미 도굴꾼들에 의해 반쯤 잘려 있었다. 난데골은 순박한 시골 사람들이 그 골짜기가 여인의 음부를 닮았다고 해서 그렇게 불렀다. 그 골은 왠지 모를 모성적 아늑함이 느껴지는 곳이었다. 미승산과 난데골 사이 안부(鞍部)에는 사람들이 넘나드는 이고개라 불리는 고갯길이 있다. 이 안부를 넘으면 고령 땅이다.

1800년대 입향조께서 36세 젊은 나이로 식솔들을 데리고 칠곡 동명에서 이고개를 넘어 지금의 하빈(河濱) 마을에 정착하시었다. 그 분은 고조부 洛匡 李煥奎시다. 그가 처자식을 데리고 감행한 이주는 무엇인가로부터의 용기 있는 탈출이었는지 모른다. 혈기 왕성하시던 그 젊은이는 아내와 함께 고개 마루에서 저 아래 평원을 내려다보며 원대한 꿈을 꾸었을 것이다. 그는 지금도 이고개 영마루에 누워 한때 그의 자손들이 번창하며 살았던 하빈 마을을 내려다보고 계신다.

못의 오른쪽 위에는 난데골이 내려와 펑퍼짐해지면서 생긴 넓은 구릉지가 펼쳐져 있다. 우리는 그곳을 애만당이라고 불렀다. 아마도 작은 만댕이라는 뜻으로 이름지어졌을 것이다. 사람들은 그 구릉에 화전(火田)을 일구었다. 그곳의 토양은 진한 황토였다. 애만당 밭에는 무, 배추, 고구마, 목화, 고추, 들깨, 참깨 따위가 철철이 바뀌어 가며 한껏 자라고 있었다. 그러나 애만당은 원래 사람들의 땅이 아니었다. 그곳은 민가와 멀리 떨어진 곳으로 도리어 산과 가까웠던 탓에 인간과 다른 별개의 존재자들이 사는 생활터전이었다. 아침에는 꿩이나 산비둘기, 이름 모를 잡새들이 여명의 햇살을 받으며 산에서 내려와 갈퀴발로 흙을 파헤쳤다. 쩌렁쩌렁 난데골을 울리는 장끼(수꿩)의 고함소리나 산비둘기들의 꾸르륵거리는 소리는 인간에게 친숙한 소리가 아니라 야성(野聲)이었다. 들쥐나 너구리 오소리들이 밭을 가로지르며 쫓아다녔고 밭고랑 사이에는 두더지나 억머구리(덩치가 큰

참개구리)가 함께 살았다. 밭 언저리에는 밭을 개간하며 캐낸 자갈들의 무덤이 있었는데 그 돌무덤을 반쯤 덮고 있는 가시덤불 속에는 생각만 해도 소름이 끼치는 까치독사가 몸을 숨기고 있었다. 봄날에는 땅바닥을 기다시피하며 밭두렁에 깔려있는 히얀 땅찔레들이 분 냄새로 기억되는 강한 장미향을 바람에 날려 보냈다. 애만당은 야생과 인간이 만나는 회색지대였다.

저 멀리 미숭산을 정점으로 한 좌우의 산능선이 푸른 하늘을 배경으로 끝없이 이어져 있었다. 그 거대한 파노라마 아래로 눈을 낮추어 보면 애만당과 미지말리 못을 경계로 하여 다랑논(계단식 논)들이 가지런히 정렬되어 내려온다. 논이 끝나는 곳에 가로로 하천이 흘렀다. 그 하천을 건너면 민가들이 낮은 뒷산 자락을 등지고 모여 있었다. 하천 곁에 있는 동네라 하여 하빈리(河濱里)라는 이름지어진 이 시골 마을은 하루 종일 정적에 싸여 있었다. 간간히 들리는 개 짖는 소리와 굴뚝에서 나는 연기가 그곳에 사람들이 살고 있음을 알려주었다. 그 속에서 나는 16살까지 나의 유년기를 보냈다.

아침에는 난데골 능선 위로 붉은 해가 솟아오른다. 애만당 황토밭을 붉게 비추던 그 빛을 나는 잊을 수가 없다. 먼저 햇살의 서광이 왕관처럼 산능선 위 어두운 하늘로 뻗친다. 조금 있다가 섬광이 번쩍하며 밝은 점 하나가 불쑥 솟는다. 너무 밝아 하얗게 보이는 그 빛을 나는 똑바로 볼 수 없었다. 밝고 뜨거운 저 불덩어리는 도대체 어디서 오는 것일까. 붉은 저 태양은 이 땅의 것이 아니었다. 가까운 어디에서 온 것도 아니었다. 아침 해를 볼 때마다 나는 '와아' 하는 감탄과 함께 잠시 멍하니 넋을 잃곤 하였다. 저것이 신이란 게로구나. 그때부터 어린 나에게 신은 눈부시도록 밝고 뜨거움으로 나타났다. 그 태양 빛은 난댓골 꼭대기에서 시작하여 그 아래 애만당과 논들을 비추고 마침내 마을까지 스르르 내려와 밝아오는 아침으로 인간들을 깨웠다.

미지말리 못은 여름에 동네 아이들이 모여 멱을 감고 물장구를 치는 수영장이 되어주었다. 못 한가운데에는 한 평 정도 넓이의 너럭바위 하나가 누워 있었다. 못에 물이 가득 차면 이 바위는 물속으로 잠겨 보이지 않게 된다. 겁도 없이 아이들이 못 한가운데 있을 그 바위를 향하여 어림짐작으로 헤엄쳐 다가간다. 개구리헤엄으로 도착하기에는 꽤 멀다. 너럭바위가 있을 예상 지점에 다다라 몸을 세운다. 발바닥으로 그 바위를 딛고 서면 수위가 턱밑에 이르고 우리는 긴 숨을 내쉬며 쉴 수가 있었다. 혹시나 방향을 잘못 잡아 엉뚱한 곳이 거긴 줄 알고 몸을 세우는 순간 몸은 속절없이 물속으로 가라앉는다. 일단 솟구쳐 오르지만, 그다음 문제는 체력이 고갈되어 더 헤엄을 칠 여력이 없다는 것이다. 아이는 당황하며 바위를 찾으려고 허우적거린다. 안 당해 본 사람은 그 공포를 모를 것이다. 못둑에 서서 새파랗게 질려 허둥대는 아이를 본 형아들은 깔깔대며 웃는다. '물에 빠져 죽는구나' 싶을 때 형아의 손길이 와 닿는다. 형들은 강했고 고마운 존재였다.

또래 중에 좀 모자란 듯한 정구라는 아이가 있었다. 하루는 동무들 여럿이 못에서 멱을 감고 집으로 내려가려는데 정구가 보이지 않았다. 우리 모두는 깜짝 놀라 그의 이름을 부르며 둘러보았으나 정구는 어디에도 없었다. 누군가 소리쳤다.

"일마 이거 물에 빠져 죽은 거 아이가?"

우리는 공포에 사로잡혀 어쩔 줄 몰라 했다. 누군가가 논에 일하던 아재들에게 연락을 했던지 어른들이 서둘러 못둑으로 올라왔다. 그중 나이가 젊은 석대 형이 못에 들어가려고 옷을 훌훌 벗었다. 너무 급하게 서두르다가 바지를 내리는데 팬티까지 훌러덩 내려와 버렸다. 아이들은 흘낏 그의 시커멓고 굵다란 성기를 보았다. 손가락만 한 고추를 달고 있던 우리 눈에 그것은 묵직하니 넝쿨에 매달려 있는 수세미 같았다. 그럴 겨를도 없었지만 모두들 '아' 하고 놀랬다. 그때였다. 건너편 논둑에서 못으로 드리워진 수양버들 밑에서 나뭇가지를 헤집고 정구가 기어 나왔다. 버들잎이 너무 짙어 밖에서는 그 안이 보이지 않았던 것이다.

"이노무 짜슥이, 사람 간 떨어질 뻔 했네."

아재들이 껄껄 웃었고 우리도 '정구야' 하며 달려가 그를 얼싸안았다.

"버들가지 밑에 들어갔다가 깜박 잠이 들었다 아이가."

상구 아재가 석대 형에게 속삭였다.

"자네 물건이 참 실하이."

그 뒤로 온 동네 석대 형아의 물건이 '소곤소곤-히히' 하는 이야깃거리가 되었고 형의 아내 새댁은 얼굴을 붉히며 다녀야 했다.

나는 그 못에서 세련된 폼으로 크롤 헤엄을 치던 청년 아버지의 모습을 본 기억이 있다. 그게 언제였는지 정확하게 생각나지 않지만 기억이 희미한 것으로 보아 아주 어릴 때였을 것이다. 그 수영 방식은 우리들의 개구리헤엄과 달랐다. 아버지는 그 멋진 수영 폼을 어디서 배웠을까? 그게 늘 궁금하였다. 그러다가 선친께서 작고하신 후 유품을 정리하다가 그의 소싯적 흑백 사진첩과 빛이 바랜 상장을 발견하였다. 일본 니시소학교에서 받은 수영대회 사진과 일등 상장이었다. 수영 팬티 차림의 까까머리들 사이에 삐쩍 마른 아버지가 동그란 눈을 하고 서 있었다. 거기 적힌 아버지의 이름은 아오키였다.

나는 자식으로서 늘 아버지의 판박이라고 생각해 왔다. 그러나 이 유품들은 그가 나와 다른 남이었음을 일깨워 주었다. 아버지는 나와 다른 시대에 다른 장소에서 내가 모르던 이름으로 그의 역사 속에 살았던 것이다. 아버지의 아들로서 함께 살았던 내게 이런 아연한 낯섦이 다가오자 아버지를 향한 형언할 수 없는 그리움이 나를 사로잡았다. 아오키라 불리던 여남은 나이의 어린 소년, 사진 속의 그 타자는 새로 발견된 어린 나의 아비지였다.

미지말리 못은 겨울에는 더 재미있는 놀이터가 되어주었다. 기온이 영하로 내려가면 그 못은 단단하고 질 좋은 빙판으로 변했다. 동네 아이들 모두 올라와 거기서 '씨겟또'라는 얼음썰매를 탔다. 씨겟또라는 말은 시골 사람들이 스케이트를 흉내 낸 말일 것이다. 씨겟또는 촌아이들이 코를 훌쩍이며 며칠 걸려 직접 만들었다. 어디에선가 나무판자와 쇠줄을 구한 다음 톱으로 쓸고 망치로 못을 박아 제딴에 근사한 씨겟또 썰매를 만들어 내었다. 엉덩이를 깔고 앉기에 적당한 넓이로 사각 깔판이 조립되고 그 판 밑에 쇠줄이 양쪽에 세로로 고정된다. 쇠줄은 스케이트의 칼날과 같은 역할을 하였다. 얼음판과 접촉하는 쇠줄이 속도를 내는 데 중요한 역할을 한다. 가장 좋은 일등품은 초등학교 창문 도르래 밑에 깔려있는 쇠줄이었다. 그 쇠줄을 훔친 못된 놈들이 분명히 있었을 것이다. 겨울이 오기 전 이 씨겟또 만들기가 그해 우리들의 가장 큰 즐거운 일거리였다. 밤에는 씨겟또를 머리맡에 두고 같이 잠을 잤다. 내 손으로 만든 이 창작물은 신비스러운 나의 일부가 되었다.

첫 얼음이 얼면 아랫담(아랫동네) 웃담(윗동네) 조무래기들이 자기가 만든 씨겟또를 들고 미지말리 못으로 모여들었다. 아이들은 자기가 만든 창작품에 조그마한 깃발을 세우거나 크레용으로 자기 이름과 그림을 새겨 넣기도 하였다. 아이는 씨겟또 널빤지 위에 꿇어앉거나 양반다리로 올라앉는다. 양손에는 끝에 날카로운 못이 박힌 30센티 길이의 막대기가 쥐어진다. 이 짧은 스틱으로 얼음판을 꽂으며 뒤로 밀면 씨겟또는 매우 빠른 속도로 앞으로 미끄러져 나아간다. 범퍼카처럼 서로 충돌을 일으키기도 하고 레이싱도 한다. 손가락이 얼고 굽이가 터지며 피가 배어도 아픈 줄 몰랐다. 못둑에는 코흘리개들의 얼은 손발을 녹이기 위해 모닥불이 피워졌다. 그 겨울은 온통 즐거움과 힘으로 가득 찬 세상의 연속이었다.

이 저수지에는 무섭고도 슬픈 이야기가 하나 있다. 아랫담에 산골댁이란 젊은 부인이 살고 있었다. 나는 그 집 담 밖에서 아주머니의 흐느끼는 소리를 여러 번 들었다. 어떤 때는 대놓고 목 놓아 울기도 했다. 지금 생각해 보니 산골댁은 우울증을 앓고 있었던 것 같았다. 불행은 줄을 서서 온다고 하더니 어느 날 간질을 앓고 있던 산골댁 어린 딸이 갑자기 숨을 거두고 말았다. 산골댁은 실성을 한 듯 몇 날 며칠을 울다가 웃다가 하였다. 억수 장맛비가 연 사흘째 쏟아지고 있던 그해 여름 유달리 번갯불이 훤하던 밤에 산골댁은 몰래 미지말리 못으로 올라가 몸을 던지고 말았다. 다음 날 그녀의 남편이 꺼이꺼이 황소울음을 울며 축 처진 아내의 시신을 등에 업고 마을로 내려왔다. 온 동네 사람들이 주르르 그 뒤를 따랐다. 모두들 "산골댁아, 좋은 데 가거래이, 점냄이(죽은 딸) 만나거래이." 하며 눈물로 그녀를 배웅하였다. 인간의 주검을 처음 본 동네 꼬마들도 무서워서 엉엉 따라 울었다.

지난가을에 무슨 볼일이 있어 고향을 방문한 김에 오는 가랑비를 무릅쓰고 그 못에 올라가 보았다. 물이 빈 못의 바닥은 말라 있었고 너럭바위는 쪼그라진 채 하얗게 누워있었다. 못도 그때만큼 넓지 않았다. 노인이 늙어 왜소해지듯이 못은 볼품없이 작아져 있었다. 못둑에는 무성하게 자란 토끼풀과 철없는 억새들만 가득하였다. 너무나 친근하고 익숙했던 미지말리 못이 왜 이다지도 낯설고 어색해졌는지……. 즐거웠던 그 시절 그 세계가 어디로 사라졌다는 상실감에 나는 슬퍼졌다.

모든 것들이 함께였던 그때의 삶은 활기차고 충만하였다. 무더운 여름 농부들과 아낙네들은 소나기를 맞으며 모를 심었다. 뜨거운 대지 위로 갑자기 쏟아지는 소나기는 회색 먼지와 함께 후덥지근한 대지의 흙냄새를 퍼올렸다. 사람들은 채 연두색도 띠지 못한 노란 어린모를 심으며 "모야, 모야, 노란 모야……."로 시작되는 노래를 불렀다. 어린모가 자라는 데 필요했던 것은 햇빛, 무더위, 풍족한 물, 그리고 농부들이 베푸는 생명의 입김이었다. 그 입김이란 "노란 모"라고 불러주던 사랑의 마음 씀이었다.

미지말리 못은 푹푹 찌는 무더위가 심할 때 그 아래 넓은 들판으로 차고 넘치도록 콸콸콸 시원한 물을 대주었다. 목마른 모들은 그 물에 넉넉히 몸을 적시며 거무스레한 초록색으로 자라났다. 가을이 다가오면 이들은 진주알 같은 나락을 맺고 노란 예복으로 성장(盛裝)하며 마침내 들판에 줄지어 드러눕는다. 황금빛 벌판이 펼쳐지고 살찐 메뚜기들이 그 위를 뛰어다녔다.

못은 그냥 그 시절 그곳을 지키던 눈앞의 정물(靜物)이 아니었다. 미지말리 못은 우리와 함께한 신비적 동체(同體)로서 우리 삶의 일부였으며 마을을 지켜주는 수호신이었다. 실성한 아낙네를 품어 안으면서 그녀를 자유롭게 해주었던 신당으로 애상(哀傷)이 머무는 곳이었다.

비를 맞으며 못둑에 서 있던 나에게 타이르듯 조용한 소리가 들려왔다.

"얘야, 이제 그만…… 내려가 봐, 그만."

나는 그 못 바닥에 누워있는 노현자(老賢者)를 보았다. 아오키를 보았다. 하지만 그때 그 즐겁고 풍만하던 세계는 이제 거기에 없었다.

2부

직선 등반

그해 가을 나뭇잎들이 형형색색으로 물들어 갈 무렵 나, 업, 준 우리 셋은 5만분의 1 산악지도를 꺼내놓고 팔공산 동봉에서 청송 주왕산 정상까지 자를 대고 직선을 그었다. 우리는 직선 등반을 모의하였다. 팔공산과 주왕산을 주어진 길이 아니라 임의의 직선 경로로 우리 발로 잇겠다는 것이었다. 산에 미쳐버린 우리 산쟁이들은 정해진 산길을 따박따박 걷는 것이 싫었다. 지도 위에 그어진 동선을 따라 컴퍼스(나침판)가 지시하는 방향으로 포인트 포인트를 옮기며 전진하는 siege tactics 방식을 생각하였다. 이것은 원래 히말라야 등반에서 캠프 1에서 캠프 2, 캠프 3로 전진하는 공격적 등반방식이다.

우리는 있는 그대로의 자연 속으로 돌입해 보고 싶었다. 길이 아닌 땅을 밟을 것이며 법이 없는 공간에서 숨을 쉬어 볼 것이었다. 두 가지 원칙을 정했다. 지도상에서 지시되는 직선 경로를 고수하되 부득이한 경우에도 좌우 50미터를 벗어나지 말 것. 일몰 시간 한 시간 전에는 그곳이 어떠하더라도 그 자리에서 비박(노숙)할 것. 그렇게 하지 않으면 직선 등반은 의미를 잃고 흐트러지게 될 것이었다.

직선 등반의 취지와 개요에 대해 간단한 브리핑이 끝나자 산악회 회장단 노인네들이 약간의 보조금을 보태주겠다며 물었다.

"편안한 산길을 놔두고 왜 무데뽀로 없는 길로 들어가 생고생을 하려고 하는지?"

"그거 사서 하는 고생 아니오? 위험하기도 하고."

등산 활동에서, 말하자면 아방가르드적 시도로 볼 수도 있을 직선 등반의 의미를 노친네들에게 이해시키기란 불가능하였다. 엉겁결에 내가 대답하였다.

"그것은 산악인들이 평지를 놔두고 힘들게 오르막을 오르려 하는 마음과 같지 싶습니다."

뭔가 말이 하고 싶어 안달이 난 막내가 조급하게 끼어들었다.

"하면 안 될 이유도 없습니다."

"엥? 무슨 소린지 원……."

그 영감님들께서 아마도 무슨 소린지 끝내 몰랐으리라. 어르신들의 산행은 항상 소박하였다. 그들은 하산길 선술집에서 막걸리 한 대접과 빈대떡 한 입으로 그날의 산행은 만족스러웠다.

숲에 들어서자 오리나무 가지에 앉아 있던 잿빛 산비둘기가 조그마한 머리를 갸우뚱하며 날 한번 쳐다보더니 낯선 이방인이 못마땅했던지 푸드덕하고 날아갔다. 숲은 그늘져 있었으며 조용하였다. 너무나 적막하여 푸른 이끼를 타고 떨어지는 물방울 소리까지 들리는 듯하였다. 숲속은 까마득한 태초의 정적을 품고 있었다. 숲속은 시간이 느리거나 거의 정지한 것 같았다. 거기에는 인지할 수 없는 진동들만 있었다. 이런 곳에서는 공간이 고정되므로 존재의 지속성이 더욱 부각된다.

숲은 우리가 사는 세속적 삶의 터전과 전혀 다른 경이로운 자연의 순수 세계였다. 몇 걸음을 들어가자 숲은 생명 그 자체였다. 연둣빛과 초록색으로 어우러진 거대한 숲의 그늘 아래 각기 다른 얼굴을 가진 온갖 존재자들이 한 세계로 어우러져 있었다. 코를 자극하는 강한 냄새를 따라가 보면 산더덕 넝쿨이 감겨있었으며 바위틈에는 초록색 등과 붉은 배를 가진 꽃뱀이 똬리를 틀고 그 속에 대가리를 감추고 있었다. 균형 잡힌 문양에 다채로운 색깔로 치장한 나비인지 나방인지는 개울가 젖은 바위 밑에 붙어 날개를 팔락이고 있었다. 그 아래 웅덩이에는 점박이 초록색 등과 붉은 배를 가진 무당개구리가 눈알을 굴리고 있었으며 넙죽한 돌 밑에 양팔을 치켜든 가재가 엎드려 있었다. 살짝 다가왔다가 지나가는 산바람에는 무슨 향내가 났다. 굵은 나무들은 건강미 넘치는 여인의 형상을 하고 있었다. 미끈하게 쭉 뻗은 굴참나무 등걸은 여인의 맨 허리처럼 튼실하고 관능적이었다. 풀어헤친 나뭇잎들과 펼쳐진 가지들 사이로 강렬한 햇빛이 빗살처럼 비스듬히 뚫고 나왔다. 띄엄띄엄 산새의 은방울 같은 울음이 거기에 얹혀 왔다. 어디선가 부스럭거리는 소리가 정적을 깬다. 화살통을 멘 숲의 여신 아르테미스가 나뭇등걸 뒤에서 날 훔쳐보고 있었다. 발밑에서 도마뱀이 쏜살같이 달아났다. 그 숲들은 온통 나의 아니마상(像)들로 가득 차 있었다.

숲속의 존재자들은 자신들의 힘과 격정으로 살고 있다. 곳곳에서 들리지 않는 두런두런함이 있고 숨어 하는 꼼지락거림이 있으며 이런저런 관계 속에서 서로들 어울려 있다. 그들은 인간의 세계에 오염되지 않은 원시성 그대로 모든 것이 자연스러운 방식으로 펼쳐져 있다. 존재의 숲은 자체의 생기(生氣)로 생성하고 변화한다. 그 생기의 원천은 생명이 가진 근원적인 힘 엘랑 비탈이다. 우리에게 알려져 있지 않은, 이미 주어진 모든 것은 자연에 속한다. 존재하는 모든 것은 자연 안에 있다. 스피노자에게 자연은 모든 존재의 가장 실재적인 자기 원인이므로 자연 그 자체는 신과 다르지 않다. 존재의 진리와 신의 평화가 거기 그 숲에 있었다.

숲속 나무그늘 아래 앉아 있으니 이상하게도 낯선 모든 것들이 이전부터 같이 있어왔던 데자뷔로 친근하게 느껴졌다. 그렇다. 인간들은 아주 예전에 무슨무슨 이유로 숲 밖으로 나가 돌아오지 않고 있지만 원래 인류는 숲속에서 살았으며 그들과 함께 있었던 것이다. 우리는 옛 친구였기 때문에 내가 그들에게 마음을 건네는 순간 그들은 가슴을 열고 내게 다가온다. '우리 함께'라는 교감의 세계가 펼쳐진다. 바깥 세계와 내면의 영혼이 말해지며 어울리는 것이다. 나 자신의 정체가 불확실할 때 숲으로 들어가 그 일부가 되어보라. 전혀 낯설지 않은 고향처럼 느껴질 것이다. 자연은 밖에만 있는 것이 아니다. 인간의 몸도 정신도 자연이다. 자연으로서의 정신은 지어진 외적 의식이 아니라 무의식적 '내적인 몸'이다. 숲은 무의식이다. 우리는 무의식의 존재들이다. 자연과 내가 동화될 때 나는 무한한 순수 자유 속에 있게 된다. 자연은 완벽하며 모든 사물의 근원이다.

풀쐐기가 보호색으로 붙어있는 나뭇잎 뒷면을 조심해야 했다. 벌이 날다가 착륙하는 근처는 바투 다가가지 말아야 한다. 벌떼들의 무차별 독침 공격을 벗어나기에는 이미 때가 늦어버린다. 길이 아닌 숲을 헤치며 앞으로 나아갈 때 열에 한두 걸음은 땅바닥에 깔린 넝쿨에 발목을 잡히기 일쑤였고 얼굴은 수시로 잔가지 회초리를 맞아야 했다. 어느 틈에 옮겨 붙었는지 양쪽 바짓단에는 도둑놈가시가 한가득하였다. 덤불진 관목 사이를 헤집고 그 사이를 빠져 나가기란 여간 어려운 일이 아니었다. 길로 길들여지지 않은 땅은 인간에게 한 걸음조차 쉽지 않았다. 그러나 그곳에 만들어 놓은 규격이나 금지는 없었다. 오직 땅의 역사만 영속하고 있었다.

컴퍼스가 지시하는 대로 가다가 절벽을 만났다. 자일을 풀어 압자일렌으로 하강하였다. 절벽을 이루고 있는 바위 틈새 자주색 도라지꽃이 고개를 내밀고 있었다. 이상하게도 도라지는 바위틈에서 홀로 자란다. 거의 바닥쯤에 내려 왔을 때 벽 쪽에 한 동굴의 입구가 검은 입을 벌리고 있었다. 어릴 때 읽었던 소설이 생각났다. 한 늙은이가 길을 잃고 산을 헤매다가 동굴을 발견하였다. 날이 어두워졌으므로 그는 동굴 속에서 하룻밤을 보내야 했다. 이튿날 아침 그가 깨어났을 때 그는 건장한 젊은이로 변모되어 있었다. 그는 어둠 속에서 태어난 키드르였다. 그가 마을로 내려오자 거기에는 생판 모르는 사람들이 있었다. 그만 바뀐 것이 아니라 온 세상이 다 바뀌어 있었다.

그가 잤던 동굴은 사물을 변형시키는 신비한 마법의 공동(空洞)이었으며 그는 다른 시간대로 편입되었던 것이다.

컴컴하고 비밀스러운 그 굴 안을 들여다보았으나 깊이는 보이지 않았다. 어쩐지 그 굴이 나의 내밀한 영혼, 속이 보이지 않는 무의식의 소굴인 것 같아 자꾸 쳐다보였다. 저 안에 무엇이 들어 있을까. 뽈쥐(박쥐)가 천정에 매달려 있을까? 어쩌면 음흉하거나 징그러운 놈이 있지나 않을까? 가장 깊숙한 막다른 곳에 둥근 광배(光背)를 가진 부처님이 안치되어 있는지도 모른다. 무서워 들어가 볼 용기를 낼 수 없었다. 지금 생각해 보면 그때 그 굴 안으로 한번 들어가 볼걸 하고 후회가 된다. 어쩌면 이전에 이미 누군가가 이 굴 속으로 들어가 본 적이 있었는지 모른다.

팔공산 동봉에서 하루 전진한 거리는 겨우 영천의 어느 한 논바닥까지였다. 저녁 식사를 마친 다음 우리는 논바닥에 슬리핑백을 깔고 그 속에 피곤한 몸을 뉘였다. 누워서 머리만 내밀고 산과 하늘을 바라보았다. 태양이 산 너머로 자취를 감추려 하고 있었다. 한낮의 밝음이 황혼의 붉음을 거쳐 서서히 어둠으로 바뀌고 있었다. 검은 산 등성이에 나무들이 하늘을 배경으로 줄지어 서 있었다. 마치 야수의 잔등에 난 잔털처럼 보였다. 그 흑백 행렬들은 점차 어둠 속으로 사라지고 마침내 대지와 하늘은 캄캄한 하나가 되었다. 밤은 그 무거운 정적과 암흑으로 낮에 펼쳐졌던 형상들을 깨끗이 묻어버린다. 모든 존재자들이 사라진다. 밤은 망각이며 침묵이다.

상념에 젖어든다. 최초에 무한한 카오스가 있었다. 우주의 무질서적 혼돈 상태에는 기계론이나 인과론적인 것이 아니라 내재적인 절대적 필연성의 힘이 지배한다. 시작도 끝도 없는 이 세계는 엄청난 힘을 갖고 있다. 그 에너지의 전체 크기는 엄격히 고정되어 있으며 다만 내부적으로 끊임없이 이동하고 변화한다. 생성과 파괴가 영원히 반복된다.

태초의 카오스에서 밤과 낮이 분리되었다. 카오스의 우주가 차가운 어둠 자체였더라면 밤이 세상의 본래 모습이 아닐까? 빛과 낮은 무엇인가? 밝음과 생동에 찬 낮은 침묵의 우주 질서로부터 잠깐씩 드러나는 사소한 일탈인가? 밤과 낮은 태초의 혼돈에서 무슨 이유로 두 갈래로 갈라졌다. 나눠진 밤과 낮은 서로를 억압하며 자기 발달을 꾀한다. 그러나 상호 견제의 억눌림 속에서도 낮은 밤 속으로, 밤은 낮 속으로 여전히 들어와 있다. 낮은 밤의 흔적을 침묵으로 안고 있으며 밤도 낮의 빛을 다른 얼굴로 포함하고 있다. 밤은 낮의, 낮은 밤의 의미를 가능케 하는 근거가 된다. 밝음에게 어둠이 없다면, 그리고 어둠에게 밝음이 없다면 그 둘은 현존할 수 없다. 어떤 것도 그와 반대되는 것 없이는 존재하지 못한다.

빛과 어둠은 단절되지 않는다. 낮과 밤은 중첩되고 있다. 낮과 밤은 박명(薄明, 여명과 황혼)으로 연결된다. 또한 덜 밝음이 있고 덜 어두운 어둠이 있다. 빛 속에 어둠이 있고 어둠 속에 빛이 있다. 이것이 외부의 힘으로 분열되고 각자로 전개되지 않을 수 없었던 생명이, 그럼에도 불구하고 자신의 본래적 단일성을 유지해 나가는 방식이다. 어둠과 밝음의 중첩과 이음에서 큰 사물이 탄생하고 신이 나타난다. 밤과 낮의 대립과 불균형에도 불구하고 둘을 합쳐 놓고 보면 생명 전체의 완전함을 달성해 가고 있는 것이 된다. 이 세상의 모든 이항 대립은 단순히 대립과 배척의 관계로만 있는 것이 아니라 전체를 위해 상호 보완하는 관계에 있는 것이다. 대립이 전체로 하나가 될 때 생명은 완전해진다. 빛과 어둠은 우주 완전성의 핵심인 본래적 시지지(syzygy)를 형성한다.

밤과 낮이 우리의 몸에 무의식과 의식으로 있다. 어두움이 지배하는 밤은 깊고 비밀스러운 정신의 심층과도 같다. 그곳은 무의식의 침묵과 두려움이 지배하지만 위대한 인간의 본성이 살아 숨 쉬는 곳이다. 무의식의 내용들이 의식의 장으로 흘러드는 것이 꿈이다. 어둠의 밤 무의식은 은밀히 숨겨놓은 그 내용을 빛과 같은 형상의 꿈으로 연출한다. 비밀스러운 그 연극에는 신화가 자유롭게 풀려난다. 꿈은 단순한 환영이 아니다. 꿈은 가공적이거나 가식이 아니며 솔직한 영혼의 표현이다. 꿈의 무대는 현실로부터 억압되고 격리된 것들이 예상치 않게 펼쳐지는(회귀하는) 별난 세계이다. 꿈은 나의 의식이 전혀 모르는, 말로 표현될 수 없는 그지없이 신비로운 실재의 장이다. 그것은 희미한 박명과 같이 알 듯 모를 듯 한 상징으로 나타난다. 꿈의 표상은 중층적 의미상(像)으로서 압축되거나 전치되어 은유나 환유로 나타나기 때문에 난해하다. 그러나 무의식 언어의 의미와 사슬을 따라가면 해석이 가능할 수도 있다. 무의식의 내용인 꿈에서 생명의 아름다움이 탄생하고 예술이 창조된다. 나는 좋은 꿈이든 나쁜 꿈이든 꿈을 꾸고 싶다. 낯설고 무섭기도 하지만 그곳에서 보고 싶은 나의 다른 인격과 무의식의 내용들을 만나고 싶다. 아브라함에게 그의 외아들 이삭을 바치라고 명령한 잔혹한 신 엘로힘을 악몽의 주인공으로 만날 수도 있다. 꿈은 뒤틀린 의식의 상황을 어루만져주기도 하고 장차 일어날 일들을 넌지시 알려주기도 한다. 우리의 일상은 무의식이 지배한다. 우리는 어둠의 자식으로 태어나 빛 속을 산다. 꿈을 연출하는 무의식의 권능은 어마무시하다.

잠이 오는구나. 나의 하느님도 사라지고 나도 곧 사라진다. 이제 남아 있는 것은 외부 시간의 조용한 흐름과 논바닥에 누워있는 나의 실존뿐이다. 모든 것이 가상(假相)에 접어 든다. '찌르르찌르르' 풀벌레 소리를 듣다가 나는 홀로 잠이 들었다.

다음 날 이른 새벽 검은 능선 위로 하늘빛이 희붐할 때 한기를 느끼며 잠에서 깨어났다. 어두움이 밝음으로 서서히 바뀌고 있었다. 사라졌던 산등성이 나무들이 살아나고 하늘이 열렸다. 장마당처럼 여기저기가 부산해지며 한 세계가 다시 펼쳐지기 시작하였다. 장막을 걷듯이 멋진 광명이 산에서 논바닥으로 내려왔다. 밝은 빛이 있기에 나는 세상을 보게 된다. 하느님께서 "빛이 있으라!" 하시며 세상을 밝히셨기에 비로소 세상이 내 눈앞에 존재하게 되었다.

업이 목이 붓고 몸살기가 있었다. 그는 더 이상의 산행을 할 수 없었다. 업은 마을로 내려가 버스를 타고 대구로 돌아가 버렸다. 나와

준 둘만 남았다. 지도에 나타난 다음 주행로는 영천의 어느 산악지대였다. 아침에 펼쳐 본 지도에 '제1지구, 제2지구'라는 해석 곤란한 의문의 글자가 쓰여 있었다. 우리가 돌파해야 할 동선은 의문의 그 지구를 통과하도록 그어졌다. 이게 뭐지? 그 '지구'란 암호 같은 글이 무엇을 지시하는지 알 수 없었다. 경망스럽게도 우리는 그 의문을 무시해 버리기로 하였다. 우리는 다시 숲속으로 뛰어들었다.

자연은 대단히 위압적이고 장엄하였다. 산 넘어 산이 있고 그 뒤에 또 희미한 산들이 무한정으로—한 폭의 산수화처럼—켜켜이 연속되었다. 저 산 너머 어딘가에 주왕이 숨어들었다는 주왕산이 있을 것이었다. 그 지점을 향해 지도상의 등고선과 눈앞에 펼쳐진 지형을 대조 확인하며 바위를 넘고 숲을 헤치며 앞으로 나아갔다. 그 행로는 이미 닦여있는 편안한 길이 아니라 지도가 지시하는 거칠고 낯선 덤불숲과 고르지 않은 땅바닥이었다. 지도는 매우 정확하였다. 실제 지형의 작은 높낮이도 지도에 표시된 등고선과 일치하였다. 조밀한 등고선은 가파른 경사나 절벽을 지시하였고 간격이 넓은 등고선은 완만한 지형을 가리켰다. 온갖 형태의 지형지물들이 다 나타났다. 우리가 돌파하는 길은—어쩌다가 산짐승들이 지나갔을지는 모르겠으나—사람으로서는 첫 발걸음이었을 것이다. 태곳적 이래 누가 여기를 지나가기나 했을까? 우리는 그 미답지(未踏地)에—짐승들이 자기 냄새로 영역을 표시하듯이—사람의 체취를 남겼다.

우리는 우리가 지나가는 궤적을 지도에 붉은 색으로 그어나갔다. 그 지도는 후일 첫 '직선 등반사'의 귀중한 자료가 될 것이었다. 힘들고 지쳤으나 전대미문의 새로운 역사를 만들어 내겠다는 의지와 사명감이 우리의 투지를 다시금 일깨웠다. 물을 마시고 땀을 닦으며 앞으로 앞으로 헤쳐 나갔다.

땀범벅이 눈을 가리던 해거름쯤 우리는 두 손을 허우적거리며 관목숲을 뚫어 나가고 있었다. 갑자기 "정지" 하는 날카로운 소리가 귓전에 부딪쳤다. 깜짝 놀랐다. M-16 소총을 비껴든 군인이 우리 앞에 서 있었다. 고개를 들어보니 눈앞에 군 초소가 있는 게 아닌가! 조금 전까지는 전혀 보이지 않던 지물이었다. 우리는 발아래 땅바닥만 보고 나아갔던 것이었다. 초병은 우리를 위압적으로 내려다보며 따라오라고 손짓하였다. 이 산속에 웬 군인이 있단 말인가. 긴장감과 낭패감을 느끼면서 총을 든 그를 따라가지 않을 수 없었다.

갑자기 탁 트인 넓은 공간에 훈련장과 여러 채의 막사가 보였다. 기겁을 하였다. 거기는 화산이라는 곳으로 모 군부대의 유격 훈련장이었다. 우리는 군작전지역을 침범한 것이었다. 지도에 나와 있던 '지구'란 말이 군 시설의 구획을 뜻하는 은어였다. 우리가 가져온 지도가 '군작전용'으로 제작되었음이 상기되었다. 우리 둘은 자연스러운 산길이 아닌 숲속을 헤치며 군부대에 은밀히 접근하던 괴한들로서 '침입자 이인조'로 바뀌어 있었다. 사실 우리의 행위는 정상적 등산이 아니라 누가 보아도 어떤 임무를 띤 침투의 성격에 가까웠다. 직선 등반이란 우리가 지어낸 용어일 뿐 상식적으로는 이해될 수 없는 수상한 행위였다. 그날 밤 TV 9시 뉴스에 '신원 불명의 괴한 두 명이 모처 군 시설에 은밀히 침투를 시도하다가 우리 초병에 의해 사살되었습니다.'라는 짤막한 보도가 나와도 이상할 게 없을 것이었다.

우리 둘은 군 막사 안으로 끌려 들어갔다. 제일 고참인 듯한 병장이 우리를 힐끔 쳐다보더니 아무 말도 하지 않고 신경질적으로 수동 전화기 핸들을 돌렸다. 호출된 상대방에게 고함을 질렀다.

"야 이 새끼야, 영내로 침입자가 있었는데 네놈들이 놓쳤어. 너거 이노무 새끼들 모두 영창감이야."

제1초소의 초병이 우리를 놓쳤고 우리는 제2초소에서 붙잡혔던 것이었다. 이거 보통 큰일이 아니었다. 호통을 치던 그 병장이 책임 사인 보양이었다. 여기서는 작대기 네 개 병장이 왕 노릇을 하고 있었다. 그는 머리통이 크고 볼이 불룩하였으며 주둥이가 약간 앞으로 돌출한 기묘한 얼굴형을 갖고 있었다. 게다가 머리가 목을 생략하고 어깨에 바로 붙어 있어서 그 상판은 산돼지를 연상케 하였다. 위로 휘어진 눈꼬리에다 가느스름한 그의 눈은 그가 결코 만만한 순덕이가 아님을 예고하고 있었다. 그러나 우리는 그 우스꽝스러운 얼굴을 보아도 우스울 여유가 없을 만큼 겁에 질려 있었다. 산돼지 병장은 마치 자기가 화산 일대 영주인 양 위압적이고 방약무인(傍若無人)한 태도로 군법을 들먹였다.

"당신들은 군작전지역을 무단 침범하였다. 관련 법령에 의거하여 내일 본대로 압송한다. 오늘밤은 인근 민가에 숙박하라. 영내를 이탈하지 마라. 그러면 불상사가 생길 것이다. 이미 인지하였겠지만 이 작전지역 외곽은 이중의 감시 초소로 둘러싸여 있다. 엉뚱한 마음은 먹지 말도록. 장비와 학생증을 일단 압수한다."

산돼지는 우리를 자기 부하 다루듯 하였다.

속으로 부아가 치밀었다. '네놈이 경찰이야? 왜 죄 없는 민간인을 감금하고 협박하는 거야, 일개 군바리 졸병 주제에. 잘 몰라서 이렇게 된 것을 사실 네놈도 알고 있잖아. 〈출입금지, 이곳은 군 작전 지역임〉이란 안내판 하나 정도는 붙여놓았어야 할 거 아니냔 말이다.'라며 대들고 싶은 충동이 일었지만 상황이 상황인지라 참아야 했다. 인간은 항상 상황의 특수성에 주의하여야 한다. 권위와 권력 앞에 한 개인의 저항은—그것이 설사 정당한 것이라도—항상 무기력하며 붙어봐야 일방적으로 깨어지기 마련이다. 그날 나는 오기를 부리지 말고 유리한 현실적 계산에 따라야 했다. "잘못했습니다."라고 사과하며 빌 수밖에 없었다.

아무리 단순하게 생각하려고 해도 사태는 명백하였다. 우리는 군 작전지역을 몰래 침투하려다가 체포된 정체불명의 괴한들로서 군 수사기관으로 이첩될 처지에 놓이게 된 것이었다. 나중에 풀려나기야 하겠지만 이 낭패를 어디서 보상받을 수 있단 말인가? 체포 구금된 우리 둘은 낭패감과 공포감에 사로잡혔다. 인근에는 화전민들이 사는 민가가 서너 집 있었다. 군바리들이 지정한 어느 민가에 들러 그날 밤을 보내야 했다. 특정한 민가를 지정하면서 거기서 숙박하라고 한 것이 좀 수상쩍었다. 그 집은 군인들을 상대로 술, 라면, 빵 등을 파는 조잡한 잡화점이었다. 곰팡이 냄새가 나는 눅눅한 방을 빌려준 주인장에게 이 상황을 설명하고 애원조로 물었다.

"어쩌면 좋겠습니까?"

곰방대를 빨던 영감이 히죽이 웃었다. 영감은 자기들이 군바리들에게 파는 대병 소주를 턱으로 가리켰다. 그날 밤 우리는 커다란 대병 소주 두 병과 꽁치 통조림 몇 통을 위문품으로 그들에게 전하며 다시 한번 정중히 사과하였다. 사과는 주로 준이가 하였다. 그에게는 나도 몰랐던 싹싹 비는 재주가 있었다. 마침내 우리는 '등산객으로서 실수로 길을 잘못 든 우발적 사건'으로 산돼지 병장과 쇼부(결정)를 보았다. 빼앗겼던 학생증도 되돌려받았다. 나는 5만분의 1지도를 꺼내 놓고 그들이 이해 못 할 '직선 등반'을 설명하면서 결코 의도적인 침범이 아니었음을 소명하였다. 산돼지와 그 졸병들은 건성으로 듣는 것 같았다.

"길을 잃으면 길을 찾아 가는 것이 정상인데, 일부러 길 없는 곳으로 등산을 하다니……. 악취미로구먼."

산돼지가 빈정거렸다.

"그러니까 그것은 고전적 등반 방식을 탈피하려는 새롭고도 창의적인 시도로서……."

산돼지는 나의 해명을 중단시킨 다음 훈계를 시작하였다. 우리는 머리를 조아렸지만 건성으로 듣기는 마찬가지였다. 그동안 다른 사병이 압류된 우리 등산장비를 뒤적이더니 군용 나침판과 월남전에 사용되었다는 정글도(刀)를 끄집어내었다. 양키시장에서 비싸게 구입한 미제 나침판과 묵직하고 든든하던 칼은 군용이라는 이유로 압수당하였다. 컴퍼스(나침판) 없이는 더 이상 직선 등반은 불가능하였다.

다음 날 우리 둘은 풀려났다. 자연 속 깊숙이 침잠하여 그들과 동화되고자 했던 직선 등반은 거기서 끝이 나고 말았다. 겨우 이틀 만이었다. 새로운 등반 방식을 개척하려던 기발난 발상이 인간들이 만든 장애물에 의하여 차단당했다는 것이 억울하고 분하였다.

'아, 등산사에 획이 될 만한 우리의 참신한 시도가 개차반이 되고 말았구나……'

어디 가서 말도 못 꺼낼 어처구니없는 실패였다. 큰길 도로까지 내려와 기다렸다가 대구행 시골버스를 탔다. 갑자기 비가 왔다. 차창 유리에 큰 빗물 하나가 탁 소리를 내며 부딪치더니 일직선으로 주르르 흘러내렸다. 저놈의 빗방울이 날 비웃는 건가 위로하는 건가. 젊은 날의 쓰잘데기없는 객기는 그렇게 끝이 나고 말았다.

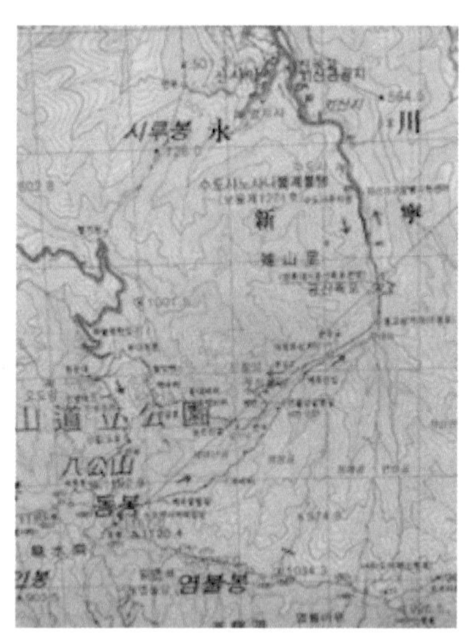

팔공산 동봉에서 청송 주왕산을 향해 그어진 직선 행로.
우리는 이 동선을 따라 기어갈 작은 점이 되고자 했다.

록클라이밍

우리가 평지를 걸을 때 팔은 아무렇게나 해도 좋다. 그것은 320만 년 전 에티오피아 평원을 걸었던 루시 아줌마도 그랬을 것이다. 그러나 기어오를 때는 다르다. 두 손과 두 발을 사용해야 한다. 암벽 등반에 있어서 손으로 잡는 턱을 홀더라 하고 발로 딛는 곳을 스탠스라고 한다. 기어오를 때는 이 네 지지점 가운데 세 곳이 고정되어야 하고 한 곳만 자유롭다. 이 법칙을 어기면 균형을 잃고 떨어질 수도 있다. 오르는 행위는 본능적 충동이 포함되어 있지만 거기에 실수가 따르면 추락한다. 죽을 수도 있다. 죽음을 능가하는 가치는 있을 수 없으므로 죽어서는 안 된다. 그러기에 목숨과 마주하는 작업에 만큼은 실수나 만용이 있을 수 없다. 암벽 등반에는 옵션이 없고 오직 절대만 있다. 우리 삶의 행로에서도 그러한 것이 있듯이 암벽 등반에서도 Iron Clad Rule이 있다. 록클라이머들에게 가장 중요한 철칙은—내가 정한 것이지만—'확실하지 않으면 전진하지 말라'는 것이다. 잘못된 전진에서 후퇴하기란 위험하거나 거의 불가능하며 자칫 건잡을 수 없는 파국으로 치닫게 된다. 아이러니하게도 내가 정한 철칙을 내가 어기면서 나는 지옥의 문 앞을 경험하였다.

영남 알프스의 한 연봉으로서 억산은 운문산 서쪽 능선에 있으며 석골사를 품고 있다. 이 일련의 능선은 밀양과 청도를 남북으로 가른다. 억산 정상에 거대한 암벽이 있다. 우리들이 오르고자 하는 이 등반길은 누군가가 이미 올랐던 기존 루트가 아니라 아마도 인류 최초의 초등길이 될 것이었다. 그 일은 뿌듯하기도 하며 나름 의미도 있을 것이다. 클라이머들은 그 첫 오름을 '처녀 등반' 혹은 '루트 개척'이라고 부른다.

그해 가을 토요일 오후 늦게 우리 네 명이 그 암벽 밑에 도착하였다. 2인 1조로 나눠 각기 다른 루트로 그 암벽을 오를 참이었다. 토요일 오전에 마지막 시험을 치르고 도착한 오후 4시는 등반을 시작하기에는 좀 늦은 시간이었다. 내일 아침에 느긋하게 올라도 될 일이었다. 그러나 처음 대면한 암벽은 너무나 강하게 우리를 유혹하였다. 나는 딱딱하고 거칠며 차가운 벽을 한번 올려다본 다음 업을 자일 파트너로 하여 먼저 오르기 시작하였다. 그것은 사납고 위험한 여체를 살며시 안아보면서 불붙는 성충동처럼 시작되었다.

등반은 순조롭게 진행되었다. 정상까지 거의 십여 미터를 남겨 놓았을 무렵 날이 어두워지고 비가 내리기 시작하였다. 소나기로 변할지 모른다. 탑(top)을 서던 내 마음이 급해졌다. 그 시점에 내가 붙어 있었던 암벽의 윗부분은 볼록한 이마처럼 약간 앞으로 튀어나와 있었다. 내 몸을 뒤로 누이듯 하며 매달려야 하는 암벽 형태를 오버행

(overhang)이라고 부른다. 그곳을 넘어서야 끝이 날 것이었다. 오버행은 "날 넘어 봐."라고 말하며 나를 향하여 상체를 내밀고 있는 듯했다. 내 머리 위에 확실한 홀더가 하나 잡혔다. 그 홀더를 잡고 턱걸이 하듯 몸을 쭉 밀어 올렸다. 상체가 약간 뒤로 젖혀졌다. 언짢고 께름칙한 자세였다. 암벽등반에서 이런 불균형이 있어서는 안 된다. 이 불안정한 전진은 치명적으로 잘못된 선택이었다. 이 오버행만 통과하면 끝날 것 같은데 문제는 그 위에 또 다른 홀더가 반드시 있어 줘야 한다는 것이었다. 오버행 너머에 설마 하나쯤 홀더가 있겠지 하며 한 손을 뻗어 위를 더듬거렸다. 어라? 완전 깨끗하잖아! 거기에는 손톱 하나 박을 만한 홀더도 없이 대머리처럼 완전 매끌매끌하였다. 그때서야 사태가 심상치 않음을 알아차렸다. 상체는 뒤로 젖혀져 있었고 그 젖혀진 상체를 유지하는 힘은 오직 오버행 위를 쓰다듬듯 하고 있던 손바닥 마찰력뿐이었다. 손바닥 힘만으로 나의 몸을 매달기에는 턱없이 부족하였다. 나는 곧 패닉에 빠져들고 말았다. 후퇴하려고 그나마 나의 상체를 지탱해 주던 손을 거둬들이면 바로 떨어진다. 그냥 그대로 있어도 손바닥 힘이 풀려 떨어지게 된다. 꼼짝없이 추락의 덫에 걸려든 것이었다. No way! 설마가 초래한 이 위기, 이제 남은 것은 오직 하나, 떨어질 때까지의 짧은 시간뿐이었다. 그 시간은 나의 시간이 아니라 악마에게 빼앗긴 시간이었다.

파국은 조금도 여유를 주지 않고 바로 일어났다. 떨어짐을 직감한 나는 "앵커!"를 외쳤다. 밑에서 날 확보하던 업이 나중에 전해주기를 자기 생전에 그런 공포에 질린 단말마의 섬찟한 비명을 들어본 적이 없다고 하였다. 앵커(anchor)라는 외침은 밑에 있는 확보자가 자일을 움켜잡아 떨어지는 선등자를 하켄(바위 틈새에 박아둔 쇠못)에 매달리게 해달라는 것이다. 마지막 하켄을 박아둔 곳이 15미터 아래였으므로 내 몸이 성공적으로 확보가 된다하더라도 30미터는 자유낙하를 해야 했다. 30미터 추락은 어디엔가 부딪히면 죽어야 할 높이었다. 확보의 성공 여부가 생사를 가른다. all or none의 기로에서 내가 선택할 수 있는 것은 아무것도 없었다.

밤비 속에 어두운 허공을 가르며 한참을 떨어져 내렸다. 소나기로 뒤덮인 억산의 골짜기에 쨍그랑하는 쇳소리가 울려 퍼졌다. 금속성 굉음은 몸에 달고 있던 하켄과 캐러비너들이 바위에 부딪치며 내는 충돌음이었다. 그와 동시에 우측 발목 부위에서 우두둑하며 으스러지는 강한 충격이 느껴졌다. 나는 눈을 부릅뜨고 무엇인가를 향하여 거칠게 달려들었다. 가차 없이 형을 집행하려는 사신(死神)에 대하여 나는 초인적인 몸부림으로 저항하였다. 밑에서 나의 몸뚱이를 확보를 해주던 후등자에게도 참사가 벌어졌다. 날 확보하던 업은 손바닥으로 자일이 사납게 통과하는 바람에 깊은 화상을 입었다. 요즘은 확보에 여러 장비의 도움을 받지만 그 당시는 몸과 손의 마찰력으로 추락자를 확보해야 했다. 확보자는 선등자에 연결되어 있는 자일을 어깨에서 등 뒤로 대각선으로 감고 왼손과 오른손으로 그 줄을 움켜잡는다. 추락하는 선등자의 자일이 하켄에 걸리는 순간 갑자기 강한 충격이 줄에 가해진다. 확보자는 손에 쥐고 있는 자일을 서서히 움켜잡아 그를 매달리게 한다. 마찰력을 이용하는 이러한 확보 기술을

dynamic belay라고 부른다. 자일이 확보자의 몸을 휘감고 있으므로 그는 줄을 벗어던질 수 없다. 자일로 묶어 놓은 강제 구금이요 죽어도 같이 죽자는 약속을 담보하는 장치였다. 우리 산쟁이들은 이 죽음의 물귀신적 동반관계를 '아름다운 자일 파트너십'이라고 부른다.

나를 살려준 것은 15미터 아래 크랙(바위 사이의 틈새)에 박아 둔 하켄과 확보자 업의 손바닥이었다. 하켄은 차를 매달아도 괜찮을 만큼 튼튼하게 박혀 있었다. 그 현장에서 하켄은 단순한 광물로서의 철(Fe)이 아니었다. 나를 살려준 생명의 구세주는 손가락만 한 그 쇠붙이였다. 평소의 그 똑똑하던 기술이나 잔꾀 따위는 아무런 소용이 없었다. 오로지 패닉에 사로잡힌 죽음의 공포와 거기에 내던져진 몸뚱이가 그 상황을 주도한 유일한 두 주인공이었다.

공포는 야만적인 절대 폭력이다. 거기에 의식이나 감정이 끼어들 틈은 없다. 섬광과 같은 절대 순간이 번쩍하고 지나갈 뿐이다. 짧게 지나간 그 카이로스의 시간에 나는 '하느님'을 찾았다. 부서지지 않고 살아났기에 나는 뜨거운 눈물을 흘리며 무엇인가에게 감사해야만 했다. 그 무엇도 능가할 수 없는 죽음의 공포 앞에 인간의 무기력함을 고백하는 것이다. 가장 무서운 고통은 죽음을 절대로 피할 수 없다는 그 확실성이다. 단두대 밑에 엎드린 사형수의 공포다. 죽기 전 죽는다는 확실성이 지배하는 잠깐의 시간은 모든 것이 정지된 '제로(zero) 순간'이다. 다리가 부러져 오는 통증은 그래도 살아났다는 안도감 앞에, 죽음의 확실성에서 오는 공포에 비하면 아무것도 아니었다. 짧은 전율의 한순간 비록 눈이 뒤집히고 미쳐버렸었지만, 살아남았기에 그 공포는 나에게 가장 소중하고 탐스러운 것이 되었다. 그때의 그 공포는 현실을 초월하여 하느님(죽음)을 대면하는 순간이었다.

그날 밤 야전병원으로 변해버린 텐트 안에서 우리들이 겪어야 했던 고통은 너무나 끔찍했다. 선배 광숙 형은 내가 혹시 뇌를 다쳤나 싶어 손가락 두세 개를 펼쳐 보이며 나의 의식 상태를 점검하였고 업은 화상으로 하얗게 된 손바닥을 움켜지고 밤새 신음하였다. 마요네즈를 발라보았으나 아무런 도움이 되지 않았다. 그칠 줄 모르는 소나기는 밤새 텐트를 우두둑 후려쳤다. 번개가 번쩍였고 천둥이 소리쳤다.

다음 날 부러진 다리에 부목을 대고 나뭇가지로 만든 엉성한 들것에 실려 내려왔다. 남명리 마을길이 보이자 훈이가 먼저 내려가 리어카를 빌려 왔다. 울퉁불퉁한 산길에 리어카가 흔들릴 때마다 가해지는 발목 통증은 이를 악물고 지르는 비명으로 순간순간을 넘겨야 했다.

고개를 들어 멀어져 가는 억산 암벽을 바라보았다. 거기 그 벽은 악마처럼 버티고 앉아 훈족의 아틸라대왕처럼 날 내려다보고 있었다. 그 위엄에 비하면 나에게 일어난 사태는 지극히 사소한 것이었다. 신이 내린 시련인가. 산은 나에게 어떤 변환을 계시하고 있었다. 아마도 과장된 열정과 영웅적 허영심에서 뒤로 물러설 것을 신탁하는 것이었으리라. 리어카에 실려 가는 나를 보고 웬 동네 할머니가

“아이고, 아이고.” 하고 울면서 한참 따라왔다.

석골사 납골당의 총각귀신이 될 뻔했던 이 사건은 내 가슴 깊이 씁쓸한 상흔으로 남아 있다. 이 글은 그날을 회상하며 먼저 간 나의 영원한 자일 파트너 본업에게 건네는 한담(閑談)이다. 업이 술을 마시다가 깊은 잠에 빠져든 이유를 아직도 나는 모른다.

왜 오르려고 하는가?

아득한 옛날 유년기 인간은 나무 위에 살던 원숭이와 유인원의 공동 조상으로부터 기원하였다. 그 뒤로 인류의 씨앗은 유인원의 계통을 타고 장구한 세월 동안 진화를 거듭하며 점차 그들과 다른 종이 되었지만 아직도 우리 인간들에게는 자세와 행동에서 여타 유인원과 유사한 점이 남아 있다. 그들의 행동 습성은 두 팔로 나뭇가지를 번갈아 잡으며 건너뛰기를 하거나 두 손 두 발로 기어오르는 것이다. 침팬지나 고릴라, 오랑우탄과 같은 유인원류의 DNA는 98%가 사람의 그것과 같다. 다른 동물들과 완전히 구분되는 현생 인류의 탄생은 240만 년 전이었다. 우연히 불을 피울 줄 알게 된 우리 조상들은 고기를 구워먹기 시작하였고 그 덕분에 뇌가 발달하였다. 우리의 직계조상으로 '생각할 줄 아는 슬기로운 사람, Homo sapiens'는 지금으로부터 겨우 30만 년 전에 나타났다.

8천만 년의 장구한 세월 동안 산야를 돌아다니며 수렵과 채집으로 살아오던 고생 인류들은 불과 1만여 년 전에서야 한곳에 정착하며 농경생활을 시작하였던 것으로 추정된다. 이후부터 인류는 더 이상 건너뛰기나 오르는 데에는 관심이 없어졌고 팔과 다리의 용도도 달라졌다. 그러나 오르고 건너뛰는 본성이 그렇게 쉽게 사라질 리 없다. 갓 태어난 젖먹이도 높은 데가 있으면 본능적으로 기어오르려고 한다. 어린이 놀이터에 가면 유인원들이 좋아할 법한 두 발 두 손으로 기어오르거나 건너뛰기 흉내를 낼 수 있는 놀이기구가 있다. 오르려는 본성은 인류가 반성하는 의식을 발전시키기 훨씬 전 8천만 년 동안 지녀온 고태적 행동 유형인 것이다. 우리 인간들이 신체적으로 정신적으로 고대 원시시대 조상들의 행태를 벗어나기에는 아직 이르다.

오늘날 오르는 행동은 특별한 경우가 아니면 그 자체가 금지되었다. 위험하기 때문이다. 잘못하면 떨어져 죽을 수도 있다. 위험해진 이유는 오를 필요가 없어짐으로써 오르는 기술이 퇴화하고 미숙하게 되었기 때문이다. 아득한 우리의 옛 조상들에게 오르는 행동은 평지를 걷는 것보다 더 쉬웠겠지만 지금의 우리에게 오르는 행위에는 공포가 따르며 용기가 필요하다.

위험한 일을 감행하는 것은 공포의 경험과 극복이다. 공포는 폭력이며 우리를 무시한다. 그러나 공포가 있기에 우리에게 어떤 의미가 주어진다. 그 공포는 극단일 뿐이지만 공포를 피하는 일은 우리 자신을 피하는 일이다. 인간으로서 우리는 그저 두려워하기만 하는 겁쟁이로 존재하지 않는다. 우리는 그 금기의 경계를 뛰어넘어 공포에 대항하고 그것을 극복하고 그것을 능가하고 싶다. 범속성 너머로 우리는 어떤 고뇌에 찬 진실을, 그것을 극복하려는 담대하고 웅장한 욕망을 가진다. 왜냐하면 금기 너머에는 범상치 않은 무엇이 있을 것이기 때문이다. 그 모험은 어리석음이나 무모함이 아니라 원래를 찾으려는 오기이며 용기이다. 살아 꿈틀거림의 존재 확인이다. 그래야만 나는 나를 긍정할 수 있다. '오르려 함'은 날 필요가 없거나 날기를 포기한 어떤 조류가 퇴화되어 초라해진 자신의 날개를 파닥거려 보는 회귀본능적 욕망이랄까. 석기시대의 반(半)동물적인 조상들과의 퇴행적인 동일시는 생명력을 강화하는 효과를 낳는다(C. 융). 니체에 의하면, 인간에게는 자기 상승을 위한 힘의 강화라는 자연 본능이 있다. 벌거벗은 유인원이 되어 보고 싶은 별난 사람들이 있기 마련이다. 그 유인원에게는 보잘것없는 미개성만 있는 것이 아니다.

인간은 근본적으로 마조히스트적이고 강박적이다. 의식이 만족해하는 쾌락은 보편성 안의 안도감과 편안함이지만, 무의식은 괴롭게도 고통과 결여를 요구한다. 불만족을 욕망한다는 말이다. 그것은 무의식이 요구하는 쾌락은 공포나 고통 그리고 결여에 연동(連動)하기 때문이다. 모험가들은 기꺼이 위험을 감수하고 순간을 즐긴다. 그것이 그들에게는 충만한 삶이 된다. 모험, 즉 공포에로의 접근과 극복은 숭고한 쾌락이라는 보상이 따른다. 공포가 크면 클수록 거기에서 얻어지는 쾌감도 크다. 긴장을 낮춤으로써 얻어지는 쾌락과는 질적으로 다르다. 모험의 끝에는 무한한 가능성과 풍요가 있거나 반대로 비참해지거나 파국에 빠질 가능성도 있다. 쾌(快)이든 비참이든 거기에는 범접할 수 없는 탈진과 극단이 있다. 그 극단을 극복함으로써 격렬한 기쁨을 얻으려는 시도들이 있다. 죽을지도 모르는 이 아슬아슬함에 접근하려는 욕망을 정신심리학자들은 죽음충동(thanatos)이라 하였으며 죽음의 우연성에 다가가는 스릴(快)에서 얻어지는 향유를 라캉은 주이상스라고 불렀다. 입이 거친 사람들은 록클라이머들을 보고 미친놈들이라고 부른다. 그러나 욕하는 그들은 미침의 미학을 모른다. 열정과 용기로 공포를 극복하는 모험은 분명 미친 짓이지만 미치지 않는 존재함은 가치가 없다. 죽음에 접근하는 행동과 도전, 거기서 얻어지는 힘과 존재감 외에 그 무엇이 삶을 정당화한단 말인가? 죽음도 마다하지 않을 유혹의 대상은 그 자체로 숭고한 것이며 주이상스를 선사한다.

높은 암벽은 우리와 아무런 관계 없이 거기에 있다. 나는 저 무심한 부동성(不動性)의 암벽과 다른 현존재다. 나는 움직일 수 있기 때문에 '어디'라는 공산 감각을 획득하고 또 움직임으로써 얻어지는 차이와 변화의 흐름으로 순간순간이라는 시간성을 이어 가진다. 그리하여 나에게 공간 감각과 시간이라는 대자적 실존의 좌표가 주어진다. 우리 모두는 시공간의 연속성에 맞추어 이러저러한 연쇄와 사슬 속의 현재를 움직임으로써 살아 있다. 그 사는 내용이 의지적이고 창조적인 행동이어야 하지 않겠는가?

전사(戰士)

내가 차가운 암벽에 몸을 붙이면 무심하던 바위는 갑자기 공룡처럼 살아 숨 쉬면서 공포의 상대이자 동료가 된다. 그리하여 너는 나에게 어떤 의미를 건네고 영향력을 주는, 우리라는 회색 존재로 관계지어진다. 이제 우리는 함께 무엇을 이루어 낼 참이다.

아버지 용서하세요. 나는 아버지의 법을 어기고 이 암벽을 오르려고 합니다. 나는 여기서 무언가를 찾아야 해요.

나를 옥죄는 저 으스스한 불안이라는 공기는 도대체 어디서 오는 것인가. 나는 의지(意志)한다. 나는 어둠보다 밝음이 좋다. 움츠러듦보다 뛰쳐나감이 좋다. 내 스스로 올라와 만든 밝음의 세계에 나는 집중한다. 이것이 몽매한 꿈이거나 가상이여도 좋다. 당신들은 이런 특별한 공간에 들어와 본 적이 없을 것이다. 다른 무엇과 관련 없이 나 스스로 만들어 나가고 내가 책임지는 이 꿈의 공간을 나는 사랑한다. 그곳에서 나는 형언할 수 없는 자유와 힘의 충만감을 느낀다. 그곳은 나의 참존재가 현시(顯示)되는 현장이기도 하다. 만족할 줄 모르는 욕망은 결여를 전재로 한다. 결여를 메우려는 이 힘에의 의지는 '존재의 가장 내적인 본성'이다(F. 니체). 생성 변화하는 것만이 살아 있는 존재다. 그것은 힘과 의지로 이루어지는 생기(生氣)다. 나는 나를 지배하고 극복하며 더 강해지기를 바랐다. 그래야만 나를 나로 알 것 같았다.

암벽을 오르면 나만의 특별한 영역이 주어진다. 그 안에서 내가 붙잡고 만지며 기어오를 나의 공간이 만들어진다. 그 공간은 세상과 격리된 나만의 고독한 장이다. 저 아래 세계로부터의 그 어떤 무엇도 여기서는 이유를 잃어버린다. 모든 심적 물적 예속관계를 떠난 그 공간에는 자유 의지와 도전의 긴장만이 존재한다. 나는 그 시간 그 공간에 절대적으로 존재한다. 그러므로 그 공간은 어떤 크기를 떠나 무한성을 가진다. 나의 세계, 나의 시간, 고립과 고독 속에 나는 긴장하며 전열(戰列)에 나선 로마 전사처럼 흥분과 자신감이 충일한다. 그 확신은 힘과 의지의 결정(結晶)이다. 그것은 너희들이 준 시간과 공간이 아니라 내가 만든 나의 상황이요 나만의 새로운 세계이다. 암벽등반에는 위험과 고통이 따른다. 고통은 힘의 추구 과정에서 나타나는 필연적 과정이다. 삶은 힘을 추구하며 공포의 극복과 고통에는 자기 강화의 기쁨이 따른다. 그 힘 안에서 나는 형언할 수 없는 오르가즘의 핵이 된다. 누구 말마따나 나를 파괴하지 못하는 능동성의 고통은 나를 더욱 강하게 만든다. 전선(戰線)없는 전장(戰場)에서 나는 승리하리라. 승리의 엑스타시를 느낄 때 나는 충만한 생명감을 경험한다. 나는 나 스스로 영웅이 된다.

낯선 도시의 풍경

산타 바바라에서 만난 고함쟁이 아저씨

반바지 차림에 백팩을 맨 거북이목의 아저씨다. 온 거리가 쩌렁쩌렁 울리게 고함을 지르며 바삐 걷고 있다. 그의 반대머리에는 벙거지가 씌워져 있었다.

"여기 누구 나 아는 놈 없어? 응? #$%@……."

딸이 번역해 준 그 고함의 내용은

"이거 어쩔 거야? 이 사태를 어떻게 해결할 거야, 아앙!"

하는 그런 내용이었다. 분노로 가득 찬 광기 서린 외침이었다. 무엇인가가 잘못된 것에 대한 항의와 절규요 불안이다. 무엇이 그를 이토록 광분케 하였을까? 무엇을 찾고 있는 것일까? 길거리 쓰레기통을 발로 걷어차면서 생수 한 병을 벌컥벌컥 마신다. 수고가 많으시다.

식당 주인이 말해 주었다. 저 사람은 정신과 의사가 '위험하지 않음'을 보증하였으며 고함지르기가 그나마 그의 긴장을 풀어주는 유일한 최선책이므로 그냥 놔두라고 했단다. 정해진 시간에 정해진 코스로 그의 외침이 지나간다고 하였다. 때맞춰 성당 종소리가 울려 퍼진다. 모두들 숙연해진다. 아저씨가 지르는 그 간절한 메시지는 아무도 들으려고 하지 않는다. 인간들은 사람의 소리보다 하늘의 소리를 더 듣고 싶어 한다.

우리 아파트에 사시던 치매기가 다분한 할머니는 하루 종일 아무 집이나 찾아가 초인종을 누르고 문을 두드리면서 "모두 다 어디 갔노. 와 이리 조용하노?" 하셨다. 할머니가 애타게 찾고 있는 것은 무엇이었을까?

팔로알토 거리를 뛰는 마리아

레깅스에 챙이 긴 모자를 쓴 여인이 조깅을 하며 달려온다. 날씬한 몸매에 무릎 쿠션으로 달리는 폼이 아마추어가 아니다. 길거리 아가씨의 친절한 설명에 의하면 저분은 안나 마리아 할머니로서 틈만 나면, 아니 거의 하루 종일 달린다고 하였다. 의사는 그녀를 정신병 환자로 분류하였다.

어느 가수가 부르던 「Keep on Running」이란 노래 가사의 말은 이러하다.

어느 멋진 날 나는 당신을 이해시키는 사람이 될 거예요. 당신의 사람이 되고 말겠어요.

나는 그녀의 주름진 얼굴에서 넉넉하고 해맑은 미소를 보았다. 그 주름도 같이 웃고 있었다. 아름다웠다. 삭막한 팔로알토에 바람을 몰고 다니는 그녀는 아네모네를 닮았다. 누군가가 달콤한 초콜릿을 건네주며 그녀를 안아 주어야 할 것이었다.

솔뱅에서 만난 디오니소스

식당에서 점심 식사를 하고 밖을 나서는데 굵은 목소리의 합창이 들려온다. 맨 앞에 대머리가 서 있고 그 뒤로 크고 작은 오합지졸 잡색 인간들이 따르고 있었다. 낮술을 한 모양이었다. 그것도 독한 놈으로다 여러 잔을. 대머리가 가까이 다가오더니 갑자기 내 앞에 딱 멈춰 서서 공손히 고개를 숙이고는 빙그레 웃는다. 그것은 낯선 이방인에 건네는 친교의 요청이었다.

"곤니찌와."

그가 나를 안아준다. 진한 술 냄새가 났으나 불쾌하지 않았다. 엉겁결에 나도 그의 허리에 손을 감았다. 답례를 하고 싶었지만 나는 그의 언어를 몰랐다. 나의 어깨를 토닥이고 그는 다시 노래를 부르며 지나간다. 대머리의 선창에 조무래기들의 후렴이 뒤따랐다. 응원가 같기도 하고 노동요 같기도 하였다. 그들은 디오니소스와 그를 따르는 졸개 사티로스들이었다. 갑자기 나도 그 패거리들을 따라가고 싶었다.

어릴 때 소풍을 가며 불렀던 노래가 떠오른다.

날아라 새들아 푸른 하늘을,
달려라 냇물아 푸른 들판을…….

즐거웠던 그 시절이 그들을 따라다녔다.

스탠퍼드의 퇴역들

종려나무 가로수가 양편으로 길게 늘어선 포도(鋪道)를 달려 스탠퍼드대학교 캠퍼스로 들어섰다. 딸이 근무하는 이층 연구실에 앉아서 밖을 내려다보았다. 저만치 떨어진 나뭇가지 밑 벤치에 허름한 옷차림의 한 노인이 양팔을 의자에 걸치고 졸고 있었다. 헝클어진 백발 머리칼에 불룩한 배가 밖으로 삐져나와 있었다. 행색을 보아 홈리스가 아니면 며느리 눈치 보느라고 집나온 노친네 같았다. 그때 저쪽에서 웬 젊은이가 어기적거리며 걸어오다가 이 노인을 발견하고는 그 앞에 와서 꾸벅 절을 하였다. 그러나 노인은 본체만체한다. 예를 마친 그 젊은이가 우리 쪽으로 다가오는데 얼굴이 매련도 없다. 얼이 빠진 채 고정된 눈을 가진 그는 사이보그의 얼굴을 하고 있었다. 딸이 설명한다. 저 노인은 경제학과에서 이름을 날리다 은퇴한 교수로서 노벨 프라이저이고 쟤는 같은 학과에서 박사 학위 과정의 대학원생이 틀림없을 것이라고 하였다. 젊은이는 여전히 이상해 보이는 걸음걸이로 건물 속 어두운 곳으로 사라졌다.

저 멀리서 자전거 한 대가 철거덕거리며 다가온다. 캡을 쓴 왜소한 체구의 노인이 열심히 페달질을 하고 있었다. 그가 타고 있는 자전거는 어린이용 세발자전거처럼 나지막한 안장을 하고 있어서 핸들을 잡은 양손은 거의 어깨 높이였고 아래위로 열심히 움직이는 무릎은 거의 가슴께까지 오르내렸다. 가까이 다가오자 그의 면상이 드러난다. 퀭한 눈에 형형한 눈빛이 반짝였다. 치아가 닳았는지 입 주위 볼은 합죽하였다. 볼록한 이마에다 깡마른 얼굴로 보아 무척 까탈스러울 것 같은 영감이었다. 그가 우리 맞은편 건물의 현관문 앞에 당도하자—노련한 선장이 부두에 배를 접안시키듯—정확히 무릎 높이의 난간 곁에 자전거를 갖다 대었다. 그러자 어디에서 기다렸다는 듯이 조교로 추정되는 학생이 쪼르르 쫓아 나와 그 노인을 거의 안다시피 하며 자전거에서 내려준다.

"저게 뭐 하는 짓이냐?"

"저 교수님은 너무 노쇠하신 관계로 골반이 시원찮아서……. 안아 내려주는 거예요. 내릴 때 골반이 잘못 뒤틀리면 문제가 되겠지요."

그 역시 은퇴한 물리학과 교수로서 캠퍼스를 떠나지 않고 작은 연구실을 하나 빌려 출근을 하고 있었다. 컨퍼런스가 열리면 그 노교수는 신이 난다. 제일 활발하게 발언을 한단다. 반박질로 후배들을 쩔쩔매게 하는 재미로 사시는 분이라고 딸이 킬킬거렸다. 늙음이나 죽음에 개의치 않는 이 퇴역들은 그들의 이마에 영광스럽게 새겨진 학문적 성취 외에 더 치장할 허영은 없었다. 복받은 인생들이었다.

학교 성당을 가보았다. 문은 개방되어 있었고 주중이라 안은 조용하였다. 내부는 생각보다 꽤 넓었다. 연단 바닥에는 모자이크로 된 커다란 도안이 그려져 있었다. 그 도안은 둥근 동심원과 그 안에 사각형으로 이루어진 만다라였다.

한 여학생이 망아지경에 빠진 듯 두 손을 가슴에 모으고 자신의 절대적 자아를 그리워하며 한 걸음 한 걸음 원을 따라 가다 서다를 반복하고 있었다. 그녀는 만다라로부터 위무(慰撫)를 받고 있는 듯 행복해 보였다. 거기서 그녀는 자신을 훨씬 위대한 어떤 것의 일부로 느끼고 있었다. 어쩌면 신과의 성스러운 교감에 젖어들고 있는지 몰랐다. 소녀여, 그대 우주 인간이 되고 싶은가. 나는 숨죽여 그녀를 위해 기도하였다.

돌아오는 차 안에서 딸이 우울한 이야기를 들려준다. 해마다 네댓 명의 학부생들이 살아가야 할 의미와 가치를 잃고 무언가에게 자기를 양보하며 스스로 목숨을 끊는다고, 그 천재들이.

몰도바의 Voronet Monastery 천장에 그려져 있는 만다라.
전체로서의 자기(self)는 만다라라는 상징으로 나타난다. 동심원의 안쪽 원은 나의 작은 정신세계이며 바깥의 큰 원은 우주인간으로서의 위대한 정신 자체를 상징한다. 만다라는 이 두 정신세계의 통합을 의미한다. 내부 원 안에 있는 사각형의 각 지점은—칼 융의 분석심리학에 의하면—인간 정신의 네 가지 유형, 즉 사고, 감정, 감각, 그리고 직관의 방위를 지시하는 것 같다. 만다라의 중앙에는 영원한 어머니 아니마(기독교에서는 성모 마리아)가 자리한다. 어머니는 아이의 첫 세계이며 어른의 마지막 세계이다. 만다라는 어느 시대 어느 지역 어느 종교도 관통한다. 만다라가 표상하는 자기는 집단 무의식의 원형으로서 인류 공통의 영혼의 고향이기 때문이다.

두 할아버지

추석 명절 연휴 앞뒤 며칠을 더 보태어 아내와 함께 베트남 하롱베이 패키지여행에 합류하였다. 일행 중에 서로 대비되는 독특한 캐릭터의 두 할아버지를 만났다. 한 분은 서울서 오신 분으로—자기 스스로 하는 소개에 의하면—흥남 철수 때 내려온 실향민으로서 철물상을 하며 각고의 노력 끝에 꽤 많은 돈을 모았다고 하였다. 같이 오신 할머니가 거든다. 이 이는 젊은 시절 허구한 날 리어카를 끌고 다니며 온갖 고장 난 기계를 수집하여 그것들을 해부하는 일로 한평생을 보냈다고 하였다. 라디오, 냉장고, 에어컨, 오토바이, 컴프레서, 양수기, 발동기 등 닥치는 대로 해체와 조립을 반복하였다. 그러다 보니 기계의 구조 이해와 수리에 도를 통했다. 다른 기술자들이 못 쓴다고 폐기처분하라는 어떤 기계도 이 영감님은 수리해 내었다. 할머니는 영감님을 피노키오 마술쟁이라고 하였다. 시대를 잘 만났으면 에디슨 박사가 되었을 것이라고 추켜세웠다. 고철로 내놓은 정미소 발동기도 할아버지의 손길을 거치면 반나절 만에 검은 연기를 토하며 살아났다. '치익, 칙칙~' 하다가 '털, 털, 털'거리며 둥근 휠이 돌아가자 할아버지는 희열을 느끼며 마치 기도하는 사람처럼 한동안 숙연해하더라고 하였다. 그에게 고장 난 기계를 고치는 일은 죽은 사람을 되살리는 소생술과도 같았는지 모른다. 이런 내용을 이야기하던 할머니가 잠깐 말을 멈추었다. 전율을 불러일으키는 마음의 깊은 상처는 말을 가로막는다. 내 추측에 할아버지는 흥남철수 때 심각한 어떤 정신적 트라우마를 받았던 게 아닌가 싶었다. 문제는 이 흥남 할아버지가 술을 너무 좋아한다는 것이었다.

또 한 분은 진주서 오신 할아버지로 은퇴한 비뇨기과 의사였다. 그의 얼굴에는 근심이 한가득하고 자주 입술 언저리로 침을 흘리시며 늘 울상을 지었다. 한마디로 세상 모든 걱정거리를 혼자 짊어지시다가 폭삭 삭아버린 분이셨다. 그는 항상 '돈 없음'에 대한 불안에 휩싸여 있었다. 아무하고도 대화하려 하지 않았으며 구석진 곳에서 꾸벅꾸벅 졸기도 하였다.

흥남 할아버지는 식사 때마다 고구마 맛이 나는 베트남 소주를 맥주 글라스로 서너 잔 연거푸 따라 마신다. 할머니가 뜨뜻한 국물을 갖다 권했지만 아랑곳하지 않고 한꺼번에 원샷이다. 취기가 올라 불콰해진 얼굴에 카랑카랑한 목소리로 이야기가 늘어진다. 주로 흥남 부두 철수 때 당했던 고초와 참상에 관한 이야기였다. 세상을 향해 스스로 묻고 스스로 답하는 사설은 들을 만했다. 놀랍게도 영감님은 변증법적 대화술을 구사하고 있었다. 어찌 보면 민족상잔의 참상에 대한 신랄하고 비장한 서사시처럼 들렸다. 그것은 그가 직접 경험한 살아있는 실제 상황이었다. 박치기로 상대를 제압하고 죽을 위기를 모면했다는 무용담도 나왔다. 회상 도중에 감정이 북받치면 잠시 말을 멈추고 침묵하다 소주 글라스를 들이킨다. 할머니가 얼른 안줏거리를 젓가락으로 집어 내밀었지만 영감님은 손으로 치워버린다. 그러다가 갑자기 높은 목소리로 외쳤다.

“우리 마누라 예쁘죠?”

그러면서 늙은 할머니의 양귀를 잡고 조글조글한 볼에 쪽쪽 입을 맞춘다. 자그마한 체구에 얌전한 할머니.

“왜 이래요. 남사스럽게.”

급 당황하며 할머니가 얼굴을 빼내려고 하였지만 놔주지를 않는다. 그 뒤로도 수시로 특히 술잔을 들다 말고 할머니를 어깨 팔로 가

두고는 쪽쪽 입을 맞추며

"우리 마누라 예쁘죠? 그죠?"

정말 예뻐 죽겠다는 듯이 입을 맞췄다. 할머니는 포기하셨는지 그냥 내버려두었다.

"돈이 없다. 돈이……."

은퇴 의사 할아버지는 울상이 되며 가이드에게 하소연하였다.

"병원하시면서 돈을 좀 모아두지 그랬어요?"

"돈이야 많이 벌었지……. 그런데 암매도(아마도) 저 할마이가 어디 꽁쳐놓았지(숨겨두었지) 싶은네, 노대체 돈을 안 내놓는다."

사나운 눈으로 마누라 할머니를 노려보았지만 관음보살처럼 눈을 지그시 감고 입을 일자로 다문 사모님께서는 꿈쩍도 안 하고 못 들은 체하였다.

"우야마(어쩌면) 좋노. 돈이 없다. 돈이……."

하루 종일 돈 없음을 걱정하였다.

두 노인은 주변 풍광이나 뱃놀이에는 별 관심이 없었다. 한 분은 술 마시기와 예쁜 마누라 자랑하기, 한 분은 하루 종일 '돈 걱정'을 반복하였다. 이상하게도 두 할아버지는 서로 친하지 않고 인사말 한 마디도 건네지 않았다. 어깨 너머로 흘낏 쳐다보았을지는 몰라도—내가 관찰한 바로는—여행이 끝나는 날까지 서로 남이었다.

노인이 되면 일상세계에 대한 관심이 떨어진다. 사람과 사람과의 관계나 세상만사 희로애락으로부터 차츰 멀어지고 초인간적인 상태로 넘어간다. 감정이 메말라지면서 점차 무기물화되어 가는 이러한 변화는 노인 됨에 따라 자연스럽게 일어나는 정신적 퇴행의 과정이다. 노인들은 신체적 노화와 더불어 엄습하는 죽음에 대한 불안에 포위되기 시작한다. 식사보다 복용하는 약이 더 많아지는 건강 염려쟁이가 되거나 반대로 망상적 자아 팽창에 빠져들어 기고만장 고집불통 땡영감이 되기도 한다. 내적 변화가 성숙으로 방향을 잡으면 산신령 같은 노현자(老賢者)가 될 수도 있지만 그런 경우는 드물다.

흥남 할아버지는 빈대머리로 두상이 컸으며 얼굴은 붉고 눈은 부리부리하였다. 항상 뭘 찾고 있는 그런 눈빛이었다. 이런 호랑이상의 인간은 권력 지향형으로 남을 지배하려거나 비타협적 고집쟁이인 수가 대부분이다. 나는 두 부부를 유심히 살펴보았다. 흥남 할아버지 내외는 기념품 가게 안에서는 서로 따로 다녔다. 어떤 때는 할머니가 가게를 나올 때까지 할아버지는 가게 밖 벤치에 앉아 기다려 주었다. 할머니가 알록달록한 기념품을 하나 사 들고 와서 영감님께 자랑하듯 보여주면 "그게 그렇게 예뻐?" 하였다. '뭐 하려고 샀느냐, 얼마 주고 샀느냐'라는 다그침이나 '쓰잘데기없는 것을 샀네'라는 핀잔 따위는 없었다. 나이 많은 이 노부부는 나에게 강한 인상을 주었다. 서로 개인적인 독립성을 인정해 주고 상대를 소유하고 있다는 느낌이 전혀 없었다. 그들 사이는 인간적 존경으로 매우 안정적이었으며 다정해 보였다. 부부간이나 연인 간에 찰떡궁합 일심동체라는 허울 좋은 일치감은 분란을 일으키게 하는 첫걸음이다. 겉으로 다정해 보이는 부부는 아예 자신을 포기했거나 할 말을 억누르고 있는 은폐된 불만 상태다. 자신을 포기하거나 억압함으로 인하여 생길 긴장이나 소외에 대한 두려움 때문에 더 강한 일치감을 끝없이 안달하며 요구한다. 그러한 불안정 상태에서는 상대에 대한 배려나 애정의 여유로움이 있을 수 없다. 차라리 적당한 거리로 떨어져 있을 때 상대가 아름다워 보이는 법이다.

전통시장의 한 측석 구잇집 앞에 앉아 뭘 잡숫고 있던 진주 여사께서 지나가는 흥남 할아버지에게 짧게 한마디 던졌다.

"보소 보소, 이거 잡사(삽숴) 봐. 묵을 만하구만."

여태 말 한마디 섞지 않던 진주 할머니가 놀랍게도 흥남 할아버지를 어릴 적 친한 동네 머슴아 다루듯 하였다. '쪼글쪼글한 할마이 볼태기만 빨지 말고 이 어묵 맛 좀 보라니깐' 하는, 그것은 투박하고 무례하지만 직선적인 경상도식 사교술이었다. 돈 타령 진주 영감탱이는 어디에 계시는지 보이지도 않았다.

북에서 오신 할아버지는 하노이 시내에 있는 민족의 영웅 호지명의 동상 앞에서 "저자는 사람 잡아먹은 귀신이야." 하며 노골적으로 적개심을 드러내었다. 할머니가 깜짝 놀라 영감님을 잡아 끌었다. 돈 걱정을 하시던 진주 할아버지는 우람한 나뭇등걸에 기대어 앉아 졸고 있었다. 돈 벼락을 맞는 꿈을 꾸는지 입맛을 다시며 눈을 찔끔거렸다. 그러면서 중얼거렸다.

"늙으면 죽어야 해. 암, 죽어야지."

무엇을 찾는가?

거북이목 아저씨나 치매 할머니가 찾는 것은 절실하면서도 근원적인 무엇일 것이다. 사람들은 그들의 세속적 야망에 잘 어울리는 임의적인 페르소나(체면, 외적 인격)를 위하여 원래의 성격을 숨긴다. 심성(心性)이라 할 수 있을 내재적 본성은 자신을 자신이게 하는 뿌리와 같은 것이다. 성공적인 페르소나를 자아와 동일시하는 자는 스스로가 대단한 사람인 것처럼 자부심을 가지지만, 페르소나에 사로잡힌 사람은 자신의 뿌리를 잃는다. 뿌리를 잃은 사람들은 부초(浮草)처럼 흔들리며 '중력의 혼'에 휘말린다(C. 융의 말). 출세를 위하여 모든 것을 바치다가 자기를 망실한 현대인들은 존재의 진리와 충돌하며 불안초조해하고 방황한다. 그러다가 우울과 허무에 갇혀버린다. 삶의 의미와 즐거움을 잃어버리는 것이다. 이 불안과 우울은 자기를 안전하게 붙잡아 줄 닻과 같은 무언가를 필요하게 한다. 안타깝게도 현대인들은 삶의 의미를 찾으려는 진지한 내적 노력보다 돈과 권력을 우상처럼 섬기며 사치나 허영의 물신주의적 쾌락이나 환상적 신앙에 매달린다. 술과 마약을 이용하여 내면의 흥분, 희열, 광적인 환각의 무아지경에 도취되어 뿌리에 접근해 보려고도 한다. 이 모두 피상적인 일상의 껍데기를 찢고 초월적 경험을 통하여 삶의 근원인 존재의 중심, 뿌리에 다가가려는 시도들이다.

인간은 의미를 좇는 존재다. 동물과 달리 삶에서 의미와 가치를 잃으면 인간은 절망한다. 의미는 항상 삶의 본질과 관계한다. 삶의 숭고한 의미와 가치를 바깥세상에서 찾기란 불가능하다. 현대 문명인들은 번쩍이는 지성과 의지력을 통하여 진보적 성취를 이뤄내고 있지만, 자신을 근본에서 멀어지게 하는 과학기술과 합리주의 혹은 교의주의는 늘 허무적 자기 파괴를 몰고 다닌다. 밖으로만 향하는 의식의 확대로—사회적으로 성공한 엘리트가 되었을지 모르지만—속이 빈 머저리와 같은 존재가 되고 만다. 왜냐하면 근원과 단절된 의식적 마음만으로는 그들이 창출한 새로운 진보 상태의 참 의미(가치)를 깨달을 수 없기 때문이다. "도내제 내가 지금 무얼 하고 있는 거지?" 하며 당황해한다. 더 고약하게도 자기가 쌓아올린 지식과 기술을 내면적 성찰 없이 입신양명에 이용한다. 그리하여 그들 스스로 '○○쟁이' 혹은 '○○ 기술자'에 지나지 않는 한계를 드러낸다.

피로사회에서 소진된 인간들은 무의식 속의 신화적인 것에 매달리며 유아적 모성적 모티브로 뿌리에 접근하려고 한다. 인간은 집단무의식이라는 원형을 상징하는 신 혹은 신성을 잃으면 삶을 잃는다. 그 신성에 접근하려고 아이러니하게도 과학만능주의의 현대인들이 원시적이 되고 싶어 한다. 템플 스테이나 영성체험에 몰려든다. 나쁘게는 엘리트 사회에 어처구니없는 미신이 범람하고 광신도들이 증가한다. 그러기에 그리스인들은 인간을 닮은—잔인하거나 부도덕하고 잡스럽기도 한—신들을 만들어 섬김으로써 자신들의 삶을 정당화하였다. 그 신들은 선과 악과 관계없이 제 맘대로 살며 즐기는 명랑한 신이었다.

오소리와의 담판

용서할 수 없는 일이었다. 한 달쯤 전에 두어 번 그러다가 최근에는 연이어 세 번이나 한밤중에 닭서리를 당했다. 그저께 아침에는 젖 큰 산골댁—우리 동네 산골댁이가 둘이 있었는데 나이 든 과부 산골댁은 유난히 젖통이 커서 사람들은 그녀를 그렇게 불렀다—집의 닭장이 찢겨지고 씨암탉이 사라졌다. 닭장 주위에는 깃털이 흩어져 있었으며 땅바닥에는 아직도 마르지 않은 선혈이 보였다. 전날 밤 처참한 사투가 있었음이 분명하였다.

기주 형이 나와 균이, 덕이를 불러 모았다.

"이게 오소리란 놈이 한 짓이야."

상대아재 대나무밭 뒤에는 집채만 한 큰 바위가 있었는데 오소리는 그 바위 밑 굴속에 살고 있는 것으로 추정되었다. 그러나 그놈은 한 번도 동네 사람들과 마주친 적이 없었다.

"이놈을 잡아야 해."

오소리는 야행성으로 밤에 돌아다니고 낮에는 굴속에서 잠을 잔다. 이놈을 낮에 포획해야 하는데 오소리 굴은 워낙 깊어서 그 굴을 파헤칠 수는 없는 노릇이었다. 형이 짜놓은 계획은 이러했다.

"임마를 제 발로 튀어나오게 하자."

굴 앞에 연기를 피워 뛰쳐나오게 한 다음 굴 입구에서 그물로 사로잡는다는 계획이 세워졌다. 토요일 오후 오소리 포획작전이 시작되었다. 우리 셋은 우선 낫으로 청솔가지를 한아름씩 쪄 왔다. 솔가지를 묶어 단으로 만든 다음 어깨에 메고 대나무밭을 지나 오소리 바위를 향하여 올라갔다. 기주 형은 족대(물고를 잡는 데 쓰는 그물로서 양쪽에 대나무 손잡이가 있고 가운데가 밑으로 처져 있다)를 들고 왔다. 족대는 개울에서 물고기를 잡을 때 쓰는 그물이다. 기주 형은 오소리가 은거하고 있을 바위 밑을 한 비귀 돌며 조금이라도 틈이 있으면 잔돌로 그 구멍을 막고 흙으로 덮었다. 오소리는 영악하여 다른 쪽에 비상 탈출구를 만들어 놓고 있다. 오소리 굴 입구는 누가 봐도 알 수 있을 정도로 반들반들 길이 나 있었다. 기주 형은 삽으로 굴 입구 앞에 땅을 파서 작은 웅덩이를 만들었다. 그다음 갈비와 바싹 마른 소나무 삭정이를 모아 불을 붙였다. 불이 훨훨 피어오르자 청솔가지를 그 위에 얹었다. 엄청나게 매운 연기가 뭉게뭉게 솟아올랐다. 연기로 뒤덮인 솔가지를 굴 입구에 바짝 갖다 대자 놀라운 속도로 연기가 안으로 빨려 들어갔다.

기주 형이 소리쳤다.

"식아, 균아, 이 족대를 양쪽으로 잡아라. 단단히 잡아! 이놈 힘이 엄청 셀 거다."

족대의 대나무 손잡이를 단단히 움켜쥐고 굴 입구에 갖다 붙였다.

매운 연기에 참다못한 오소리가 뛰쳐나올 것이었다. 그러나 청솔가지 두 단이 다 탈 때까지도 소식이 없었다. 바위 뒤쪽에서 미처 막히지 않은 작은 틈새로 연기가 모락모락 새어 나왔다.

"이 짜슥이 튀어나올 때가 되었는데…… 이상하네."

그 순간이었다. 날카로운 비명 소리와 함께 족대가 뒤로 확 재껴졌다. 우리 둘은 족대를 놓쳤다. 매우 강한 충격으로 족대가 저만큼 나가떨어졌다. 족대 그물 안에 시커먼 물체가 발버둥치고 있었다. 녀석은 필사적으로 몸부림을 쳤지만 그물에 꼼짝없이 감겨있었다. 나는 반사적으로 달려가 족대를 발로 밟았다. 생각보다 엄청 큰 덩치의 오소리였다.

"에에앵—"

나는 그렇게 무서운 짐승 소리를 들어 본 적이 없었다. 족대 거물 사이로 오소리의 매서운 눈빛과 두툼한 발에 갈고리처럼 박혀있는 발톱이 보였다. 입술이 뒤로 까뒤집히며 벌건 잇몸과 함께 날카로운 이빨이 드러났다.

"으르렁—"

섬찟하고 으스스한 야수의 비명이 계속되었다. 그물만 벗어나면 바로 달려들 기세였다. 오소리는 매우 난폭하며 공격성이 강한 동물이다.

잠시 정신을 수습한 우리는 오소리 포획 작전의 성공을 실감하며 득의만만하였다.

"이노무 짜슥, 너 이제 죽었어."

"행님! 이 짜슥을 우짤랍니까?"

"패 죽여버릴까예?"

"그래, 때려죽이자."

사냥을 하다 포획물을 산 채로 잡으면 살의의 충동을 느낀다. 인간은 그런 본질적인 폭력성을 가지고 있다. 우리 가운데 마음이 가장 여린 덕이가 벌건 얼굴을 하고 나섰다. 그의 손에는 어느새 듬직한 나무 몽둥이가 쥐어져 있었다. 주인에게 가족 같았던 닭을 몇 마리나 잡아먹은 고약한 놈, 오소리 이놈은 파렴치한 절도범이었다. 이놈을 차마 때려죽일 수는 없고 결박하여 동네에 내려가 마을 사람들에게 자랑하고 싶었다. 족대의 대나무 손잡이를 교차시켜 오소리를 더욱 옥죈 다음 우리는 아직도 연기가 나고 있는 잔불을 흙을 덮어 껐다.

'사냥의 기분이 이런 건가…….'

희희낙락하며 떠들어댔다.

"오소리를 구워먹기도 합니까? 형."

"오소리 기름이 그리 좋다는데……."

모두들 들떠 있을 때 이상하게 기주 형만 조용하였다. 그는 도회지 어느 고등학교를 다니다가 무슨 일로 집에 와서 쉬고 있었다. 형은 담배 한 대를 꺼내들었다. 그리고 바지 포켓에서 하얀 통을 꺼내어 거기서 은단 한 톨을 털어내었다. 그 은단을 담배 끝에 밀어 넣은 다음 입에 물고 불을 붙였다. 그 폼이 무척 어른스러웠다. 그러나 그 당시 고딩이가 담배를 피운다는 것은 규율에 어긋나는 불량 행위였다. 정학을 당하고 집에 와 있는지도 몰랐다. 한동안 침묵이 흘렀다. 담배를 반쯤 태우고는 땅에 던져 발로 비벼 끄면서 기주 형이 차분히 말하였다.

“놔주자.”

“예에? 놔주자니?”

이 무슨 소린가. 족대 속의 오소리는 여전히 몸부림치며 으르렁거리고 있었다.

“안 됩니다. 닭을 다섯 마리나 잡아먹은 나쁜 놈입니다.”

형은 잠시 뜸을 들이다가

“저도 살려고 그런 거지. 우리가 밥을 먹듯이 오소리도 먹고 살아야지.”

그의 설명이 이어졌다.

“봐라, 우리한테 닭은 아깝지만 오소리한테 닭은 그저 먹거리인기라, 식사를 한 거야. 그건 죄가 아니야……. 밉다고 죄가 되는 건 아니야. 우리도 잔치 때 닭 잡고 돼지 잡고 하잖아. 그리고 오소리는 말이야, 풀을 뜯어 먹고 사는 족속이 아니야. 하느님이 오소리를 육식동물로 만들어 놓았거든. 그래서 오소리는 고기를 먹어야 했어. 그걸 우리가 탓할 수는 없지.”

그래도 덕이는 불만이 가득 차 볼멘소리로 항의하였다.

“닭을 다섯 마리나 잡아먹었는데 죄가 아니라니……. 그냥 놔줄 수 없습니다.”

다소 풀이 죽은 듯한 목소리로 덕이가 말했다. 그러나 기주 형이 힘주어 말했다.

"식사한 것이 죄가 될 수는 없지. 그래, 죄를 지었다 치자. 이놈은 매운 연기 맛에 숨이 막혔고 지금 죽기 직전에 벌벌 떨며 죗값을 치르고 있는기라."

뜸을 들이다가 다시 기주 형이 차분한 목소리로 덕이를 설득하였다.

"죽을 만큼 잘못한 것은 아니잖아? 그렇지? 덕아……. 그러니 놔주자."

기주 형이 왜 갑자기 오소리 편이 되었는지 알 수가 없었다. 우리는 서로를 쳐다보았다. 기주 형의 말은 틀린 말이 아니었다. 오소리의 닭 사냥은 먹이 구하기였지 동네 사람들을 해코지하려고 한 짓은 아니었다. 동네 사람들에게 손해는 주었을망정 그것이 그놈을 죽여야 할 정도는 아닌 것 같기도 하였다. 먹이를 먹은 것이 죄가 아니라는 말도 맞았다. 어린 우리 머리에서 나쁨과 죄가 구분되는 순간이었다. 나쁜 짓에 대립되는 것은 착한 짓, 그러면 죄의 반대말은 무엇일까? 아리송한 의문이었다.

오소리 너는 인간의 생활 터전을 침범하여 나쁜 짓을 저질렀지만, 그것이 너의 양심과 도리에 어긋난 행위로 볼 수는 없으므로 죄가 되지는 않는다. 더구나 인간들이 만든 규범이나 윤리의 준수는 인간들에게 적용되는 것이어서 먹거리로 닭을 잡아먹은 오소리 너에게는 기소권조차 따질 수가 없구나. 그렇지만 너는 사람들에게 피해를 주어서는 안 된다. 네놈이 인간이 아닌 이상 더는 우리 곁에 얼쩡거리지 말고 떠나거라. 추방을 명령한다.

청솔가지 매운 연기에 숨 고문을 당한 데다가 필사의 몸부림으로 지쳤는지, 아니면 혹시나 법정에서 준엄한 선고문을 듣는 피의자의 겸손한 태도로서인지 오소리는 다소곳이 조용하였다.

"다시는 얼씬거리지 마래이."

족대를 열어주자 오소리는 빛의 속도로 홱 하고 사라져 갔다. 섭섭하기도 하였으나 어찌 좋은 일을 한 것 같은 기분이 들었다.

빈손으로 마을로 내려오자 동네 어른들이 달려들었다.

"우째 되었노?"

"오소리 낯짝을 보기는 했나?"

기주 형은 쭈뼛거리며 대답했다.

"다시는 글마가 동네로 내려오지는 않을 겁니다."

그 이듬해 가을걷이가 거의 끝나갈 무렵, 텅 비어버린 논바닥에서 오후 새참으로 삶은 감자를 나눠 먹던 중이었다. 논들과 논들 사이에는 수로가 있다. 물이 말라버린 그 수로에 오소리가 나타났다. 그는 우리 일행을 힐끗 쳐다보고는 잽싸게 내뺐다.

"저놈 잡아라!"

일꾼들이 돌멩이를 집어던지며 쫓아가 보았지만 어림도 없는 일이었다. 순식간에 몇 개의 논두렁을 타고 번개처럼 사라졌다. 어쩌면 작년에 놓아준 그 오소리가 아니었을까? 그 새끼일 수도 있다.

이 녀석은 수로에 기거하면서 들쥐나 배수로 바닥에서 미꾸라지 따위를 잡아먹고 살았을 것이다. 어쨌든 민가에 내려와 닭을 잡아먹는 일은 그 뒤로 없었다.

이 사람을 보세요

가난하여 고등학교 진학을 포기한 만배는 일찍이 도시로 나와 조그마한 프레스 공장에서 일을 배웠다. 내가 이 친구를 눈여겨보게 된 것은 그가 당한 끔찍한 사고 이후였다. 그는 작달막한 키에 지나치게 비만하였으며 술을 좋아하였다. 뚱뚱한 사람들이 흔히 그러하듯이 만배는 코골이가 너무 심한 나머지 마누라와 각방을 쓰고 있었다. 시끄럽게 코를 골다가 순간 조용하다 싶었는데 갑자기 천둥소리를 내며 막혔던 목구멍이 개통이 되고 큰 호흡이 시원하게 들어간다. 코골이에 동반된 수면무호흡증이었다. 만배는 40대에 벌써 혈압이 있었고 틈만 나면 꾸벅꾸벅 졸았다. 늘 기분 나쁜 두통이 따라다녔다. '너 운전할 때 사고 날라, 조심해라'라고 여러 번 주의를 주었건만 졸음으로 인한 사고는 기어이 터지고 말았다. 프레스기에 오른쪽 손가락 네 개가 잘려버린 것이다. 졸다가 불시에 당한 어처구니없는 사고였다.

사고가 벌어진 그날 오후 뒤늦게 연락을 받은 사장과 동료 몇이

황급히 응급실에 도착하였다.

"우째 이런 일이……."

사장은 두툼하게 붕대에 감긴 그의 손을 보고 고개를 돌리고 어쩔 줄 몰라 하며 떨리는 목소리로 탄식하였다. 뜻밖에도 만배의 대응은 차분하였다. 마약성 진통제 때문인지 아니면 극단적인 공포 끝에 닥치는 피로감에서인지 만배는 힘없는 목소리로 겨우 입을 열었다.

"미안합니다, 사장님. 직원들이 많이 놀랬지예."

만배는 말을 이어나갔다.

"깜박하는 새에 그만……. 다 내 잘못입니다."

조막손이 되어버린 그는 소정의 산재 보험금과 공장에서 주는 위로금을 받았다. 주위에서 거액의 보상금을 타낼 수 있다며 사장을 상대로 소송을 부추겼지만 그는 고개를 저으며 거절하였다. 변호사실 사무장이 찾아와 승소의 가능성과 그에 따른 보상금의 규모를 설명하며 소송을 종용하였으나 역시 일언지하에 거부하였다. 사무장이 기가 차서 '일마 이거 바보 아이가' 하며 혀를 찼다.

그 후 만배는 한동안 그 회사에서 지게차를 몰다가 지금은 가장 편안한 자리라고 할 수 있는 현장 감독으로 근무한다. 경력을 인정받아 인부들 중 가장 많은 봉급을 받으며 자칭 세상에서 가장 행복한 사람으로 살고 있다. 그는 즐겁다. 열 살이나 나이 어린 사장이 자기를 형님 형님 하면서 회사 경영에 중요한 일이 있으면 그에게 상의해 온다. 만배는 그 계통의 제조업에서 오랫동안 모든 것을 몸으로 익혔던 터라 생산품의 시세 동향이나 유통 과정을 훤히 꿰고 있었다. 그 노하우에서 나오는 조언과 권고는 틀림이 없었으며 그의 예리한 예측은 몇 번이나 회사를 위기에서 구해 내었다. 그는 그 공장에서 사장 다음가는 이인자가 되어 있었다.

만배는 막내딸 결혼식장에서 그 징그러운 조막손으로 하객들의 손을 일일이 잡았다.

"와주셔서 감사합니다."

끝이 뭉툭한 조막손은 문둥이 손을 연상시켰다. 사고를 몰랐던 하객들이 깜짝 놀라 멈칫하였으나 그는 아랑곳하지 않았다. 만배의 그 모습은 당당하였고 자랑스러웠다.

만배는 술자리에서 이런 이야기를 하였다.

"프레스 기계가 내 손가락 자르려고 거기 있었던 게 아니잖아. 사건을 일으킨 주인공은 바로 나란 말이야."

가방끈이라고는 아예 없다시피 한 만배의 딱 부러지는 이 소리는 대단히 훌륭한 것이었다. 삶의 지혜는 살아가며 배운 꾀나 지식으로 얻는 것이 아니라 참인간으로서의 근본에 대한 직관으로 얻어지는 것이다.

김만배 그는 누구에게도 의존하지 않는 확고부동한 자립심과 거기서 얻어지는 절대적인 자유를 확보하고 있었다. 그의 자신 만만함과 자기 존경심은 자기 계발의 노력이나 남과 싸워 얻어낸 결과물이 아니었다. 그는 외부적인 압박 관념에도 전혀 휘둘리지 않았다.

그는 부모를 잘못 만나 공부를 못한 것을 '그럴 수도 있지 뭐. 나 같은 놈도 있을 수 있잖아.'라고 하는 우연성을 긍정하고 수용함으로써 당당한 자신이 될 수 있었다. 그러한 당당함은 자신에게 닥친 불우한 처지나 자신이 저지른 실패도 흔쾌히 받아들인다. 그런 사람은 복잡하거나 타산적이 아니다. 매사가 단순 명쾌하다.

만배는 누구를 만나든 그를—처리하고 정리해야 할 물건이나 대상으로서가 아니라—진실로 인간적인 반가움과 열린 마음으로 대하였다. 관계 맺음에 있어서 배타적이 아니라 오히려 호의적이었다. 이러한 타자와의 관계는 '공존'에 기초하고 있으며 상호 배려의 관계이다. 처음 보는 사람을 만나면 지나치게 그의 신상과 친족에까지 호기심을 보여 그를 당황하게 하거나 심지어 불쾌하게 하였다. 그러나 그것은 서로 동등한 대칭적 상호 인정관계를 맺으려는 마음가짐이었다. 만배는 정이 많고 경위(經渭)가 밝았다. 스스로 주인으로 사는 사람은 남을 배려하는 여유를 가질 수 있다. 누군가 초상이 나면 결근을 하면서까지 장지에 따라가 일을 거들며 함께 슬퍼하였다. 무슨 사건 사고가 TV 뉴스에 나오면 지나치게 분노하거나 안타까워하였다.

그에게 전화가 온다. 그가 하는 첫마디는,

"오늘은 날씨가 참 좋제? 완전 봄 날씨 아이가. 바람 쐬기 좋은 날씨야, 어디 좀 가서 쉬었다 해. 대곡동에 있는 수목원엘 가 봐, 예쁜 아들이(꽃들이) 천지 삐까리로(가득히) 피어 있다니깐."

그가 무슨 용무로 전화했는지 알려면 아직 좀 더 기다려야 했다.

주인 도덕

진실한 인간은 이 세상에서 자신이 혼자라는 사실을 안다. 그런 사람은 자기 자신이 주인으로 산다. 니체는 이러한 행동 기준을 '주인 도덕'이라고 불렀다. 주인은 항상 긍정적이며 자신을 믿는다. 주관적 개인은 삶의 가치를 스스로 창출해 내며 자기 극복을 위하여 스스로에게 명령을 내린다. 주관적 개인은 자만감에 가득 찬 만큼 오만하기도 하지만, 죽든 살든 자신이 일으킨 일은 자신이 책임진다. 손가락이 잘린 것은 명백하게 자신의 실수가 빚어낸 사고였음을 만배는 서슴없이 인정하였다. 그 이상 그 이하도 아니라고 잘라 말하였다. 남을 탓하는 것은 그에게서 비겁한 책임 전가였다. 주인 도덕으로 사는 사람은 독립적이며 타인과의 관계에 얽매어 들지 않는다. 남에게 인정받으려 애쓰지도 않는다. 니체는 이러한 주권적 개인을 '귀족적 인간'이라고 불렀다.

이에 비하여 되잖은 자는 다수 대중에 파묻혀 무위험적 안락을 위하여 평균성에 안주한다. 대중적 인간들은 무리를 형성하며 자기 방어적 삶을 살아간다. 이러한 집단적 개인은 순화되고 길들여져 있으며 어리석은 자기만족에 빠진 채 평균적 대중과 무리의 일부로 산다. 니체는 이것을 반자연적 도덕 혹은 노예 도덕이라고 하였다. 그들이 형성하는 무리 본능은 평등을 주장하고 걸핏하면 사회 정의를 외친다. 그러나 누군가 자신의 권리를 양보하면서 평등 밑으로 들어가면 그는 최대 다수의 지배 밑으로 떨어진다. 다수의 집단에는 항상 우둔한 쪽으로 하향평준화가 일어나며 개체성은 무시된다.

노예적 존재는 자신들은 항상 선하다고 생각하며 자신과 대립되는 속성을 가진 자들을 해롭고 악한 존재로 규정한다. 이들은 고통을 받으면 그 고통의 원인을 밖에서 찾는다. 힘 있는 외부 세력에 대한 복수 본능과 원한 감정이 노예 도덕이다. 이들은 상상력을 발휘하여 배반의 신화를 만들어 낸다. 불우한 자기 처지를 누군가의 탓으로 돌리며 희생양을 찾는다. 국가나 사회가, 아니면 고용주나 부모가 이 잘못된 사태에 대하여 책임을 져야 한다는 것이다. 그들은 잘못됨에 대한 외적 원인을 찾지 못하면 불안해서 견딜 수가 없다. 이 남 탓은 사실 자기 잘못이나 자기 열등감에 대한 핑계이며 부정적 보상심리에 지나지 않는다. 이런 사람들의 생각이나 언행은 늘 삐딱하며 냉소적이고 불만에 차 있다. 외적인 것에만 관심을 두는 이런 삐딱이들은 남 탓뿐 아니라 자기 노력으로 뭔가를 얻으려 하지 않고 당연한 권리로 그것을 요구한다. 국가나 부모가 뭘 해 주어야 한다는 것이다. 인간의 본성은, 노력하지 않고도 주어지는 시혜를 당연한 것으로 받아들이는 고약한 버릇을 갖고 있다. 그 고약한 심리는 공산주의로 발전한다.

억울하게 당하고 있다는 피해의식에서 발생하는 분노는 속죄양을 향하여 원한 감정을 일으키며 그 원한은 복수를 잉태한다. 만약 우리가 고통과 불행에서 느끼는 모욕감이나 경멸감에 대하여 올바르게 대응한다면 원한 감정은 발생하지 않을 것이다. 그들은 자칫 그 원한 감정과 복수심을 '사회 정의를 구현하기 위한 정당하고 용기 있는 마음가짐'이라고 믿기 시작한다. 주권을 가진 개체로서 독립적이지 못한 그들은 무리를 지어 세(勢)를 모으며 기회를 보아 정의를 위한 사회운동을 벌인다. 이러한 대중인간들은 노예에 다름 아니다. 노예는 '명령과 복종'이라는 싸움에서 결코 패배하지 않고 저항한다. 눈치를 보며 굽신거리다가 승기를 잡으면 잔인한 폭도로 변한다. 그 싸움은 일정한 목표 달성에서 만족하는 것이 아니라 오로지 'the more'로 계속된다.

그들이 내세우는 정의구현을 위한 행동들은 교활한 거짓 양심에서 구동되는 것이지 진정으로 잘못된 것에 대한, 마음의 밑바닥에서 솟구치는 '거룩한 분노'에서 시작되는 것이 아니다. 진정한 사회 정의를 향한 거룩한 분노는, 마치 그것이 자신에게 부과된 정언명령인 것처럼 옳음에 대해 인간의 본성, 즉 전체정신의 핵에서 우러나는 객체정신에 기반하여야 한다. 인류 모두가 공유하는 보편적 행동양식, 즉 집단적 무의식이 지시하는 그것은 양심의 이름으로 나타난다. 양심은 존재의 가장 내밀한 곳에서 그 무엇이 불러내는 순간적인 다이몬의 외침과도 같은 것이다. 인간 내면에 존재하는 마땅히 수호되고 존중되어야 할 그 무엇은 반항이 된다. 노예의 정의, 인간의 반역은 세가 모아지면 실제 행동으로 변하며 형이상학적 혁명으로 나아간다. 거부할 수 없는 인간의 본성적 조건과 한계를 거역하며 투쟁하지만 끝내 그들이 원하는 것은 결국 패권이다. 필요하다면 범죄를 저질러서라도 인간의 제국을 건설하려 든다. 그러한 반항에는 항상 비극적 결과들이 뒤따랐음을 역사가 보여준다.

원한 감정과 복수 의지에는 항상 미성숙한 부정적 투사가 따라다닌다. 일반적으로 복수는 바깥의 누군가를 향하지만 그 복수를 실행할 수 없는 경우, 절망에 다름 아닌 복수의 칼날은 자신을 향한다. 내투사로 내재화된 복수는 자신을 희생자로 만든다. 자기가 자기를 학대하며 스스로 학대를 당한다. 알코올이나 마약중독에 빠져들거나 병적인 워커홀릭에서 헤어나지 못한다. 괴롭힘을 당하면서 자기에게 속죄하려고 하지만 실제로는 자기를 괴롭힘으로써 복수하는 것이다. 복수의 대상이 자기가 되는 이 폭력은 배출구가 없기 때문에 기하급수적으로 증폭되고 고착화된다. 가해자와 피해자가 동일인이므로 이 절망적 비극은 죽기 전에는 끝나지 않는다. 이것은 곧 '죽음에 이르는 병'이다.

어떤 사람이 어떤 도덕을 위주로 가지느냐라는 문제는 사회적 지위나 지적 수준과 관계없다. 노예 도덕에 찌든 권력자나 지성인이 있는가 하면 주인 도덕을 가진 당당한 노동자나 하인들이 있다. 심지어 스스로 주인으로 사는 루저도 있다. 전자는 고통 속에 얽매이고 후자는 자유로 산다. 한 개인의 일상생활 속에는 주인성과 노예성이 공존하고 있으며 사실 노예 도덕성이 그를 편하게 한다. 그러나 인간은 마땅히 건강한 주인 도덕을 유지하기 위해서 힘들여 애쓰고 노력해야 한다.

경주 대첩

이 이야기는 실화를 바탕으로 약간 각색을 입힌 이야기다. 옛 선생님을 흠모하고 기리는 뜻으로 회상하며 쓴 글이니 다소 무례가 있더라도 세 분 선생님께서 해량해 주시기 바랍니다.

1970년도 근처 대구 대봉동 소재 K고등학교를 다녔던 이과(당시 대학입시 수험 준비생들은 이과와 문과로 나뉘었다) 졸업생들은 이 세 분 선생님을 기억할 것이다. 홍 박사로 불렸던 선생님은 고3 입시 수학을 가르치셨다. 어릴 때 모국어를 잘못 배우셨는지 수업시간에 한 옥타브 높은음자리의 쉰 듯한 목소리로 이렇게 말씀하셨다.

"0와 3을 요게다 나눌면……."

선생님은 3과 4를 '서이', '너이'라고, 68을 '육십여덟'이라고 하였다. 문제를 풀다가 막히면 목을 뒤로 젖히고 손가락 몇 개를 구부려—원숭이가 그러하듯이—목 줄기를 뻑뻑 긁었다. 수학 문제 풀이 실력이 워낙 좋아서 학생들은 그를 홍 박사라고 부르며 존경하였다. 전구처럼 동그란 두상에 머리는 적당히 벗어지고 얼굴색은 약간 거무스레하였다. 입술은 진한 자주색을 띠었다.

손 선생님은 체육 및 훈육 담당으로 덩치는 불곰처럼 우람하였으며 검붉은 얼굴에 가느스름한 눈매의 끝은 위로 찢어져 있었다. 마주치기 싫은 무서운 얼굴이었다. 당시 TV에서 인기를 끌던 포청천의 모습과 흡사하였다. 안면 근육은 고정되어 있어서 우리는 그 얼굴 표정이 바뀌는 것을 본 적이 없었다. 미소나 웃음은 아예 없었다. 학생들은 이 선생님을 그분의 성함과 비슷하게 손오공이라 불렀으나 포청천이란 별명이 더 어울렸을 것이었다. 사부링(사보타지, 수업을 빼먹고 다른 데서 노는 것)을 놓거나 지각하여 수업에 못 들어간 농땡이들은 구석진 곳이나 물 빠진 수영장 안 구석에 숨어 얼쩡거리기 마련이다. 손오공은 타고난 후각으로 귀신같이 이런 놈들을 찾아내었다. 발각한 즉시 멱살을 움켜잡고는,

"네놈이 너의 집에서는 귀한 자식인줄 내 잘 안다마는……."

하시면서 따귀를 올려붙였다.

사천왕이 일주문에서 사찰을 지켜내듯이 불곰 포청천은 청운정에서 건들거리는 고딩이들을 벗나가지 않도록 지켜내셨다. 청운정(靑雲庭)은 K고등학교 안에 꾸며진 소박한 정원 이름이었다. 거기에는 플라타너스 나무들과 벤치가 있었다.

영어를 가르치던 달구 선생님은 동안의 미소년처럼 하얀 얼굴에 강의를 비장한 연설을 하듯이 하였다. 그의 부친께서는 경북대학교 영문과 교수였다. 영문학의 어떤 해석으로 아버지와 논쟁 끝에 선생님은 항상 그의 부친으로부터 "짜식, 네가 뭘 알아."라는 핀잔을 들었다고 한다. 그러나 그의 영어 실력은 대단했던 것으로 보인다. 영

어를 아주 잘하는 몇몇 학생들은 그의 실력에 감탄하였으나 우리들 대부분은 그의 강의가 도통 알아들을 수 없을 정도로 어렵고 지루하였다. 수업 시간에 달구 선생은 교과서를 편 다음 왼손으로 앞장 부분을 세로로 이등분하여 구겨 쥔다. 오른손 엄지와 검지 사이에 분필이 쥐어지고 나머지 3, 4, 5번째 손가락은 위로 나란히 뻗어있게 된다. 간혹 막걸리 사발을 그렇게 거머쥐는 사람들이 있다. 칠판에 후딱후딱 영어를 갈겨쓰는데 도대체 알아볼 수가 없었다. 그 글씨는 진흙 속을 걷던 닭이 마루를 휘적거리며 지나갈 때 남는 발자국과 같았다. 아랍어 같기도 하였다. 그러면서 그는 하얀 손수건을 꺼내 연신 이마의 땀을 닦는 것이었다. 나중에 알았지만 그 땀은 숙취로 인한 것이었다. 드물게 쉬는 날 빼고는 맨날 술이었다고 한다. 확인된 건 아니지만, 선생님에게는 어느 여고에 재직하시면서 평생 잊지 못할 선녀를 만났으나 그 선녀는 졸업 후 제 갈 길로 가버렸다는 슬픈 이야기가 있었다. 당시 그는 총각 선생으로 남아 있었기에 이 이야기는 우리들에게 스캔들이 아니라 애틋한 애정소설이 되었다. 한번은 달구 선생께서 영어 예문을 해설하다가 느닷없이 '숫총각의 첫사랑은 어머니의 친구가 가장 좋지'라고 하였다. 내가 에바 부인의 의미를 알아차린 것은 대학을 졸업하고도 한참 후였다.

소문이 돌았다. 세 선생님이 경주 모처에 자리를 정하고 누가 술이 센가 술 시합을 벌였다는 것이다. 누가 먼저 제안하였는지는 별로 중요하지 않다. 세 선생님의 술 실력은 자타가 인정하는 바였지만, 하늘 아래 일인자는 하나여야 하므로 이 결투는 필연성을 띠었다. 술은 30도짜리 소주로 하고 안주는 아무거나 좋았으며, 대짜 양은주전자가 동원되었다. 그 술판이 어떻게 전개되었는지 상세한 내막은 아무도 모른다. 본 사람도 없거니와 당사자들은 천상의 구름 위를 노닐면서 인사불성에 이르는 죽기 살기의 분투 상태에 있었을 터이므로 후담이 남겨질 리가 없다. 그날 선생님들께서 통음하신 소주량은 얼마인지 역시 알려진 바는 없어나 도수 높은 소주가 서너 되쯤 대짜 주전자에 담겨졌을 것으로 추정되었다.

다음 날 새벽에 차를 타고 먼저 귀가하신 분은 그중 나이가 가장 아래인 달구 선생님이었고 오후 늦게 푸석하게 부은 얼굴로 교무실에 나타나신 분은 홍 박사였다. 포청천 불곰께서는 그다음 날 지인들의 부축을 받고 돌아왔으며 사나흘을 미음으로 몸조리하신 후 가까스로 수습이 되었다고 한다. 달구 선생님은 평소 꾸준히 단련해 온 주량으로 우승자가 되었으나 역설적이게도 우람하신 덩치의 불곰께서는 예상을 뒤엎고 초라한 패배자가 되었다. 그의 패배는 아마도 온몸 구석구석 스며든 알코올이 해독되기 위해서는 더 긴 시간이 필요했을 것으로 설명이 가능하다.

그날 경주에서의 그 '술 시합'이란 말이 사실은 외인들이 지어낸 말이고 어찌 어울리다 보니 판이 길어졌을 뿐이었는지 모른다. 그러나 어떻게 술판이 벌어졌는지 그 연유는 중요하지 않다. 시합의 성격을 띤 술판이라는 사건 자체에 의미가 있는 것이다. 제한 없는 유희에는 갚아야 할 많은 대가들이 남는 법이다. 적지 않은 신체적 소모가 뒤따랐을 것이다.

그때 그 시절의 선생님들을 우리가 존경하며 은사라고 부르는 까닭은 입시 준비를 잘 시켜 주어서가 아니다. 그들이 주는 무언의 감동이 매력을 발휘하며 여린 가슴에 새겨질 때 우리는 그 내용을 잘 몰라도 그것을 기억한다. 고상하신 선생님들이 벌인 술 시합이란 사건은 고딩이들에게 매우 진한 흥미와 관심을 가져다주었다. 예상치 못했던 파격이 주는 신선한 감동은 존경심을 유발한다. 부정적 매력은 긍정적인 것보다 더 강력한 법이다. 구상유취(口尙乳臭)를 겨우 면하려는 주제의 까까머리 고딩이들 가운데 혹여나 아직도 엄마 품을 떠나지 못한 녀석들에게 영웅신화처럼 거세(去勢)를 가한 이 경주대첩은 강한 동일시를 일으키며 동시에 어른-되기에 팔루스적인 충격을 주었던 것이다. 그것은 교과서적 가르침 밖의 영역이었을 뿐만 아니라 지켜야 될 격식과 규율 따위의 제도적 세계를 파격적으로 깨어버린 금기위반의 해프닝이었다. 선생님이란 존재는 아버지보다 더 엄격하고 무서운 지배자요 권력자의 지위에 있었다. 그런 분들이 일으킨 트릭스터적 일탈 사건은 사춘기 고딩이들에게 '아버지'의 법을 초과하는 불가능성에서 넘어오는 쾌락이었다. 그것은 위반의 영역을 넌지시 허용하는 '부성적 태만'의 본보기이기도 했다. "아하, 그랬단 말이지! 낄낄낄."거리며 모두들 재미있어 하였다. 흥미를 넘어 마치 내가 몰래 죄 저지르기를 한 것처럼 신이 났다. 홍 박사의 해롱거림과 달구 선생의 끝없는 사설이 눈에 보였으며, 포청천의 식식거림이 귀에 들리는 듯하였다.

어른들에게는 범접하기 어려운 뭔가가 있다. 조그마한 아이 놈이 목욕탕에서 아빠의 남근을 몰래 훔쳐보며 그에게 상상적 동일시를 느끼는 동시에 경쟁적 공격성을 가지는 것이다. 아이로 들어와 애총각이 되어가는 사춘기가 고등학교 과정이다. 선생님들은 '아버지의 이름'으로 다가와 법을 행사하지만 가끔 그들에게서 방향을 틀며 노출되는 우스꽝스러운 일탈은 고딩이들에게 색다른 바람으로 느껴진다. 턱주가리에 거뭇거뭇 수염이 나고 아랫도리가 굵어져 가는 까까머리들의 영혼 속에 팔루스적인 것들이 심어지면서 아이들은 걸망시러운 청년으로 영글어 갔다. 청운정을 떠난 그들은 술을 마셔 보았으며 곧 세상을 흥얼거리게 되었다.

저놈 잡아라

의예과 2학년 선배들은 겉으로는 친숙한 체 후배들을 사랑하는 체하면서 속으로는 군기를 잡으려 들었다. 어느 날 그들의 요청으로 선배들과 북문 운동장에서 친선 축구 시합이 벌어졌다. 이리 뛰고 저리 뛰고 하다가 상대방 골문 앞에서 두 명을 제치고 나니 내 앞에 아무도 없었다. 단독 드리블 찬스가 온 것이다. 겁에 질린 듯 우물쭈물 엉거주춤하는 골키퍼 가랑이 사이로 공을 차 넣었다. 골키퍼는 공이 지나간 한참 후에야 양다리를 오므렸다. 바보 같았다. 10분도 안 되어 또다시 기회가 왔다. 이번에는 좌측 코너에서 날아온 볼을 잡아 한 명을 헛걸음치게 빼돌린 다음 옆 발로 가볍게 밀어 넣었다. 상대는 날 막으려다가 미끄러져 나뒹굴었다. 이것은 스포츠를 떠나 선배에 대한 예우가 아니었으며 안쓰러움을 넘어 모욕을 준 것으로 비춰질 수도 있었다.

그때였다. 웬 바바리코트를 입은 한 사내가 바케쓰 한 통을 들고 경기장 안으로 뛰어 들어왔다. 스탠드에 앉아서 자기 팀을 응원하고 있던 선배들 가운데 한 사람이었다.

"어이 거기 너, 참 잘한다. 거 좀 있어 봐라."

그는 나를 향해 쫓아왔다.

바케쓰에는 허연 막걸리가 담겨 있었다. 삐딱하게 꼬나 물고 있던 담배를 발로 비벼 끈 다음

"한 모금 해라. 수고했다."

파란 플라스틱 쪽박을 휘휘 젓더니 막걸리를 퍼올렸다.

"아, 예. 고맙심더."

절을 꾸벅하고는 주는 쪽박을 들이켰다. 손등으로 입을 훔치며 쪽박을 되돌려주고 돌아서려는데

"봐라 봐라, 멋이 그래 바쁘노. 한 모금 더 해라."

두 번째를 권한다.

"마 됐심더. 경기 끝나고 할께예."

그러자 그 선배 갑자기 얼굴을 험상궂게 뒤틀며 입을 어기적거렸다.

"이 짜슥이, 선배가 내려주는 하사주를……. 뭣이 어쩌고 어째?"

날카로운 목소리로 고함을 지른다. 아하, 날 갈구려고 하는구나 하는 생각이 퍼뜩 들면서 그 선배를 자세히 쳐다보았다. 그는 어색한 옷차림에 희한한 몰골을 하고 있었다. 롱코트 바바리는 형님 것을 얻어 입었는지 턱없이 길고 헐렁하였으며 빼빼한 허리를 불끈 졸라매고 남은 허리띠는 밑으로 길게 처져 있었다. 그 모습은 허수아비를 연상시켰다. 면상은 삐쩍 마른 데다가 얼굴 색깔은 거무스레하였으며 불쑥 튀어나온 광대뼈 사이에 검은 뿔테 안경이 얹혀 있었다. 안경 안으로 개구리 눈알처럼 불룩한 그의 두 눈이 노기를 띠며 날

노려보고 있었다. 뿔테 안경은 이빨을 앙다문 채 우악스럽게 내 손목을 움켜잡았다.

"마시라 카이."

하면서 막걸리를 가득 담은 쪽박을 턱밑으로 내민다. 곱다시(꼼짝없이) 당할 판이었다. 도망쳐야 했다.

'에라이, 엿 먹어라'

속으로 모질게 되받으며 쪽박을 홱 뿌리치고 냅다 뛰었다. 바바리에 허연 막걸리가 쏟아지는 것이 보였다. 축구장을 가로질러 후문 쪽으로 죽어라 내달렸다. 뿔테 안경이 따라오며 고래고래 고함을 질렀다.

"저놈 잡아라!"

그러자 스탠드에 앉아 있던 거지 떼 같은 그의 일당 대여섯이 우르르 일어나 나를 쫓기 시작하였다. 숨이 턱밑까지 차올랐다. 잡히면 사정없이 날 두들겨 패고 발로 밟을 것이었다.

"살려 구다사이!"

토끼몰이를 당한 나는 혼신의 힘을 다해 후문 밖으로 도망쳤다. 막걸리 냄새와 함께 트림이 목 밑으로 받쳐 오르면서 어지러웠으나 더 이상 추격이 없음을 확인하고 땅바닥에 털썩 주저앉았다. "씨팔" 소리가 절로 튀어나왔다.

일 년 후 본과로 올라왔다. 장소도 교양 과정 수업을 받던 복현동 본교에서 동인동 본과 건물로 바뀌었다. 계단강의실에서 오후 조직학 수업을 마치고 쉬는 시간에 하도 술 냄새가 나 뒤를 돌아보니 거기 그 검은 뿔테가 앉아 있지 않은가. 그는 수업이 끝난 줄도 모르고 졸고 있었다. 점심 식사로 짜장면 한 그릇에 배갈 한 도쿠리(한 병)를 걸친 모양이었다. 그는 날 알아보지 못했다. 그가 거기 앉아 있다는 사실은 그가 낙제하였다는 것을 의미하였다. 엉겨 붙고 싶은 오기가 났지만 참았다. 참 이상하였다. 엉뚱하게도 그가 밉지 않으면서 도리어 다가가 아는 체하고 싶은 마음까지 들었다. 그러나 그날 그 강의실에서 뿔테를 한 번 본 후 다시는 그를 볼 수 없었다. 의학 공부가 싫어서 학교를 떠난 게 분명하였다. 내심 그때 못다 마신 막걸리를 마저 미시겠다고 제의해 볼 맘을 먹었으나 영영 불발이 되고 말았다. 나중에 듣기는 말로 그 뿔테 선배는 학교를 그만두고 어느 시골 중학교에서 수학을 가르치고 있더라고 하였다.

선배 고대우

남자들은 술자리 끝에 으레 군대에서 있었던 이야기로 꽃을 피운다. 듣는 사람은 다소 지겨우나 말하는 사람은 추억에 젖어들며 신이 나서 끝도 없이 떠드는 게 군대 이야기다. 군대는 우리가 사는 일상적 사회와 다르다. 거기에는 군인정신이란 것이 있으며 지켜야 할 엄격한 규율이 있다. 우선 군대의 상명하복의 계급체계는 그리 나쁘지 않은 가학적 피가학적 질서를 잡아준다. 과거에는 두들겨 패기도 하고 두들겨 맞기도 하는 곳이 군대였다. 거기에는 신체적 자극으로 정신 무장을 다지기 위한 불가피한 합목적적 행위라는 구실이 따라붙는다. 범죄적 적의가 없이 맞아보고 패보는 것은 단순하며 깔끔하다. 그러면서 군영 생활은 유도리가 좀 있는 편이어서 제한된 자유가 허용되기도 하지만 일단 사건이 터지면 갑자기 살벌해진다. 엄격함과 느슨함이 공존한다.

군대에서는 배운 놈 못 배운 놈, 잘난 놈 못난 놈, 금수저 흙수저 등의 이분법적 차별이 깡그리 없어진다. 대신 그런 것들과 무관한 계급이라는 인위적 체계가 질서를 세우고 집단을 통제한다. 군대에서는 갑질이란 말 자체가 존립하지 않는다. 군대는 명백히 갑을의 관계로 구분 지어져 있다. 군인은 재량권이 없으며 자기 결정권도 없다. 모든 행동은 상급자의 명령과 그들이 FM(Field Manual, 야전교범)이라 부르는 매뉴얼을 따라야 한다. 병들의 영역에서는 먼저 들어온 상급자가 절대적 권력을 가진다. 늦게 입대한 고향 형님과 그 형님의 동생 친구가 우연히 같은 부대에서 신참과 고참으로 조우하면 우스꽝스러운 광경이 펼쳐진다. 신병 형님이 내무반에 들어와 고참인 동생 친구에게 차렷 자세로 전입신고를 한다.

"신고합니다. 일병 ○○○는……."

"아이고 형님, 저 모르겠습니까? 소랏골 만덕입니다. 고만 말씀 낮추이소."

훈련소에서 군기가 바짝 든 형님 신병은 자세를 풀지 않고 더욱 큰 소리로 외친다.

"안 됩니다. 그럴 수 없습니다. 추웅성―"

그는 처음 무대에 올라 바짝 쫀 신참 배우일 뿐이다.

사내는 군대를 갔다 와야 비로소 어른이 된다고들 한다. 지배받고 지배하면서 배우는 게 많다. 웬만한 부정적인 것들도 긍정되며 또 그것을 포용하는 유연성과 인내심을 배운다. 장차 사회생활에서 맞닥뜨릴 고난과 고통을 헤쳐 나가는 데 필요한 수련 과정이 되는 셈이다. 한국에 태어난 남아들이 의무적으로 거쳐야 하는 군복무는―다소 혐오적인 측면이 없지는 않으나―성인이 되기 위한 통과의례의 성인식처럼 받아들여진다. 대인관계나 사회성에 문제가 있으면

“절마 저거 군대 안 갔다 왔제?” 한다. 군대 이야기 가운데 압권은 신병훈련소에서의 추억들이리라.

영천역에서 내린 군의(軍醫) 7기 후보생들은 어깨 총 자세로 긴 행렬을 지어 도보로 고경에 있는 육군삼군사관학교(줄여서 삼사라고 부른다)로 향하였다. 거기서 우리는 6주간의 기초군사훈련을 받아야 했다. 정문을 들어서는데 저 멀리서 우렁찬 구령소리가 들렸다. 사관생도들이 연병장에 모여 국기하강식을 하는 모양이었다.

“차리어엇.”

“국기를 향하여 받들어~ 총.”

“추~웅성.”

군대에서만 들을 수 있는 이 구령소리에는 어떤 위엄이 서려 있다.

3중대 4내무반으로 소속이 정해진 나는 배급품을 나눠받고 관물정리를 하느라고 정신이 없었다. 담요와 옷가지들은 네모반듯하게 잘 개어지고 각이 세워져 있어야 한다. 중대장은 대위였고 그 밑의 구대장은 중위였다. 구대장은 바가지 모양의 까만 철모를 썼으며 눈은 바가지 밑에 뱀눈처럼 숨어 있어서 자기는 밖을 보지만 우리는 그의 눈을 볼 수 없다. 구대장은 날카롭고 위압적인 목소리로 명령한다.

“○○을 ××게 한다. 알았나? 실시!”

그러면 우리는 그 명령에 따라 후닥닥 무엇을 실시해야 한다. 정

신이 없다. 허둥지둥 동작이 굼뜨면,

"동작 봐라, 동작!"

하며 윽박지른다. 취침 전 점호시간에 관물 정리 상태를 점검한다. 지적 사항이 있으면 구대장이 눈을 부라린다.

"○○○○번 후보생, 관물 정리 불량."

그러면 지적받은 후보생은 최대한 큰 목소리로 복창한다.

"○○○○번 후보생, 관물 정리 불량."

"목소리 봐라, 목소리—"

목소리가 약하다는 것이다. 때로는 어깨 떠밀림을 당한다. 이때는 뒤에 있는 캐비닛에 일부러 세게 부딪히며 꽝 소리를 크게 내어주는 것이 좋다. 여기 오기 전 대구 군의학교에서의 예비소집 때 한 단풍 하사가 말해주기를, 삼사 가면 자기 이름이 생각나지 않을 것이라더니 정말 그랬다. 도대체 다른 생각을 할 틈을 잠시도 주지 않는다.

"5분 이내 정리한다. 실시—"

"3분 이내 연병장 집합."

오로지 '명령-복창-행동'뿐이다. 이리 뛰고 저리 뛰고 정신이 없다. 이름은 불리지도 않았고 부를 필요도 없었다. 모두 자기에게 부여된 번호로 인정되었다. 7865번 후보생이 나를 지칭하는 기표였다. 구대장은 우리를 보고 '너희는 국가의 관물(官物)이다'라고 하였다.

저녁 식사 후에는 잠깐의 자유시간이 주어졌다. 입소 이튿날 저녁에 우리 반원이 아닌 후보생 하나가 내무반 문 앞에 나타났다. 그가 소리를 질렀다.

"경북의대 출신들은 지금 즉시 6내무반 앞으로 모이소."

무슨 일인가 궁금해하며 가보았다. 이미 많은 동기들과 선배들이 모여 있었다. 아까 우리 내무반에 왔던 그이가—사실 그는 우리 대학병원 흉부외과 전문의 과정을 마치고 같이 입대한 4년 선배였다—목소리를 높여 누군가를 소개하고 있었다.

"에, 여기 계신 이분은 우리 대학의 최고참 선배님이십니다. 고대우 선배님은 서울 OO병원에서 방사선과에 수련을 받으시다가 이번에 어쩌구저쩌구……."

'수련을 마치고'가 아니고 '수련을 받다가'라는 말이 수상스러웠다.

"그리들 알고 모두 인사하이소."

소개받고 있는 고참 선배는 소개하고 있는 흉부외과 선배보다 입학 선배였으나 졸업 후배였다. 어깨 너머로 쳐다보니 누군가 부처님처럼 눈을 지그시 감고 근엄한 얼굴로 저만치 앉아 있었다. 불빛을 뒤지고 있어서 얼굴이 자세히 보이지는 않았으나 눈 밑이 처진 것으로 보아 꽤 나이가 들어 보였다. 빡빡 깎은 머리통은 울퉁불퉁하고 얼굴은 거무스름하였다. 후배들을 향한 고참 선배의 애정 어린 위로의 말씀이 훈시처럼 이어진다.

"군대란 곳은 병정놀이와 같은 곳이므로 너무 어려워들 하지 말고……."

천만의 말씀이었다. 동해의 겨울 찬바람이 포항 안강으로 이어지는 골을 타고 막힘없이 내처 영천으로 불어닥친다. '영천 대말좆 바람'이라고 별칭되는 살을 에는 듯한 칼바람 속에 똥오줌을 못 가릴 6주간의 삼사 훈련은 결코 만만한 병정놀이가 아니었다.

그런데 가만히 보니 낯이 익었다. 사람들을 헤치고 더 가까이 가서 보니,

"아이고짜꼬(아이고 어떻게 할까), 이게 누구냐!"

내가 고등학교 입학시험 준비할 때 본과를 함께 다니던 형의 친구 고대우였다. 그들은 나보다 여섯 살이나 위였다. 대우 형은 한마디로 걸물이라 불릴 만한 아주 웃기기도 하고 능구렁이처럼 징그럽기도 하고 무섭기도 한 나에게는 공포의 화신이었다.

이야기는 십 년 전쯤으로 돌아간다. 시골 출신인 나는 대구에서 할머니를 모시고 본과 1학년이던 형과 함께 셋방을 얻어 살고 있었다. 하루는 고입시험 준비하느라고 밤늦게까지 공부하다 나도 모르게 꾸벅꾸벅 졸고 있는데 어디서 나타났는지 대우 형이 불문곡직하고 내 뒤통수를 후려치며

"이 짜슥이 또 자분다(졸고 있다). 봐라 봐라, 니 그래가지고 뭐가 되겠노, 어잉."

술 냄새가 진동을 한다. 지금은 미국에 살고 있는 곱상이 영천이 형을 포함해서 대우 형과 나의 형 세 명 모두 술이 만땅이 되어(가득 취하여) 내 공부방에 들이닥친 것이었다. 시간은 12시를 막 넘겼다.

"일마 이거 여엉 시원찮다."

"가서 소주나 한 병 사와."

'엥? 통금시간(당시는 밤 12시가 넘으면 통행이 금지되었다)이 지났는데?'

저항을 해볼 마음도 있었으나 포기하고 말았다. 평소에도 워낙 사나운 형이라 거절하다가는 꿀밤을 강하게 얻어맞을 게 뻔했다. 차라리 얼른 지폐를 받아들고 술 사러 가는 편이 나았다. 다행히 구멍가게는 5분 거리 이내에 있었다. 주인아저씨가 가게 나무문을 막 닫으려 하고 있었다.

"잠깐만! 아저씨, 금복주 한 병."

이미 만취 상태로 흐물거리던 본과 1학년 3인은 내 곁에서 소주잔을 들이키며 뭔가를 숙의하고 있었다. 그러다가 갑자기 분한 듯이 고함을 지르곤 하였다. 대화 내용인즉 동기 중 어느 한 못된 놈이—본과생들이 으레 눈치껏 한다는—커닝 사실을 해부학 교수님께 익명의 전화로 고자질한 사건에 관한 것이었다. 거기 일러바쳐진 몇 명 가운데 한 명이 대우 형이었다. 의대에서 커닝하다 들키면 꼼짝없이 낙제를 당한다.

"칸닝구는 눈치껏 짬짬이 할 수도 있는 거 아이가."

분개한 대우 형의 목소리가 터져 나왔다.

"이노무 짜슥을 내 당장 요절을 내겠다."

대우 형의 분노가 비장한 결심을 예고한다. 소주 한 잔을 원샷으로 마시고는 나직이 말했다.

"내 글마한테 전화해 놨데이. 아양교 다리 밑으로 나오라고. 사시미 칼로…… 네가 죽나 내가 죽나 결투를 벌일끼다."

엄중한 각오와 비장한 결의를 듣고 영천이 형의 슬픈 탄식이 뒤따른다.

“그래야만 되겠나, 친구! 이 사건은 의과대학 역사에 큰 비극으로 남을끼다.”

웃기고 있네. 세 명의 술꾼들은 ‘OK목장의 결투’를 흉내 내고 있었다.

어느덧 술병이 비었다. 30도가 넘는 독한 소주를 마시고도 그들은 널브러지기는커녕 더 펄펄하였다. 술이 술을 마시고 있었다. 술자리를 끝낼 기색이 없었다. 대우 형이 충혈된 눈을 내게로 돌리며

“일마 이거 또 자불제.”

하면서 한쪽 엉넝이를 번쩍 들고 방구를 빵 뀐다. 그러고 나서 “히히” 하고 웃으며 엉덩이 밑에서 뭘 끄집어낸다. 그가 내민 것은 조그마한 딱지였다. 그 딱지에는 금복주 영감이 웃고 있었고 그 밑에 빨간색 동그라미 안에 ‘또’ 자가 적혀있다. 금복주 소주 회사에서 술병마개 안에 아주 드물게 ‘또’ 자 딱지를 넣어 두었는데 그 딱지는 금복주 한 병을 공짜로 또 준다는 표식이었다. 하필 조금 전 내가 사온 술병에 그 딱지가 들어 있었던 것이었다.

아량을 베풀듯 대우 형 말씀이 걸작이었다.

“자부럽을 때(졸음이 올 때)는 찬바람을 쐐야 한다. 너 지금 나가서 바람도 좀 쐬고, 금복주 한 병 얻어온나.”

뭐라고? 지금 시간이 12시 40분이다. 그때는 통행금지가 엄격하였다. 12시 넘은 시간에 길거리에서 얼쩡거리다 붙잡히면 파출소에 끌려가 갇혔다가 이튿날 닭장차를 타고 앞산 즉결재판소로 가야 했다.

"통금시간이 한참 지났는데요."

'못 나갑니더' 하려는 심정으로 애원을 하듯 형을 쳐다보았다. 그러나 형은 눈을 지그시 감으며 싱긋이 웃었다. 그 능글맞게 가하는 위압은 감당하기가 어려웠다. 턱짓으로 갔다 오라고 명령한다. 나는 울상이 되어 딱지를 들고 아까 그 가게로 갔다. 한 모퉁이에 잠깐 숨어서 야경꾼이 없는지를 확인하고 난 다음, 다음 은폐지로 재빨리 이동하며, 가까스로 술가게 문 앞에 도착하였다.

나무 대문을—너무 미안해서—가만가만 두드렸다. 기척이 없었다. 좀 더 세게 두드려도 무소식이다. 에라 모르겠다. 발로 쾅쾅 차니 이빠이(가득) 화가 난 날카로운 고함 소리가 내 고막을 찢는다.

"언(어느) 놈이고!"

막 잠이 들려는데 깨우니 얼마나 화가 났을까. 내가 사정하다시피 말했다.

"형님들이 큰 변고를 당해 한잔하고 있는데, 술이 좀 모자란답니더……. 미안합니더."

나는 정말 미안하였다. 불쌍한 목소리로 애원하듯 하자 노기등등한 아저씨가 싸워봤자 별수 없겠다 싶었는지 억지로 화를 참고 금복주 한 병을 내민다. 돈 대신 딱지를 주려니 더더욱 미안하였다. 하는 수 없지 않은가. 얼른 딱지를 가까운 데 내놓고 도망치듯 쫓아 나왔다. 소주병을 들고 의기양양하게 나타난 나를 보고 대우 형은 흡족한 듯이 미소를 지으며 내 뒷등으로 손을 쑤욱 넣더니 등을 쓱쓱 긁어 주었다.

"수고했다……. 잠이 확 달아났제?"

그때 그 원수 같은 대우 형을 훈련소 동기로 만나다니, 도대체 낙제를 몇 번이나 했기에……. 아마도 레지던트 과정도 채 못 마치고 입대 연령 제한 때문에 끌려온 게 아닌가 싶었다.

그래도 너무 반가워 다가가서 인사했다.

"형님, 저 아시겠어요? 원식입니다."

대우 형은 눈을 번쩍 뜨며 의아해했다.

나중에 그들 동기모임에서 대우 형이 혀를 차며 나의 형에게 말하더란다.

"그래도 그렇지, 아무리 늦었기로서니 원식이 글마하고 훈련 같이 받을 줄은 몰랐다."

3부

동시다발교차대화술

고령 박씨 외가에 여덟 명의 딸네들이 살았더랬다. 아들이 태어나기를 기다리며 자꾸 낳다보니 그만 딸부자가 되어버린 것이었다. 제일 큰 언니와 막내는 서른 살 가까이 차이가 났다. 초등학생 막내 이모가 중늙은이가 된 큰이모를 보고 "언니야." 하는 것이 내게는 이상해 보였다.

옛날에는 이런 가족 구조가 좋지 않았다. 딸부자라느니 제 먹을 양식은 가지고 태어난다느니 온갖 위로의 말들을 하지마는, 어린 딸네들은 원하지 않는 혹은 쓸모없이 태어난 존재임을 어렴풋이 느끼며 자라난다. 예쁘고 사랑스럽기는 하나 특별할 것 없는 딸아이로 자칫 잉여인간으로 태어났다는 자기 비하에 빠지기 쉽다. 부모에게 고추를 갖고 태어나지 못한 자신의 출생을 늘 미안한 마음이 없을 리 없다. 어떻든 간에 여덟이나 되는 그 딸네들은 쉴 새 없이 떠들며 때로는 서로 다투기도 하며 계집애에서 처녀로 자라나서 엄마와 할머니가 되어갔다.

이종사촌 하나가 늦장가를 갔다. 결혼식 만찬이 끝난 후 경향각지로 시집간 여덟 명의 이모들은 이차 모임을 가기 위해 한데 봉고버스를 탔다. 거기서 나는 희한한 광경을 목격하였다. 오랜만에 만난 형제들은 차를 타자마자 식장에서 못다 한 이야기들을 본격적으로 쏟아내기 시작하였다. 시끄러운 수다와 깔깔대는 웃음이 버스 안에 가득 찼다. 처음에는 한 주제로 시작되었으나 차츰 다른 내용들의 이야기들이 파생되었다. 앞좌석에 나란히 앉은 이실(남편 성이 李가이면 그 부인은 李室이가 된다)이와 김실이가 무슨 이야기를 열심히 하고 있었다. 가운데 쪽 의자에서는 전실이 김실이 차실이가 다른 내용의 이야기를 벌이고 있었고 그 뒤쪽 열에서는 또 다른 이야기가 왔다 갔다 하고 있었다. 그런데 앞 열에서 무슨 이야기에 열심이던 꽃질 이모(꽃길이라는 동네로 시집간 이모)가 갑자기 뒤로 고개를 돌리며 뒤쪽 이야기에 참견을 하는 것이었다.

"그건 그렇지 않지. 차실이 형아 네 생각이 옳잖아."

뒤쪽에서 벌어지고 있는 이야기의 흐름과 내용을 정확하게 알고 하는 참견이었다. 더 뒷좌석에 앉아가던 또 다른 세 명은 전혀 다른, 6.25 사변 때 사라진 작은아버지 이야기를 벌이고 있었다. 이모들에게는 배다른 작은아버지가 계셨다. 소위 지식인 좌익운동가로서 활발한 사회주의 활동을 하시던 중 6.25 사변이 일어났다. 정부는 좌익분자에 대한 예비청소를 벌였다. 작은아버지는 고령경찰서로 끌려갔다. 이후 그를 본 사람은 아무도 없었다. 모두들 그가 처형당했을 것으로 추측하였다. 상황이 급변하여 잠깐 좌익들의 세상이 오자 이번에는 그의 아들이 아버지 체포에 협조한 부락민들을 찾아 피의 복수를 감행하였다. 그러다가 불과 몇 달 만에 다시 세상이 바뀌자 아들은 살인범으로 체포되었다. 그는 무기수로 감옥에서 평생을 보내다가 석방된 지 3년 만에 세상을 하직하셨다. 차 안에서 실종된 작은아버지의 행방에 관한 추측들이 오갔는데 모두들 북쪽으로 올라갔다는 것이었다.

"암매도(아마도) 작은아버지는 빨갱이들 따라 북으로 올라가신 거야."

"그래 그래, 북으로 가서 한자리하시며 잘 살았을 거야."

그러자 시집 식구 험담에 열을 올리던 중간 열의 막내 전실이가 목을 빼 뒤를 쳐다보며 말했다.

"아니야, 처형을 당하신 게 틀림없어. 고령 갱빈(강변)에서. 그런 소문이 있었어. 강둑 밑에서 졸롬이(한 줄로) 세워놓고 총살시킨 후 바로 그 자리에 파묻었붓다 카데."

이게 뭔가? 여덟 명의 이모님들은 세 판으로 나뉘어 자기들 이야기에 열중하면서도 동시에 벌어진 다른 이야기들에도 참여하고 있었던 것이다. 이 현상을 신경분석학적으로 말하자면, 뇌의 세 구역에서 듣고 생각하고 판단하며 발언하는 기능이 동시에 작동하고 있었다는 말이 된다. 그들은 여러 개의 입력 신호를 한꺼번에 처리한다. 정신을 집중하기 위하여 그들은 의식적 마음을 일시적으로 여러 부분으로 분리해야 한다. 그러면서 이러한 분리는 동시에 조절되고 통합되고 있었다. 마치 피아니스트의 손가락 열 개가 따로따로 놀듯이 말이다. 이것은 신경기능학적으로 숙달되기 어려운 매우 정교한 재주였다. 필자는 이러한 기이한 대화술을 '동시다발교차대화술(同詩多發交叉對話術)'이라 명명하고자 한다. 사전에 없는 용어다.

어느 화가

나에게는 20일 생일이 빠른 사촌형이 있었다. 1950년 가을 형의 아버지이자 나의 작은삼촌은 결혼한 지 서너 달 만에 국가의 부름을 받고 강제로 징집되었다. 북쪽에서 난리가 났다는 소문은 사실이었다. 삼촌은 충청도 모처 훈련소에서 군사훈련을 받던 중 장티푸스로 추정되는 불명열에 걸려들었다. 치료받기는커녕 약 한 톨 없이 그는 즉시 귀가 조치되었다. 전쟁이 나면 젊은이들은 국가의 관물(官物)로서 소모품이 된다. 전시에 병든 도구는 아무 쓸모가 없으며 폐기처분된다.

열병에 걸린 채 집으로 돌아온 삼촌은 이열치열이란 말도 되지 않는 민간요법을 받다가 뜨거운 구들방에서 이불을 뒤집어쓴 채 외로이 숨을 거두었다. 삼촌이 죽어가던 그 시간에 그의 어머니와 혼이 반쯤 나간 어린 아내는 그날도 용하다는 이웃 동네 점쟁이한테 매달려 있었다. 갓 시집온 새댁은 만삭의 몸으로 닥쳐올 불길한 운명 앞에 어쩔 줄 몰라 하며 눈물로 날밤을 지새우다가 사내아이를 낳았다. 아이를 낳았다는 소식을 듣고 득달같이 달려온 친정 식구들은 유복자 피붙이를 시어머니에게 떠맡기고 산모와 함께 산 너머로 사라졌다.

형은 나와 함께—우리 둘이가 마치 쌍둥이인 것처럼—번갈아 큰엄마의 젖을 먹었다. 그러나 친어미가 없어진 젖먹이는, 할머니와 큰엄마가 아무리 정성을 다하여 보살펴 준들 건강하게 자랄 수는 없는 것이다. 동물은 태어나자마자 타고난 본능에 따라 먹이를 찾고 스스로 알아서 행동하지만 인간은 그렇지 못하다. 낳아준 어미가 보살펴야 한다. 아이가 태어나면 어미와 아이 사이에 시원적 결연(始原的 結緣)이란 게 맺어진다. 이것이 아이에게 안정감을 부여하고 장차 나아갈 방향을 부여해 준다. 형에게 이런 결연은 처음부터 있을 수 없었다. 이유 없는 병치레가 형의 일과였다. 동무들과 어울리지 못하고 항상 외톨이로 구석진 곳에서 빌빌거렸다.

한동안 출생의 비밀은 감춰지고 주위 사람 모두가 우리 둘을 쌍둥이라고 불렀다. 그러나 비밀은 오래가지 않았다. 어느 여름 생전 처음 보는 아줌마 둘이 초등학교 4학년 교실에 나타났다.

"네가 원창이냐? 네 이모다."

어떻게 알았는지 그들은 형의 이름을 알고 있었다. 생모는 차마 올 수 없었던가 보다. 그 여인네들은 형을 붙잡고 하염없이 눈물을 쏟았다. 그들은 그들이 슬퍼서 울었겠지만 형에겐 가장 몹쓸 짓을 한 것이었다. 결국 알려져야 할 일이었다. 청천병력 같은 출생의 비밀을 어렴풋이 알아차리기 시작한 형은 그 뒤로 차츰 말수가 적어지고 혼자 멍하니 앉아 있는 날들이 많아졌다. 때로는 벼락같이 화를 내며 파괴적인 행동을 하였다. 특히 그를 잃어버린 자식만큼이나 눈물로 보살펴 주던 할머니에게 사나운 맹수처럼 으르렁거리며 대들었다. 하루는 무슨 일로 그를 나무라는 할머니의 눈에 화로에 있던 식은 재를 퍼부었다. 신체는 허약하였지만 그의 눈만큼은 적개심으로 번뜩였다. 형은 누구도 믿을 수 없었다. 그 누구도 그에게는 거짓말쟁이였다. 그에게 훈육은 불가능하였다. 오직 가족으로부터 버려졌다는 배신감과 홀로라는 공포가 그를 걷잡을 수 없는 분노의 화신으로 만들었다. 그의 어린 가슴에는 적의가 자라고 있었다.

형은 초등학교 6학년까지 한 번도 결석한 일이 없었다. 그래왔던 형이 어느 날 학교에 출석하지 않고 사라졌다. 친구들이 학교 주위로 돌아다니면서 형 이름을 부르며 찾았으나 그를 발견할 수 없었다. 해거름 무렵 하굣길에 한 친구가 학교와 한참 떨어진 들판에서 형을 발견하였다. 그는 가을걷이가 끝난 후 논 언저리에 쌓아놓은 짚더미 속에—마치 거기가 어머니 자궁 속인 것처럼—숨어 있었다. 애벌레처럼 등을 동그랗게 말고 양팔을 가슴에 모은 채 누워있더라고 하였다.

형은 그림 그리기에 타고난 재주가 있었다. 누가 가르쳐주지 않았는데도 그가 그린 데생이나 크레용 그림, 파스텔화, 수채화는 미술을 전공한 여선생님들을 깜짝 놀라게 하였다. 셰익스피어의 초상화는 너무나 근사하여 액자에 넣어져 학교 게시판에 전시되기도 했다. 형은 초등학교 대표로 군교육청에서 주최한 사생대회에 나가 특상을 받았다. 큰아버지는 최고급 크레파스와 도화지를 사 대며 그의 그림 그리기를 적극적으로 응원하고 도왔다. 아버지는 형에게 늘 '원창이는 내 동생과 같아'라는 심정에 있었다. 할머니도 이 불쌍한 손자를 보고 "굼벵이도 뒹구는 재주가 있다더니." 하셨다. 그림 그리기는 그에게 즐거움과 삶의 활력을 불러일으켰다.

대구 K대학 미술학과에 진학한 그는 본격적으로 그만의 미술 세계를 개척해 나가며 지도교수들의 촉망을 받았다. 졸업 후 교편을 잡고 습작을 계속하다가 1985년 드디어 대한민국 미술대전에서 특선을 하며 국전작가의 반열에 올랐다. 그가 그린 것은 고택(古宅)을 뒤로하고 있는 대문이었다. 세월의 무게에 짓눌린 듯 양 기둥과 버팀목으로 버텨 서 있는 대문의 지붕에는 깨어지고 흐트러진 기와들이 얹혀 있었다. 대문은 반쯤 열려 있었고 그 안으로 서원으로 쓰던 폐가가 있었다.

이원창, 「서원여일書院餘日」, 1985년.
(4회 대한민국 미술대전 특선작)

시간으로부터 격리된 화폭의 형상은 물론 가상(假像)이다. 작가는 자신의 주제를 따로 떼어내어 대상을 캔버스에 고정시킨다. 그는 자기만의 창작으로 작품을 역사 위에 올려놓는다. 그리하여 그림 속의 대상은 공간을 압축하며 계속해서 살아있게 된다. 작가는 존재의 내밀한 핵심을 그의 혼으로 그린 작품을 통하여 현시(顯示)한다.

작가와 대문은 어떻게 서로 교우하였을까? 그가 문득 대문을 바라보았고 대문이 응답하였다. 대문은 그를 유혹하는 오브제 아였다. 작가를 바라본 대문은 작가의 혼을 빼앗아 버렸다. 혼을 빼앗긴 작가가 그의 무의식 심층에서 퍼 올린 것은 그가 본 대문의 모상이 아니라 대문이 그에게 준 감각이요 영감이었다. 대문과 작가는 동급의 두 존재자로서 더 이상 너와 나로 구분되지 않는다. 둘은 화폭 속에 함께 섞여 들었다. 그리하여 그림은 바깥의 안이고 안의 바깥이 된다. 그림은 이제 작가를 떠나 숭고의 위상을 갖추며 강렬한 권력의 일자(一者)로 유유히 화폭 위에 남는다. 화폭 속에는 관능적인 본질과 말없는 의미들로 몽환의 영토를 펼치면서 본질과 현존이 공존하고 있다. 작가는 그림을 통하여 그 자신 그침이 없는 생성 변화의 현존 속에 머무르고 있다. 그의 화필로 세워진 그 가상은 무엇을 드러내려 하고 있으나 누구도 그 무엇이 무엇인지 알 수 없다. 작가 자신도 알 수 없는 무엇이다. 작품의 진리는 결코 언어로 드러나지 않는다. 그 무엇은 무엇일 뿐이며 숭고할 뿐이다. 그 초월적인 아름다움과 새로움은 규정되지 않는다. 더 이상 시간과 공간으로 쪼개어질 수 없는 무한성으로서 화폭 속에 자리 잡은 작품은 모든 것들이 다채롭게 포함되는 하나의 총체가 된다. 그 전체를 사람들은 형언할 수 없는 감성으로 체험한다. 거기에는 언어로 말해질 수 없는 어떤 의미에 대한 추상적인 감각만 있을 뿐이다. 그 현실적 감각은 무의식 속 자기 원형의 작용이다. 그야말로 공백인 존재의 현시를 진리로 만나는 순간인 것이다.

대문은 안과 밖의 경계로서 여기라는 현실과 저 너머를 가정하는 것 같다. 대문은 간절하지만 넘을 수 없는 그의 한계를, 동시에 희망을 암시하는지 모른다. 그러나 반쯤 열린 그 문은…… 불가능을 향하고 있지 않은가! 그는 대문을 통하여 어디를 가고 싶어 했을까? 공백을 뚫고 이카루스의 날개처럼 강렬한 열정의 몸짓과 색깔로 그만의 이상향을 향해 솟구쳐 오르려고 하였을까? 그 안쪽 서원은 도달할 수 없는 그의 본향이었을까? '서원의 남은 나날들'이라는 뜻의 작품명 「서원여일」이 그의 운명을 예감한 듯 애처롭다.

국전을 주관한 신문사(조선일보)에서 미국 전시회를 제의하였으나 그는 사양하였다. 그는 오로지 이젤 앞에서 그가 그리는 가상의 세계에만 빠져들고 싶었다. 그 외의 세속적인 일들은 모두 그에게 성가신 방해꾼이 될 뿐이었다. 이 화백은 이 세상 모든 것들과 단절하고 그림 그리기와 그리고 불행히도 취몽(醉夢)의 환상 속으로 숨어들기 시작하였다. 거기서 그는 일반적인 진실을 넘어서는 그 무엇을 더듬고 있었다.

술은 그에게 너무나도 중요하고 간절한 동지였다. 뒤틀린 운명과 일그러진 세상을 재조립하여 불안과 불쾌한 자의식들을 편안함과 즐거움으로 되돌려주는 묘약과도 같은 술의 능력을 그는 사랑하였다. 또한 술은 평상시 다다를 수 없는 비전을 보게 하는 수단이 되어주었다. 예술의 혼도 몽환의 상태에서 작동하였다. 그에게 술 취한 세상이야말로 살아 있는 정상적인 세상이었고 취하지 않은 상태는 아무 일도 할 수 없는 텅 빈 폐허와도 같았다. 그는 술과 절교할 마음이 없었다. "이놈의 술은 독약이야." 하면서도 그 속에서 창조되는 예술의 혼을 맞바꿀 수 없었다.

술과 절교했어야 했다. 그러나 인간은 그가 견지해 오던 어떤 삶의 방식도 그것이 다른 것과 치환되지 않는 한 그 방식을 버리지 않는다. 그리기와 술과 몽환(夢幻)의 세계를 대신할 어떠한 것도 그에게 없었다. 메피스토펠레스처럼 그를 환상의 아름다움으로 유혹하던 술은 그를 위로하며 그림을 그리게 하였지만 살금살금 그를 배반하고 그를 조종하였으며 마침내 그를 파멸로 몰고 갔다. 친구로 다가와 악마로 변한 술의 손아귀에서 벗어나기란 불가능하였다.

어느 추운 늦가을 서울에 살던 형이 몇 년 만에 불쑥 나를 찾아왔다. 형의 얼굴은 이미 잿빛으로 변해 있었고 다리는 밀가루 반죽처럼 부어 있었다. 술로 인한 간경변이 깊어진 상태였다. 기겁을 한 나는 가장 무섭고 잔인한 말로 형을 겁박하며 애원하였다. 술을 끊지 않으면 곧 죽는다는 막말로 윽박지르며 눈물로 호소하였다.

저녁 식사 상에 앉은 형은 반주가 없음을 나무라며

"우리 환쟁이(화가)들은 술 없이는 밥이 안 넘어가는 기라, 술 좀 사오너라."

침묵으로 거절하자 형은 숟가락을 놓으며 날 물끄러미 쳐다보았다.

"니는 나를 모른데이."

"몰라도 좋다. 글치만 형, 목숨보다 더 중한 것은 없단 말이다."

나는 형을 거칠게 질타하였지만, 그는 어두운 눈으로 말없이 나를 바라보더니 일어나 집을 나가버렸다.

"식아, 나는 그냥 (운명을) 오는 대로 받아들일란다."

그게 형이 나에게 남긴 마지막 말이었다.

오래가지 않았다. 서울 모 병원에 입원했다는 소식을 들은 지 일주일도 되지 않아 간성혼수로 인한 발작을 진정시키려고 놓은 진정제 발륨 한 방에 형은 마침내 지옥 같았던 한 많은 인생을 마감하였다.

이 화백은 어떤 것 앞에서도 허허하고 웃었다. 그것은 자신에게 씌워진 잔인한 숙명에 대항하는 방식이었으며 또한 회피하는 수단이기도 하였다. 그 유머와 웃음으로 자기 아이러니를 만들어 차단벽을 쳤다. 진실로 깊은 감정은 벽 너머 마음속 깊숙이 숨어 있었다. 숨겨진 그것은—자신도 잘 모르는, 알고 싶지도 않은—어둡고 두려운 무엇이었다. 나는 형의 마음속 깊이 소외에 대한 두려움과 슬픔이 숨어 있다는 사실을 잘 알고 있었다. 그러나 그는 한 번도 슬퍼하거나 우는 모습을 보인 적이 없었다. 그에게 슬픔은 끔찍한 공포였으므로 울 수가 없었다. 그래서는 안 될 일이었다. 그는 자신에 대한 애도에 실패했다. 슬픔을 은폐할 것이 아니라 울면서 웃음을 되찾는 절차가 필요했었다. 자신의 비참한 숙명을 저주하며 대항할 것이 아니라 그러한 간난의 여정이 오로지 우연한 운명이었음을 긍정하고 인내하며 받아들였어야 했다. 그럴 때 자아는 굳건히 자리를 잡는 법이다. 그러한 자아는 패배 속에서도 승리를 느낀다. 무엇에게도 방해받지 않으며 도망칠 필요도 없어진다. 단련된 자아는, 억울하게 주어진 숙명에 스스로 간섭하지 않을 경우에만 가능하다. 형은 그러하지 못했다. 술은 자신이 자신을 감당하며 스스로 사는 법을 배우는 것을 가로막았으며 결국 형은 자신을 잃고 술 앞에 무릎을 꿇고 말았다.

그가 대학을 다니던 시절 어찌어찌 수소문을 하여 생모를 찾아내었다고 한다. 부산 산복도로 어느 판잣집에서 만난 그의 생물학적 어미, 생판 처음 보는 낯선 늙은 여인 앞에서 형은 자기소개조차 할 수 없었다. 이 여인은 머뭇거리는 형을 물끄러미 쳐다보더니 '왜 왔어?'라는 듯이 씁쓸하게 웃었다. 그녀는 형에게 "그냥 그렇게 살아."라는 무덤덤한 말 한마디만 던지고 양철 대문 뒤로 사라졌다. 그 이야기를 듣고 기가 막혀 '이런 망할 놈의 할망구야' 하며 나는 분개하였지만 형은 또 허허 웃기만 하였다. 한순간만이라도 평균적인 무엇이 되어보려던 허망한 몸부림은 역시 허망하였다. 자신의 생물학적 기원을 확인해야만 존재의 정당성이 확보되는 것처럼 그토록 두려워하면서도 채워보고자 했던 빈자리에 접근조차 하지 못한 그는 삶의 방향을 영영 잃어버렸다. 이 세상 모든 것이 그에게는 잔인하고 잔혹하였다. 아내와는 진즉에 결별하였고 피붙이 어린 딸은 어디론가 보내버렸다. 그의 죽음을 애도할 그 누구도 남겨놓지 않았다. 그것은 그에게 내려진 운명에 대한 반항이었고 자기 학대를 통한 잔인한 복수였다. 절망과 방황의 터널 속에서 육신조차 허물어질 즈음 오직 하나 죽음만이 그의 고통을 끝내줄 수 있는 밝은 탈출구였다. 마침내 형에게 비극적 평화가 왔던 것이다.

춘삼월 봄날 그는 관속에 누워 고향 선산을 향하여 경부고속도로를 내려가고 있었다. 도로 옹벽에 달라붙은 담쟁이 넝쿨에는 연두색 새잎들이 돋아나고 날씨는 말할 수 없이 화창하였다. 형의 장례가 끝난 후 그의 빈 작업실에는 「서원여일」의 대문만이 주인을 잃고 덩그러니 벽을 기대고 서 있었다.

작가는 그가 남긴 작품으로 그의 삶과 운명을 이야기한다. 그 외에 그와 관련된 것은 아무것도 남지 않는다. 화백 이원창은 적당히 실패한 아까운 한 화가로서 한동안 세인들의 담론에 오르내리다가 곧 잊혀졌다.

탈영(脫營)

존 스튜어트 밀은 그의 저서 『자유론』에서 다음과 같이 말하였다.

사람들은 자신의 기호를 즐기고 자기가 희망하는 것을 추구할 자유를 지녀야 한다. 각각의 개성에 맞게 자기 삶을 설계하고 자기 좋은 대로 살아갈 자유를 누려야 한다. … 자기 식대로 살다가 일이 잘못돼 고통을 당할 수도 있다. 그러나 설령 그런 결과를 맞이하더라도 자신이 선택한 길을 가게 되면, 다른 사람이 좋다고 생각하는 길로 억지로 끌려가는 것보다 궁극적으로는 더 많은 것을 얻게 된다. 인간은 원래 그런 존재다.

이 말이 요즘의 우리 시대에 맞는 말인가?

'왜 신부가 되었느냐'라는 신자들의 질문을 받고 우리 성당 신부님은 다음과 같이 대답하였다.

"너는 신학교에 가서 사제가 되어야 한다."

아버지의 가부장적 명령이었다. 신학교 진학을 강요하는 아버지,

기독교에 강하게 경도된 무서운 아버지의 엄중한 다그침을 받고

"싫습니다. 신학교에는 가지 않겠습니다."

라는 말을 감히 하지 못했던 그는 용기의 부재로 억지 신부가 되어버렸다고 하였다. 어영부영 우물쭈물 떠밀림이 그의 삶이 되어버린 것이었다. 자기 스스로를 자기가 결정하지 않으면 남이 나를 결정해 버린다.

토요일 오후 야외서 열린 내과학교실 동문의 날 행사에서 한 젊은 의사 K 씨는 연단에 서서 과거 후배와 벌였던 투쟁담을 감격에 겨워 이야기하고 있었다.

"도망간 것을 잡아 오고, 또 도망가서 다시 잡아 오고, 또다시 이 놈이……. 합쳐서 다섯 번이나 도망친 것을 기어이 잡아 왔어요."

전공의 수련 과정에 있던 한 후배가 '의사-되기'가 싫어서 병원을 떠나 도망을 가버렸다. 선배 K는 수소문 끝에 숨어 있던 그 후배를 찾아내 그를 설득하고 다시 데려오는 데 성공하였다. 후배는 마음을 다잡고 인내하며 다시 노력을 기울였으나 도저히 못 하겠다며 다시 탈영해 버렸다. 수련 과정이 어려워서가 아니라 의사-짓이 정말 싫었던 것이었다. 아마도 그는 자기 삶을 불안전한 병자와 엮이기가 싫었을 것이었다.

나의 아버지는 "멀쩡한 사람도 자꾸 만나면 지겨운데, 불안하고 예민한 환자들을 맨날 만나야 하다니." 하시며 의사 생활을 하던 나를 측은해하셨다. 나의 직업적 처지를 가장 정확하게 이해한 단 한

사람은 나의 아버지셨다. 아버지는 '의사의 보람'이라는 허울 좋은 굴레도 너를 배반할 것이라고 예고하셨다. 나이가 들수록 그 말씀이 정확했음을 실감하였다. 도대체 우리가 나 자신 외에 누구를 믿고 누구를 위하여 산다는 말인가? 의업(醫業)이 자신을 위한 보람이란 믿음조차—그것이 외부-의존적인 한—그 믿음이 얼마나 쉽게 허물어질 수 있는지 알아야 한다.

인간들은 평생을 바쳐 일개미처럼 모으고 쌓기를 계속한다. 그것이 마치 삶의 의미요 당연한 삶의 본질인 것처럼. 거기에는 '성실'과 '노동의 즐거움' 혹은 '성취'라는 아름다운 수식어가 따라붙는다. 우리는 모으기에 전문가가 되어 있으며 그 작업은 무척이나 고상한 느낌을 준다. 가끔 그것들에 '숭고한 이타적 희생 봉사'라는 자기 기만적 자화자찬도 보태어진다. 이것은 꿈을 꾸며 현실적 아름다움을 추구하는 아폴론적 삶의 정당화이다. 이와는 반대로 사람들은 없음, 아님, 혹은 텅 빔에 대해서는 매우 어색해하거나 불안해한다. 없음은 부정이며 궁핍과 곤경, 심지어 파멸(죽음)을 뜻하므로 부재(不在)는 두렵기까지 하다. 우리는 없음과 비움에 도무지 익숙하지가 않다. 그 근처에 가기도 싫은 것이다. 있음은 넉넉하고 안심스럽긴 하지만 잃음에 대한 불안감을 동반한다. 재산 지키기나 끝없는 모으기-탐욕도 이 없음에 대한 불안 때문이다. 그러나 정신심리학자들은 진정한 쾌락은 무의식에서 고통과 결핍으로부터 온다고 한다. 미니멀리스트들은 궁핍 속에서 행복을 느낀다. 인간은 원래 비어 있음에 소속된 공백의 존재다. 무(無)에서 태어나고 무로 죽는다. 수리학에서 마이너스보다 0이라는 수를 가장 늦게 발견하였으며 그것을 받아들이기가 그렇게 어려웠다고 하지 않던가. 왜냐하면 무라는 공백은 우리의 인식 바깥에 있는 무한성의 추상적 개념이기 때문이다. 그러나 모든 사물들은 공백이라는 기원을 가지며 제로에서 덧셈이 시작된다.

일이란 무엇인가? 일이란 쾌락의 탈을 쓴 저주다(E. 시오랑). 사람들은 아무 가치도 없는 노력에서 기쁨을 찾고 거기에 보람을 느끼며 사는 것이 자아를 실현하는 방법이라고 생각한다. 그러나 자신과 맞지 않는 유형의 삶을 살아가면 그는 삶의 의미를 찾은 것이 아니라 바보 얼간이가 된 것이다. 그 바보는 주체로서 본래의 자기를 잃어버린다. 그들의 시야는 좁아지고 사고나 행위는 진부함에서 벗어나지 못한다. 노동은 인간이라는 한 주체를 돌멩이로 만들어버린다. 열심히 노동에 매달린 덕분에 얻어지는 일시적 행복을 '순박한 즐거움'이라고 자족들 하지만 그것은 비속한 쾌락일 뿐이다. 행복이란 보편성에서 느끼는 안도감이나 편안함에 지나지 않는다. 아무리 도덕이나 현실세계가 주체를 제어하고 무시해도 우리는 자신이 주체라는 환상을 억척스럽게 고집해야 한다. 모든 것은 자기 자신의 공백으로부터 출발하여야 한다. 자기 밖에서 자신을 구할 수 있는 것은 아무것도 없다. 그 이유는 자기가 곧 세계이고 세계가 곧 자기이기 때문이다.

인간은 용도에 따라 쓰이는 도구 존재가 아니다. 눈앞에 나열되는 사물도 아니다. 인간은 변화 속에서 행동하는, 혹은 니체의 말을 빌리면 생성(창조)과 힘의 의지로 살아 꿈틀거리는 우주적 존재로서 그러면서 운명을 받아들이고 그 운명을 사랑하는 초인이어야 한다. 삶에서 고통이 초래되든 쾌락이 초래되든 그 광적 비전의 관능성만이 인간의 삶을 의미 있게 한다. 돌아온 탕아에서, 착한 바보로 살기보다 죄를 짓고 고뇌하는 방랑자로 사는 데서 궁극적으로 삶의 의미와 가치를 부여받는다. 단맛보다 쓴맛에서 맛의 가치가 있다. 일개미로 사는 것보다 노래하고 사유하는 베짱이로 사는 것이 인간적인 삶이다. 그것이 존재 회복이요 진정한 주이상스다.

후배를 사랑하는 마음에서였다는 선배 K는 한적한 시골에서 민박을 하며 그림을 그리고 있던 그를 기어코 찾아내었다. 후배는 그림을 그리고 싶어 했다. 그림 그리기는 그의 주이상스, 즉 금지 없는 팔루스(남근)적 쾌락이었다. 선배는 '인생은 원래 그런 거야, 이래서는 안 된다'며 어르고 달래서 다시 그를 데려왔다. 마치 가상의 주인이 지시하는 듯한 추상적인 신념에 따라 주이상스를 박탈(거세)하겠다는 선배의 노력은 지극한 사랑으로 가득 찬 인간적인 봉사였다. 그러나 후배의 탈영은 그치지 않았다. 몇 번이나 더 탈출과 귀환이 반복되었다. 그것은 반항이요 거부였다. 울타리를 탈출한 양을 찾아 나선 선배의 노력은 집요하였다. 선배는 후배의 탈영 고집이 세상 물정 모르는 철부지의 빗나감이라 확신하고 있었다. 불알을 까버리겠다고 쫓아오는 선배와 사타구니를 움츠리고 도망가는 후배의 이 긴박한 숨바꼭질은 네가 이기나 내가 이기나 해보자는 오기를 주제로 한 다툼이기도 하였다. 포획과 도주의 술래잡기는, 가슴이 없는 멍청이가 머리 없는 얼간이를 나무라고 걱정해 주는 코미디극을 연상시켰다.

선배 K는 땀을 닦아가며 감격에 겨워 그의 성공담을 토하였다. 결국 그 상습 탈영자는 가까스로 수련 과정을 마치고 전문의가 된 후 어느 시골에서 싫어해 마지않던 그 '의사 짓'을 하고 있다고 했다. 선배 K는 그의 끈질긴 노력의 결과를 무척 자랑스러워하며 참으로 다행스러운 일이라 하였다. 연설 말미에 도망간 놈이 또 있으면 끝까지 추적하여 잡아 오겠다는 비장한 결기마저 풍겼다. 그는 탈영 유혹을 느끼는 철부지들이 의외로 많은 것 같다며 연설을 마쳤다. 모두들 박수를 치며 그의 인도주의적 노고를 칭찬하였다.

생각해 보기

무의식은 고통을 동반하는 결여를 욕망한다

무의식은 만족보다 결여와 고통을 탐닉한다(S. 프로이트). 즉 무의식이 욕망하는 주이상스(잉여향유)는 '고통의 쾌락'이다. 무의식의 쾌락은 충분함이나 만족함에서는 발생하지 않는다. 인간은 불만족을 만족한다. 물론 의식의 차원은 쾌락주의에 순종하는 만족을 요구하지만, 무의식이 불만족이나 불행을 요구한다는 것은 모순이요 아이러니다. 그런 의미에서 인간은 본질적으로 마조히스트라 할 수 있다. 쇼펜하우어에 의하면, 세계는 맹목적 의지들이 활동하는 장이다. 의지는 항상 무엇인가 결여(모자람)에 대한 의지이다. 따라서 인간의 의지는 '만인에 대한 만인의 투쟁(T. 홉스)'으로 고통을 초래한다. 즉 고통은 결여에 대한 의지의 절망이며 의지의 본성이다. 의지 작용이 일어나는 인간의 삶은 고통의 연속이다. 쇼펜하우어는 이러한 고통에서 벗어나는 방법으로 예술적 명상과 삶에의 의지를 적극적으로 부정하는 금욕주의를 제시하였다. 그러나 니체는 예술적 명상은 일시적 미봉책일 뿐이며 케노시스(kenosis, 자기 비우기)와 다름없는 금욕주의는 인간의 삶을 부정하는 반자연적인 것으로서 삶의 무의미를 인식하는 허무적 염세 정신이라고 비판하였다. 니체의 초인정신은 나를 파멸시키지 않는 고통은 나를 더욱 강하게 하며 그것이 최상의 쾌락이라고 하였다.

환상 횡단

원초적 쾌락경험, 즉 큰 사물(das Ding)에 대한 욕망은 존재가 가지는 생명의 원동력이기에 우리는 그 욕동을 양보할 수 없다. 평균적 인간으로서 남들이 원하는 세속적인 쾌락을 좇거나 빈말과 호기심 애매성에 섞여 어영부영 사는 것은 진실한 삶이 아니다. 사람은 자기 자신이 원하는 삶을 살아야 한다. '욕망의 법'을 완전히 포기하고 '일상세계의 법'에 타협하여 세속적으로 살기를 선택하면 죄책감이나 수치심이 남는다. 무의식에 실재하는 물(物)에 대한 욕망과 향유를 배신하면 꺼림칙한 후회가 사라지지 않는다. 하지만 안타깝게도 신경으로 원하는 것을 손에 넣기란 매우 어렵다. 불가능한 욕망에 내기를 걸면 현실적으로 그 인생은 불행해지거나 파멸할지도 모른다. 그렇다고 그다지 원하지 않는 쪽을 선택하면 허망해진다. 이러지도 못하고 저러지도 못하며 어정쩡하게 살아가는 게 우리의 삶이다. 차선책은 그 욕망의 성취 불가능성을 인정하는 대신 그 주위에서 그와 비슷한 향유를 맛보는 방법뿐이다. 상징계(일상의 경험세계)와 실재계(원초적 쾌락이 있었던 욕망의 세계)를 연결시켜 주는 것이 환상이다. 어린이는 소꿉놀이를 하면서 무엇인가를 환상한다. 환상은 상징계 속의 결여를 메우는 역할을 한다. 우리는 언제나 욕망의 대상이자 원인인 그 구멍(결여)을 메우고 싶다. 그러나 그 구멍 자체가 허망한 공백이므로 그것을 봉합하려는 욕망은 환상에 지나지 않으며 거기에는 죽음충동밖에 없다는 것을 알아야 한다. 환상을 가로지른다는 것은 대상 a가 나의 욕망에 자나지 않음을 알고 나의 요구를 하나의 관점에서 다른 관점으로 바뀌 간다는 말이다. 우리는 이룰 수 없는 결여를 향하는 환상을 재구축해야 한다. 탈영병 그대 이름은 '환상을 좇는 외로운 늑대'다. 부디 불가능한 그 욕망의 환상을 횡단하여 자아 이상에서 벗어나 다른 관점으로 삶을 조망하며 향유하기 바란다.

멜랑콜리

신생아실 김 교수

12월이다. 올 한 해도 곧 사라진다. 동기들은 대부분 현역에서 은퇴하였다. 몇몇은 요양병원에서 푼돈을 벌고 있다. 그들이 모여 송년회를 열었다. 예처럼 시끌벅적하지도 않고 그렇다고 서글프지도 않은 어중간한 분위기에 모여 앉아 서로의 얼굴과 자세를 살핀다. 더러는 주름진 얼굴을 하고 더러는 구부정하거나 어깨와 목 사이가 굳은 듯한 자세를 하고 있지만 그래도 신관은 모두 좋아 보였다. 대부분 반백의 머리지만 주름진 얼굴에 어울리지 않게 새까맣게 염색한 이들도 있다. 일찍 대머리가 된 한 동기는 멋진 가발로 그것을 감추고 있었다. 다들 '감쪽같다'고 안 해도 될 칭찬을 했다. 노화의 티가 나는 외관(外觀)에도 불구하고 모두들 마음만은 아직이다.

수십 년간 신생아실을 지켜왔던 김향아 교수도 오랜만에 참석하여 말없이 앉아 있다. 그녀는 은퇴한 후 도심에서 좀 떨어진 시골에 집을 마련하여 무료하기 짝이 없을 전원생활이란 걸 하고 있다. 내가 먼저 인사 겸 안부를 물어보았다.

“요즘은 뭐 하고 지내세요?”

“마당 잔디밭에서 풀 뽑는 일이 하루 일과랍니다. 눈에 보이는데 안 뽑을 수는 없고……. 어찌나 잘 자라는지, 풀밭에 앉으면 한나절이지요.”

그녀가 씁쓸히 웃는다. 좀 더 고상한 의문이 들어서 다시 묻는다.

“신생아실에서 청춘을 다 바쳤는데 감회가 깊겠지요?”

한참 말이 없더니

“그 애들 말이에요. 아직 채 사람이라 할 수도 없는 것들이 꼼지락거리기며 주위를 두리번거리지요. 딴 데를 보는 것 같지만, 날 보는 게 틀림없어요. 까만 눈으로 나를 곁눈질로 쳐다본단 말이에요. 마주치는 그 무심한 듯한 눈이 얼마나 진한 감동을 주는지 몰라요. 아가는 엄마보다 나와 먼저 눈을 맞춘답니다. 그다음에 그냥 울어 재끼기 시작하죠.”

김 교수는 더 이상 말이 없었다.

‘응애응애’, 애기가 내는 동물의 소리, 그 언어를 아는 사람은 아무도 없다. 어른들은 그 울음을 자의적으로 해석한다. 추워서 우는 울음을 ‘배가 고픈가 봐’ 한다. 유식자들은 예고된 엄마와의 분리가 주는 두려움의 호소라고도 한다. 그게 나라는 존재의 선언일 테지만 울음의 의미는 인간에 의하여 규정되고 변형되면서 고달픈 삶이 시작된다.

나 홀로 죽음

30년 전, 조그마한 이층 방 한 칸을 빌려 놓고 진료실을 열었다. 한동안 대학에서 어쭙잖은 스태프 생활을 하던 중 왠지 teaching hospital이 싫어졌다. 무엇보다도 창조적이랄 것 없는 그놈의 논문 작업이 싫었다. 또한 희망이 거의 없어 보이는 악성질환에 대한 의사들의 관행적 진료는 나의 양심을 혼란시켰다. 나중에는 내가 죽어가는 사람을 학대할 수도 있겠다는 의구심이 들기까지에 이르렀다. 대학병원 근무 5년 동안 나는 하루에 20명, 많게는 30명의 의뢰되어 온 환자를 상대로 기관지내시경이라는 검사를 하였다. 그 검사는 기관지성 폐암을 진단하는 작업이었다. 거의 반 이상은 육안으로 틀림없는 폐암이었다. 내시경을 넣는 순간 혐오스러운 종괴가 괴물처럼 내시경 불빛에 얼굴을 드러내며 웅크리고 있었다. 나는 눈을 떼고 내 아래 누워 있는 환자의 얼굴을 내려다보았다. 누구의 남편이였고 누구의 아버지였으며 누구의 엄마였다. 그 순박한 얼굴, Dead man below me! 검사가 끝나 일어나 앉으며 나의 눈치를 살피는 그 예리하고 살벌한 눈빛이 나는 몸서리치게 무섭고 싫었다.

레지던트 2년 차 때였다. 흉부엑스선 사진에 무증상 결절을 보인 환자가 입원하였다. 흉벽 가까이서 옹이처럼 자리 잡고 있는 그 결절이 악성일 가능성이 있어서였다. 흉벽을 뚫고 침을 넣어 생검(PCNB)을 시행하였다. 처음 해보는 침습적 시술이었다. 1주일 후 해부병리과에서 보고서가 왔다. 보고서에 적힌 결과는 squamous cell carcinoma(편평상피암)였다. 나는 내가 한 시술로 명료한 진단이

나왔다는 점이 만족스러웠다. 병리보고서를 보면서 수수께끼가 해결되었다는—나도 모르게 찾아드는—안도감과 성취감이었다. 얼굴에 미소가 지어졌다. 나의 머리에 "쟁이"의 차가운 도깨비불이 돋고 있었고 눈은 숨은 무엇을 찾아내는 매의 눈으로 바뀌어 갔다. 나라는 인간이 사이보그가 되어 가고 있었다.

도저히 해결할 수 없는 곤란한 일이 닥치면, 부끄럽지만 도망치는 것이 상책이다. 스스로를 기만하며 거기에 코를 박는 비열한 짓보다 더한 낭패는 없다. '죽어야 할 사람은 어찌해도 죽는다. 내가 왜 거기에 연루되어야 하지?'라는 모진 말을 남기고 나는 사직서를 던졌다. 도망을 결심한 결정적인 계기는 나의 탈인간화에 대한 두려움 때문이었다. 탈주를 감행한 나는 불치병이나 희귀하고 난해한 진료보다 삶의 바닥에서 해결 가능한 도움을 주는 의사 짓을 해보고 싶었다. 문제를 해결한다는 것은 좋은 일을 하는 것이다. 해결사 역할을 하고 고마움을 되돌려받는 일, 그게 의과대학을 선택한 나의 순진한 이유이기도 했다.

개원한 지 5년째쯤 어느 늦가을에 웬 젊은이가 접수대에서 간호사와 실랑이가 길어지고 있었다.

"글쎄요. 환자분들이 저렇게 기다리고 있는데 원장님이 거길 갈 형편이 안 되잖아요."

"그렇지만 이건 중요한 일이라서……."

진료실 밖으로 나와 내가 물었다.

"무슨 일이십니까?"

"옆방에 계시던 아저씨가 아무래도 돌아가신 것 같아 의사선생님이 확인해 주십사 하고……. 아저씨에겐 중요한 일입니다. 부탁드립니다."

두 손을 모으며 공손히 고개를 숙였다.

'누가 죽었구나…….'

그 죽음을 의사가 확인해 달라는 것이었다.

대기실에 앉아서 기다리던 환자들의 불만스러운 눈길을 뒤로하고 그를 따라나섰다. 사람들이 길거리의 흰 가운이 신기한지 힐끔힐끔 쳐다보았다. 가운 주머니에 꽂혀 있는 청진기를 보고 날 이발사로 보지 않는 것은 확실한 것 같았다. 십여 분쯤 걸려 골목길을 돌고 돌아 한 허름한 기와집에 도착하였다. 그 젊은이가 인도하는 대로 곁방으로 들어섰다. 거기에 피골이 상접한 창백한 얼굴이 눈을 크게 뜬 채 천정을 바라보고 누워있었다. 이 세상 못다 한 미련이 있어서인지 마지막 이승과의 작별이 아쉬웠는지 그의 동공은 최대한 어둡게 열려 있었다. 사자(死者)였다. 형식 삼아 그 곁에 꿇어 앉아 이불을 들치고 손목의 맥박을 짚어보았다. 청진기로 앙상한 가슴에 심박동을 찾아보았으나 그는 이미 싸늘한 시신이었다. 평소에 교회 가기를 달가워하지 않던 나였지만 나도 모르게 주검 앞에서 성호를 그으며 경건한 마음으로 기도하였다.

"하느님, 이 사람을 거두어 주소서."

그러면서 청년이 날 데리고 온 목적인 사망선고(사망확인)를 해야겠다고 생각하였다. 먼저 이승에서 불리던 환자의 이름을 알아야 했다. 청년에게 물었다.

"이분의 성함이?"

청년이 머뭇거렸다. 그는 이 망자(亡子)의 이름을 몰랐다. 그러다가 방 구석에 있는 나지막한 서랍장을 뒤져 수첩 비슷한 것을 꺼내 보더니

"김○○ 씨입니다. 죄송합니다. 저도 저쪽 방에 세 들어 사는 처지라 아저씨의 성함을 몰랐습니다."

"연락할 만한 지인은 없습니까?"

"모르겠습니다. 저는 한 육 개월 전에 들어왔는데 지금까지 아저씨를 찾아온 사람은 아무도 없었습니다."

그러면서 그간의 이야기를 늘어놓았다. 아저씨는 자기의 신변에 관한 이야기나 가족에 관한 이야기는 일체 하지 않았다. 아저씨 혼자 죽을 끓여 자셨는데 힘에 부쳐 보이면 자기 식사를 나눠주거나 대신 죽을 쑤어 드렸다고 했다. 아저씨는 이미 폐암 말기 진단을 받았으나 병원에는 전혀 가지 않았다고 하였다. 그는 세상이 그를 '홀로 놔두기'를 바랐다.

사망 선언을 해야 했다.

"김○○ 씨는……."

하고 벽에 걸린 괘종시계를 보았다. 시계는 4시 15분에 멈춰 있었다. 고장 난 시계인가? 시계도 같이 멈춰 섰는가? 죽음이라는 엄청난 존재 사건에는 불가사의한 일들이 동반된다는 말들이 있다. 주인의 임종을 지켜본 시계는 그가 숨을 멈춘 시각을 가리키며 서버렸

는지 모른다. 나는 그 시계의 가리킴을 존중하기로 하였다.

"김○○ 씨는 1998년 11월 5일 오후 4시 15분에 자택에서 사망하였음을 확인합니다."

하고는 다시 성호를 그었다.

죽은 자의 얼굴은 섬찟하였다. 혼이 빠져나간 그 얼굴은 낯설고 무서웠다. 석고상처럼 굳어버린 그 얼굴은 이미 무기물화되어 있었으며 귀신의 얼굴로 변해 있었다. 왜 죽은 자는 저렇게 마스크를 쓴 듯 다른 얼굴을 하고 있을까. 저 얼굴은 존재의 전복에 대한 경악일까. 혹은 그가 남겨둔 세계에 대한 원망이나 분노일까. 아니면 무엇을 향한 기도일까. 퀭한 눈을 두 손으로 쓸어 감겨주며 차디찬 그의 이마에 손바닥을 대어 보았다. 초라하고 불쌍하였다. 그러나 나는 곧 어두운 비밀로 침묵하고 있는 그 얼굴이 아무 여운도 남기지 않은 체념이며 해방임을 알아보았다. 형언할 수 없는 슬픔과 숭고함과 동시에 평화가 느껴졌다. 청년은 그 주검 곁에서 울고 있었다.

'젊은이여, 울지 마세요. 이분은 이미 이 세상 사람이 아니에요.'

그가 코물을 훔치면서 말하였다.

"엊저녁에 죽을 쑤어 드렸으나 한 숟갈도 안 드시고 지난밤 꿈 이야기를 하셨어요."

그가 남긴 이승에서의 마지막 이야기를 전해준다.

"꿈에 검은 두루마기를 입고 갓을 쓴 웬 선비가 저 문지방에 걸터앉아서 날 보고 미소 지으며 '어서 가자'라는 듯 손짓을 하더라고……. 아무래도 나는 조만간 죽을 것 같아."

그 선비는 그의 죽음을 알려준 '예감의 그림자'인 저승사자였다.

"동사무소에 가서 사망 사실을 알리고 의사에게 확인했다고 말씀하세요."

사망 확인 문서는 '우인증명'으로 처리해 줄 것이라고 가르쳐 주고는 그 집을 나왔다.

"사무소 직원이 사망 확인서가 필요하다고 하면 저희 병원을 알려주세요."

집을 나오다 말고 다시 돌아가서 일러 주었다.

이 망자는 세상 누구에게도 알려지지 않은, 말하자면 있으나 마나 한 사람이었다. 구청에서 그의 이름이 무연고 사망자 명부에 올라올 것이다. 그는 장례에서 새롭게 한번 불러 세워진다. 그러나 그러한 일들은 살아남아 있는 자들이 하는 의전일 뿐이다. 호흡이 멈추는 순간 그는 존재자의 속성과 형체를 벗어던졌다. 자기도 모르는 사이에 '있음'에서 '없음'이라는, 동시에 영원이라고 불리는 곳으로 내려간 것이다. 더 이상 보이지도 않고 들리지도 않으며 생각도 없어진 무화(無化)의 공백 상태, 존재의 장, 무질서의 카오스로 회귀한 것이다. 죽음은 외부와의 철저한 단절이며 고립이다. 아무도 그리고 아무것도 그의 죽음에 접근하지 못한다. 죽음은 독자적이며 절대 고독이다. 혼자 맞이하고 혼자 감당해야 한다. 그 무엇도 능가할 수 없는 실존적 사태에 직면하는 마지막 순간에 그의 본래적 존재가 현시(顯

示)된다. 존재와의 만남은 처음인 동시에 마지막이다. 죽은 자는 살아 있는 자를 외면한다. 그는 더 이상 나의 눈길을 받아주지 않는다. 꿈에서 보았다는 그 고고(孤高)한 선비가 그를 불멸의 지하세계로 데리고 갔을 것이다.

누가 죽어가나 보다.
차마 다 감을 수 없는 눈
반만 뜬 채
이 저녁
누가 죽어가는가 보다.

살을 저미는 이 세상 외로움 속에서
오직 한 사람의 이름을 부르면서
애터지게 부르면서 살아온
그 누가 죽어가는가 보다.

풀과 나무 그리고 산과 언덕
온 누리 위에 스며 번진
가을의 저 슬픈 눈을 보아라.

정녕코 오늘 저녁은
비길 수 없이 목숨이 하나
어디로 물같이 흘러가 버리는가 보다.

(「가을 저녁의 詩」, 김춘수)

죽음에 이르는 병

젊은 나이에 폐암에 걸려 2년을 사투하던 외아들을 품에 안고 마지막 밤을 보냈던 노모가 탄식하며 중얼거렸다.

"결국 죽어야 해결되는구나……."

어머니는 탈기하였다. 슬픔은 그녀를 마비시키고 미래를 빼앗았다. 상실의 슬픔과 비참함, 스스로에 대한 모멸감은 마침내 그녀의 심층부에서 악(yelling)을 부추긴다. 이제부터 문제는 죽은 아들이 아니라 그 자신이다. 의사로서 내가 해줄 수 있는 위로는 오직 하나뿐이었다.

"우세요. 어머님. 참지 말고 목 놓아 우세요."

한 인간으로서 잔인한 운명에게 반항할 방법은 몸부림치며 우는 일뿐이다. 영혼이 어찌할 수 없는 것을 내 몸이 눈물로 항거한다. 울음을 능가하는 약은 없다. 울부짖음은 슬픔의 기의(記意)가 아니라 어두운 절망이며 분노와 처절한 항의다. 우리는 울기에 충분히 강한 존재다. 우는 사람은 누군가에게 달려들어야 한다. 그러나 그것은 하늘이 무너지는 비참함이기에 무엇인가가 그 붕괴를 지탱해 주어야 한다. 스쳐가는 바람이나 졸고 있던 고양이도 '우리 함께'라는 연대감으로 그에게 위로와 용기를 주어야 한다. 상실과 슬픔에 엮여있지 않은 그런 낯선 것들이 그녀를 위무해 준다. 우리는 나와 무관한 존재자와도 비밀과 눈물을 주고받아야 한다. 고해성사를 하듯 붙잡고 울면서 슬픈 사연을 함께 애도하여야 한다.

'제 운명인 걸 어떡하나, 할 수 없지 뭐, 보내야지'라며 거기서 그치면 다행이다. 그러나 어떤 부모는 자식의 죽음을 신의 탓으로 돌리지 못한다. 애도에 실패한다. 끝내 자식을 놓지 못하고 가슴에 품는다. 자식도 타인이라는 것을 인정하지 못하면, 그리고 그의 죽음이 나의 탓이라는 죄의식에 빠져들면, 그의 운명은 꺾여버리고 그는 회복불능의 절망 속으로 떨어진다. 그 죄의식과 절망은 자기 몸에서 재순환하기 때문에 배가되면 되었지 그쳐질 희망은 없다. 절망은 악을 쓰며 보상을 받아내어야 한다. 분을 풀 상대는 어디에 있는가? 죽은 자식도 신도 그 상대가 될 수 없다. 이제 절망의 원한감정은 방향을 틀어 자기 자신으로 파고든다. 진짜 불행은 지금부터 시작된다.

노부부는 사랑하는 자식의 뼈를 안고 조상들이 살았던 시골로 내려갔다. 그러나 거기서도 그들은 구원을 찾을 수 없었다. 조상님들도 천지신명께서도 '나는 아니다, 나는 모른다'고만 대답하였다. 말이 없어진 애비가 하는 일상은 아침저녁으로 자식의 묘 앞에 우두커니 앉아 있다가 하루 종일 밭에서 일을 하거나 산야를 쏘대는 일뿐이었다. 그에게 필요한 유일한 해방은 망각이었다. 잠시라도 기억이 살아날 틈을 주지 않는 것이었다. 노쇠한 영감은 일중독에 빠져 피골이 상접하였다. 그를 절망의 사슬에 옭아맨 것은 먼저 간 자식이 아니라 그 자신이었다.

"보소 영감……. 당신을 괴롭히는 지금의 그 시간들이 내 아들에게는 얼마나 절실했는지……."

영감을 향한 할머니의 간절한 호소 역시 또 하나의 허황한 절망일 뿐이었다.

누구나 다 죽는다. 하지만 그에게 자식은 자신의 피붙이였으므로 자식의 죽음은 자신의 죽음이었다. 동시에 그 자식은 자신이었으므로 그 죽음의 책임 또한 자신에게 있다는 것이다. 그는 피해자인 동시에 가해자가 되었다. 그는 가해자인 자신에게 복수를 해야 했다. 문제는 피해자이기도 한 영감 자신이 시퍼렇게 살아 있다는 것이었다. 살아서 가하고 당하는 스스로의 고문이었다. 그 어미는 그런 영감의 처참한 자기학대 앞에서 또다시 절망해야 했다.

"결국 죽어야만 끝이 나는 거지……."

해방이란 자기파괴가 완성된 자, 죽어 없어지는 자에게만 주어지는 특권일 뿐이다. 절망하는 주체가 사라져야만 자유와 평화가 온다. 신들도 어찌할 도리가 없다. 죽음만이 그를 구원할 수 있다. 그러한 덫에 빠지지 않으려면 인간은 그 누구와도 철저하게 분리되어 오로지 지기 혼자로 **모질게** 살아야 한다.

죽음만이 구원이 되는 이 세상에서 우리는 무엇을 향하여 우는가?
죽어야 해결될 일이라는 것을 깨닫게 되면 울지 않게 되는가?
그리고…… 정말이지, 왜 우리는 살지 않으면 안 되는가?

상실의 저편

김 교수에게 말을 건넸다.

"그래도 김 교수는 태어나는 새 생명을 보고 즐거웠겠습니다."

그러면서 내 이야기를 계속했다.

"나는 죽은 사람들에게 사망선고란 걸 하고 다녔습니다. 아무런 가치도 없는 그 쓸데없는 선고를…… 주제넘게 왜 내가 해야 했지요?"

그러자 김 교수가 갑자기 미소 지으며

"왜 이러시나, 이 원장님. 벌써 술이 올랐나, 꽤 우울해지셨네."

어물거리며 내가 대답했다.

"나이가 든 탓이겠지요. 나이가."

그러다가 실토를 했다.

"사실은 오늘 저녁 갑자기 수십 년 전에 사망선고를 했던 한 사람이 떠올랐습니다. 특별한 이유도 없이 그날 그 얼굴이 갑자기……."

식탁 위의 접시들 사이에서 피골이 상접한 광대뼈 사이의 그 검은 눈이 나를 올려다보고 있었다.

"요즘 나는 그런 의문이 듭니다. 어떤 조건에서 인간이 가장 완벽하게 자유로울 수 있을지. 그때 그 사람의 풀어진 동공, 세상을 다 쓸어 담을 듯 한껏 열린 그 검은 블랙홀이 떠올랐습니다."

김 교수가 침묵을 지키다가 이번에 자기 말을 잇는다.

"신생아들 있잖아요. 그 빠알갛고 말랑말랑한 조그마한 생명체들이 꼼지락거리다가 잠자는 듯 움직임을 멈췄을 때……. 움직이다가 정지한다는 것. 굳어진다는 것."

그녀의 얼굴에 잠깐 어두운 슬픔의 동요가 지나갔다.

"거짓말처럼 일어나는 이 멈춤의 순간에 엄청난 비밀이 지나가며 한 세계가 닫혀버리는 것이지요."

의사들은 그런 순간을 기계가 작동을 멈추는 유물론적 현상으로 받아들여야 한다.

"멈춰 섰네요. 재가동될 희망은 없습니다."

라고 의사들은 말한다.

김 교수가 긴장을 풀고 밝은 미소를 지으며 말했다.

"죽을 것만 같았던 신생아가 소생했을 때나 나중에 건강해진 아이가 엄마 손 잡고 같이 찾아왔을 때의 감격과 보람은 대단해요."

"오! 그때의 감격은…… 그랬겠습니다."

그러나 같은 강도라도 긍정적인 것보다 부정적인 것이 영혼에 더 큰 상흔을 남기는 법이다. 상실감은 성취감과 달리 두 배의 강도를 가진다. 그뿐만 아니라 살려냈다는 보람은 실패에서 겪은 상실감을 보상하지 못한다.

뜸을 들였다가 나의 말이 이어졌다.

"육신은 죽어 지상으로부터 없어지기는 하는데……. 생명 현상 너머에는 생명의 근원이, 그런 게 있을 거라는 직감이 들 때가 있어요. 우리 눈에서 육체라는 살덩어리는 사라지지만, 그 영혼은 뭔가로 이어지는지도 몰라요. 지하세계에서 다른 차원의 무엇으로 바뀌는……. 생명은 충만해요. 엄청난 에너지 덩어리예요. 그 힘은 결코 줄어들지 않아요. 그 에너지의 유출로 새 생명이 태어나고, 다시 그 충만 속으로 회귀할 것이라는 생각이 든단 말입니다. 죽음, 그리고 새 생명으로의 순환…… 우리가 인지할 수 없는."

여기서 나는 말을 끊어야 했다. 이야기가 너무 초재적인 것으로 흘러버렸음을 알았기 때문이었다. 이런 망상은 생명이라는 기계를 다루는 의사에게 어쭙잖은 넋두리였다.

비너스의 탄생

무더운 여름 이름도 기억나지 않는 동해안 어느 해변가에서였다. 횟집 처마 밑에서 김 교수와 이야기가 시작되었다. 거기 바위에는 지금 바다 수위보다 1~2미터 더 높이에 가로로 물 자국이 나 있었다. 조수(潮水)가 만든 얼룩이었다. 다가오는 밀물과 물러가는 썰물은 방향만 다를 뿐 같은 것이다. 태어남과 죽음은 같은 경계선, 즉 존재라는 동일한 해수면 위에서 일어난다. 바닷물은 해변가로 밀려와 한껏 부풀어 오르다가 어느덧 대양의 중심으로 되돌아간다. 회귀하는 그 중심은 불가지(不可知)의 영역으로 우리는 그것을 무한성이라고 부를 수밖에 없다.

검은 구름이 드리워진 바다에 비가 오고 있었다. 그 광경은 하늘과 바다 사이에서 벌어지는 신성한 제의(祭儀)처럼 보였다. 무거운 침묵 속에 비를 맞고 있는 바다는 인간들의 세계가 아니었다. 더 멀리서는 태양의 날카로운 햇살이 먹구름 사이로 섬광처럼 비쳐 나오고 있었다. 신비로웠다.

“김 교수, 저 바다를 좀 보세요. 장관이네요. 바다 위에는 항상 거대한 하늘이 무거운 비밀처럼 장막을 드리우고 있소. 그 장막이 있기에 지금 저 바다가 우리 앞에 나타나는 것 아니겠소. 우리는 보이는 바다만 보아서는 안 되오. 그 너머까지 보아야 해요."

김 교수가 대답한다.

"내 눈에 그 너머는 안 보이는데요."

"원래 비가시적인 것이 훨씬 더 큰 법이요. 우리는 그걸 못 보는 장님으로 사는 거야. 하늘과 바다가 무한대의 영역과 함께하고 있는 거요. 그 영역은…… 분별이 없는 무규정 무개념의 앎이에요. 그것들과 함께 우리의 앎이 전체가 되면, 즉 아닌 것이 없게 되면 일상적인 언어를 넘어서는 전체의 앎이 되오. 너와 내가 하나가 되고 안과 밖이 하나가 되는 거지. 대극들은 사라지고 모든 것이 포용되는 하나의 통일된 우주가……."

"우리 인식의 범위를 넘어서는 이야기를 하시는군요."

"맞아요. 우리는 앞 못 보는 장님이고 말 못 하는 벙어리지요."

김 교수는 말없이 듣고만 있다.

"시간이 멈추고 영원과 하나 되는 순간의 저 누미노제가 궁극의 존재 무한자이오. 그 무분별지(無分別智)를 불교에서는 일심여래장(一心如來藏)이라고 부른다지. 일체의 상(相)들이 제거된 저 최초의 근원 절대지(絶對智)가…… 내 존재 내용 안에 스스로 빛으로 있는 것을, 진리라 해도 좋지 않겠소?"

김 교수가 다소 지겨운 듯이 되묻는다.

"도대체 그게 뭐예요?"

"몰라요, 나도. 이것도 아니다, 저것도 아니다라는 뺄셈의 부정성으로만 규정되는…… 끝내는 모름이나 없음이라는 하나의 공백만

남겠지.”

“모른다가 궁극적 답이라니…… 그거 아무것도 아니잖아요?”

“아니지요. 모름은 아무것도 아닌 것이 아니라 아무것이지요. 모른다고 없다고 하면 안 되지요. 우리 인식 범위 안에서 셈해지지 않는다고 ‘없다’라고 부정하면 안 되오. 차라리 ‘없음’이 개념적으로 있다고 해야 하지요. 현시(顯示) 내에서 현시 불가능한 유일성…… 그렇잖아요? 모름이나 없음이란 규정되지 않는 무한성으로 초월성의 차원이오. 모름이라는 무질서의 공백은 아마도 시공간을 초월해 있는 만물의 근원이자 처음과 끝이라는 궁극적 존재로서 신과 같은 것. 모든 사물은 거기서 출발한다잖아. 공백이란 말이야. 굳이 말하자면, 비존재(아님)로서 존재하는 것. 그래서 탈존적이며 불가능의 영역이오.

모든 사물은 없음이란 부재(不在)에서 시작한답니다. 0에서 수가 시작하듯이. 무엇이 있으려면 먼저 무가 있어야 해요. 모든 존재는 다수로 이루어져 있어요. 어떤 상황의 구조에서 어떤 다수는 셈해져서 현시되지만, 비정합성의 순수 다수는 셈에서 빠져나가 현시 불가능한 공백이 되오. 공백은 사유되지 않는 무한성으로 불안과 혐오를 포함하오. 간단히 말해 사유되는 것이 있고 사유되지 않는 것이 있다는 말이지. 모세가 여호와 하느님께 들은 바 ‘나는 나이다(있는 그것이다)’에서 이 ‘나’는 무어라고 셈할 수 없는, 즉 무엇으로 현시되지 않는 것에 대한 이름이란 말이오. 그것은 곧 공백이지요. 존재의 고유명이 공백인 셈이지.”

곁눈질로 흘낏 쳐다보니 김 교수 다행히 졸고 있지는 않았다.

"보이지는 않으나 있는 존재, 즉 실재(The Real)가 공백인데 이게 불안하고 무서워요. 특히 공백이 주는 침묵의 응시는 견디기 어려운 공포에 휩싸이게 하지요. 그래서 애니미즘에 젖어있던 우리 조상님들은 텅 빈 동굴 벽에 벽화를 그려 그 불편한 응시를 막으려 했소. 사막이 주는 공허함에서, 누군가가 지켜보고 있다는 그 공포를 막으려고 신이라는 일자(一者)를 가정하게 되었던 것이지요. 그게 착하신 인간의 신이 탄생한 기원이오.

다수가 공제된 이 지점, 현시 불가능한 공백이라는 통로를 통하여 진리로 존재에 접근하는 거지. 우리는 그 공백의 지점에서—신비의 탈을 쓰고 횡행하는 망상의 유령 속을 헤매지 말고—어떤 우연한 사건을 통해, 기존 지식이나 경험이 아니라 믿음이란 충실성으로 어떤 진리를 만들어 낼 수가 있단 말이오. 이 진리는 앎이나 기술의 장이 아니라 기존의 셈을 초과하는 불가능성에서 창조되는 새로운 가능성이오. 공백의 뒤틀림, 그 초과점에서 기존 언어의 질서를 깨는 참신한 예술의 진리나 사랑의 진리를 창조할 수 있어요. 사랑스러운 진리, 그러면서 모두에게 공유되는 보편성의 입법화된 진리. 우리는 그렇게 뭘 만들어 가며 살아야 한답니다.

김 교수, 이제 우리는 크리에이티브한 삶, 새로운 삶을 살아야 되지 않겠어요?"

"그만하세요. 지루해요."

나의 잡설이 지겨운 듯 김 교수는 심드렁하게 대꾸한다.

"그놈의 유한성, 무한성, 보이는 것, 안 보이는 것……. 황당하네요. 우리 생각의 한계를 넘는 추상이군요. 이 원장님은 이런 뜬구름 잡는 소리가 재미있으세요?"

다행히 김 교수는 자리를 뜨지 않고 계속 곁에 있어주었다. 캔맥주 한 모금으로 목을 축인 후 나는 화제를 돌려 다른 잡담을 풀기 시작하였다.

"비 맞는 저 바다에서 무엇이 좀 보이나요? 김 교수?

지금 하늘과 바다가 바람과 비를 맞이하며 무언가를 출산하고 있소이다. 검푸른 바다 위로 물회오리를 일으키며 불쑥 솟아오르는 비너스가…….

이번에는 시가 나오네요."

김 교수가 빙긋이 웃었다.

"어느 시인은 '바다 저 멀리 물거품 속에서 제일 아름다운 인간의 여자가 탄생하는 것을 본다'라고 하였지요.

장엄하고 숭고하며 아름답소. 고통과 허무만 가득한 이놈의 세상을 그래도 살아가게 하는 것은 저 아름다움이라오. 저 여성성적 위무!

저것은 무언가 결여에 대한 절실한 욕망이 한없이 한없이 격상되어 마침내 선의 이데아, 절대적 아름다움의 사랑이 된 것이오."

나는 감격하며 울컥하였다.

"하늘과 비 맞는 바다, 그 사이에서 나타난 화려한 인간……. 여기에 어찌 신이 있다 하지 않으리오. 이 사방세계의 완벽한 조화와 융합이 우주의 숭고한 참모습이에요."

김 교수가 나를 힐끗 쳐다보며 일침을 놓는다. 속으로는 '미쳤구나' 했는지 모른다.

"이 원장님, 정신이 순간적으로 초월적 신비를 느낄지는 몰라도 우리 인간은 결국 뼈와 살을 가진 생물에 지나지 않아요. 아무리 영혼의 영역이 넓고 고상하더라도 의식되는 현상이 더 참된 것이거든요.

그리고 우리가 만나는 일상의 현실이 절대적인 것의 표상일 수 있잖아요? 뭘 더 넘겨보려고 하세요? 영혼이니 신이니 하는 그런 것들을 우리가 어떻게 알아요?"

뜸을 들이며 조금 있다가 그는 다시 타이르듯이 달래듯이 말을 이었다.

"알 수 없는 것을 알려고 하지 마세요. 불확실한 것에 왜 미련을 두세요? 그런 허황한 뜬구름 잡는 소리는 사람들을 혼란스럽게 한답니다. 그런 것들은 의사-되기에 불필요할뿐더러 우리는 차라리 그런 것들에서 떨어져야 해요. 의사는 말이죠. 사람을 구하는 자들이에요. 인간으로서 느낄 수 있는 가치만이 의미가 있어요."

반격할 기회가 왔다.

"뭐라고? 누가 누구를 구한다고? 어떻게? 그것이야말로 주제넘는 소리요. 김 교수."

나는 힘주어 저항하려 하였으나 김 교수의 따발총이 쏟아졌다.

"이 원장님이 그렇게 엮어대도 나는 알아들을 게 별로 없어요. 그리고 이 원장님은…… 의사로서 부적격해요. 의사의 영혼과 육신은 현실적인 조화를 이루어야 한답니다. 의사는 할 일이 있는 사람들이에요. 우리가 하는 일에는 보람이라는 게 있단 말이에요. 그게 우리가 모든 것을 감내하며 사는 가치라고 해도 좋지 않을까요? 그걸 폄하하지 마세요. 우리는 형이상학자가 아니라 따뜻한 영혼을 가진 실용적 전문가가 되어야 해요.

실체가 뭐냐, 존재가 뭐냐 따위의 언설이나 사변들은 번민이나 불안을 위장하는 기술인지 몰라요. 누가 그랬잖아요, 철학은 실재와 관계없는 망상이라고.

다른 사람들이 살아가는 평균 방식대로 살아가야 한답니다. 겸손하고 단순하게요. 무엇보다도 살아 있는 사람은 현실적이어야 해요. ……그냥 평범한 생활인으로 사세요."

맞는 말이었다. 그러나 멍청한 소리였다.

"안 되지, 남들이 길들여준 대로, 남들의 눈치에 맞춰 사는 강박적인 삶은…… 안 돼!

김 교수, 저 허공에서 들려오는 공백의 세이렌 소리를 우리는 들어야 해요. 그것이 두렵기는 하나 너무나 매혹적이지 않소? 두려워하지 말아요. 접근 불가능한 유혹의 저 장소에 내가 있어야 해."

산다는 것이 해변가에 널브러진 저 조약돌과 같을 수는 없지 않은가. 나는 평균적인 삶, 일상적인 삶, 타자의 권력이 지배하는 이런 유물론적 현실주의를 거부한다. 눈앞의 사물이나 쓰임새 있는 도구로서가 아니라 살아 숨 쉬며 대가리를 굴리는 대자존재로서 삶의 아름다움과 삶의 가치를 더 확장시키고 싶은 것이다. 차마 의사의 사명과 직업적 보람 따위에 대놓고 욕을 하지는 않겠지만, 그걸 우상화하며 자만하는 자들을 나는 단호히 배격한다.

"그만 좀 하시고……. 자 이제 일어나시죠."

멜랑콜리커들

부드러운 파도가 모래사장을 곱게 쓸고 있었고 아이들은 소리 지르며 바닷가로 뛰어들어 자맥질을 하고 있었다. 술주정의 가장 고약한 성질은 지쳐 쓰러질 때까지 입이 저절로 계속 조잘거린다는 것이다.

"김 교수, 저 바다 물속으로 들어가 본 적이 있어요?"

횟집으로 돌아오며 던지는 생뚱맞은 질문에 그녀는 의아해하며 날 쳐다보았다.

"사람들은 저 물속에 얼마나 많은 활력과 생명들이 넘쳐나는지 모른답니다. 겉으로 보이는 것과 달리 완전히 다른 세계가 펼쳐지고 있지요. 인간이 살아가야 할 터전이 저런 곳이랍니다."

파도는 좌우 일렬로 그 무거움을 안고 굼실거리며 다가왔다 물러나기를 반복한다. 무서운 괴물 같기도 하고 편안한 친구 같기도 하다. 의사들은 결코 저 바닷속으로 들어가 보지 못한다. 그들은 꿈틀대는 파도를 바라보기만 하다가 속절없이 멜랑콜리커로 시들어간다.

여기서 나는 잠깐 레지던트 2년 차였을 때 밤 포장마차에서 펑펑 울었던 기억이 떠올랐다. 신출내기 의사로서 가장 자신 있고 사명감이 충만할 때가 레지던트 2년 차다. 그날 오후 그 레지 2년 차는 자기를 주치의 선생님이라고 부르며 매달리던 환자를 잃었다. 처음에는 마치 내가 그를 죽게 한 것처럼 안절부절못하였다. 그다음 무능으로 드러난 한계 앞에 들이닥치는 무기력함과 허무감이 섧었고 마지막에 불안한 마음이 다가왔다. 다시 울 수 없을 것이라는 암울한 공포, 그것은 탈인간화가 예상되는 불안감이었다. 나는 곧 나 자신을 믿지 못할 것이다. 나는 나 자신을 비난하며 어쩌면 나 자신을 기만할지도 모른다. "의사를 너무 믿지 마세요. 나는 당신에게 당하기 싫습니다." 내가 의식하고 생각하며 의지(意志)하는 범위와 인간이란 존재의 실존적 한계성은 다른 것이다. 엄마를 잃은 아이에게 그 애비는 '마음 독하게 먹어라. 앞으로 절대로 눈물을 보이지 마.'라는 잔인한 명령을 내린다. 그 울음 후 이상하게도 다시는 눈물이 나지 않았다. 죽고 사는 문제에 초연해진 것이 아니라 무감각해진 것이었다. 울지 않는 인간이 된 것이다. 야구장에서 손에 땀을 쥐는 것은 관중들이지 선수들이 아니다. 공을 던지는 투수는 홈런을 맞아도 여사다. 그 투수의 태도는 반은 옳고 반을 틀리다.

"환자만 병든 게 아니라 의사들도 모두 병들어 있어요. 그렇지만 자기들의 상태가 얼마나 처량하고 심각한지 모르고 있단 말입니다. 숨겨지고 있지요."

나에겐 생각하기만 해도 눈물이 나는 소싯적 트라우마가 있다. 시골 초등학교 5~6학년 어느 여름, 학교를 파한 후 우리 또래들은 소 먹이러 산으로 올라갔다. 그건 매일 오후에 하는 일과였다. 그날 우리가 선택한 산은 이고개라는 골이 깊은 골짜기였다. 산 입구에서 소들을 풀어놓으면 저들이 가고 싶은 대로 흩어져 산을 오르며 풀을 뜯어 먹는다. 그날 날씨는 매우 덥고 습했다. 똥보 군이와 나는 오리나무 숲 밑으로 들어가 벌렁 드러누웠다. 제법 센 바람이 오리나무 숲을 흔들고 있었다. 잎들이 소리를 내며 바람에 흔들리고 그 사이로 햇빛이 비집어 나왔다. 흔들리는 나뭇잎의 그림자들이 우리 얼굴 위에서 물결무늬처럼 일렁거렸다.

"군아, 네 얼굴이 이상하게 보여. 얼룩나비 같아."

"네 얼굴도 알록달록해."

우리는 히히 웃으며 시시덕거리다가 잠깐 잠이 들었다. 얼마 후 굵은 빗방울이 얼굴을 때리며 잠을 깨웠다. 곧 이어 갑자기 하늘이 어두워지고 번개가 번쩍였다. 천둥이 치며 억수 같은 소나기가 퍼붓기 시작했다. 서둘러 소들을 모아 산을 내려오는데 군이네 소가 보이지 않았다. 군이는 홀딱 젖은 몸으로 소를 찾으러 산으로 되올라가려고 했다. 내가 그의 팔을 붙잡고 말렸다.

"나중에 찾아오자……. 비가 너무 많이 와."

후려치는 장대비와 희뿌연 안개로 눈을 뜰 수 없을 지경인데도 군이는 나를 뿌리치며 "저 위에 있을 거야. 금방 몰아올게." 하면서 빗속으로 사라졌다. 몇 초 후 밝은 번개가 내 눈앞을 획하며 지나자마자 천둥벼락이 쳤다. 무언가 무서운 것이 가까이 있었다. 나는 군이가 간 쪽으로 황급히 올라갔다. 거기에 넓은 잔디밭이 있는 묘지가 있었다. 소몰이하던 작대기가 튕겨져 나가 있었고 군이는 가슴에 한 손을 얹은 채 잔디 위에 시커멓게 쭉 뻗어 있었다. 낙뢰를 맞고 즉사

한 것이었다.

'제우스신이시여, 이 가련한 어린 것에 번개를 날리시다니요!'

눈물이나 슬픔보다 널브러진 주검이 주는 경악, 그 순간의 거짓 세계, 거짓이 거짓임으로 확인되는 헷갈리는 세계, 내가 놓쳐버린 그 팔, 오리나무 잎들이 희롱하며 훔쳐간 그 얼굴……. 어처구니가 없는 엄청난 일들이 아무렇지도 않은 듯이 일어나 버렸다. 어린 내가 감당하기에는 너무나 무서운 사건이었다.

며칠 밤을 헤맨 후 나는 무엇에 홀린 듯이 아침 일찍 산을 오르기 시작했다. 우리가 늘 바라보기만 했던 저 높은 산, 가보지 못했던 산, 너무 멀고 높아 검게만 보이던 마(魔)의 도장산을 향하여 나 홀로 올랐다. 거기서 무엇인가를 만나야 할 것 같았다. 한나절 걸려 오른 꼭대기에는 그러나 무섭고 조용한 정적만 있었다. 왜 이렇게 조용한가! 나는 주위에 있는 돌들을 모아 차곡차곡 단을 쌓아 올렸다. 제일 위에 길쭉한 돌을 기둥처럼 세우고 그 제단 앞에 꿇어앉았다. 군이와의 즐거웠던 과거를 기억하며 한 움큼 눈물을 흘렸다. 주체할 수 없는 그 슬픔은 어린 나에게 외로움을 넘어 아픔으로 다가왔다. '뚱보야, 잘 가거래이' 하면서도 상처 입은 고양이가 제 혀로 흘린 피를 핥듯이 나는 나의 영혼을 애도하였다. 누가 가르쳐 준 것도 아니고 시킨 것도 아닌 그 제사를 왜 흉내 내었는지 나는 모른다.

뚱보의 시신은 홑이불에 둘둘 말려 바지게에 얹혀졌다. 나는 홑이불 밖으로 나온 그의 두 발을 보았다. 그의 형이 그 지게를 지고 초등학교 곁에 있는 공동묘지로 가서 그를 땅에 파묻었다. 그렇게 군이는 흙을 뒤집어쓰고 땅속으로 사라져 버렸다. 하지만 그때의 열 살짜리 겁에 질린 울보 머스마는 죽지도 않고 역사가 되어 지금까지 날 따라다닌다. 이제 더 이상 울지 말자고 했건만 그게 그렇게 쉽지 않았다. 그 트라우마는 평생 날 심약한 인간으로 지배하였다.

넓은 벌판 가운데 시멘트로 지어진 집이 하나 있었다. 그곳은 도살장이었다. 차에 실려 온 소들이 눈물을 흘리며 끌려 들어가지 않겠다고 버티다가 정수리에 쇠망치를 맞고 쓰러졌다. 소를 잡던 백정의 아들 창대는 학교에서 제일가는 싸움꾼이었다. 인정사정 볼 것 없이 간단한 몸 기술 하나로 상대를 쓰러뜨리는 그를 누구도 이길 수 없었다.

타자를 살해하는 자는 그 폭력을 정당화하는 카인의 후예가 되고, 타자의 죽음을 구하지 못한 자는 무능력감과 죄책감에서 절망하며 허무와 무관심이라는 침묵 속으로 도망친다. 거기서 그는 아무것도 못 보았던 척한다. 백정이 정당화하는 살해의 무감각과 친구의 팔을 붙잡지 못했던 나, 그리고 헛발질하는 의사로서의 무감각이 어떻게 다른지 나는 모른다. 분명한 사실은 죽음에 낯설지 않게 된 그러한 무감각성이 소중한 무엇을 빼앗아 간다는 것이다.

세상은 사람들에게 어떤 유형의 행동을 강요한다. 어떤 분야의 전문가로서 사람들은 거기에 부응하는 페르소나라는 외적 가면을 다듬으려고 애를 쓴다. 심리학적으로 말해 의사의 페르소나는 환자에 동일시되고 있다. 거기서부터 손상이 발생한다. 세상은 슈바이처 같은 의사를 요구하고 의사 자신도 거기에 부응하려고 노력한다. 그렇게 형성된 자타가 존경하는 훌륭한 페르소나는—크게 보상받을지는 모르지만—그 사람의 실제 모습이 아니다. 자기 삶의 역사성 속에 있는 하나의 인격체로서 다른 사람의 시선과 무관한 자신은 따로 있다. 하회탈은 항상 웃으며 춤을 추지만 탈바가지 안의 무희는 웃음과 춤과 무관한 전혀 다른 인간이다.

의사들은 알게 모르게 온통 죽음과 관련되어 있다. 추락의 가능성을 안고 극단에 서 있는 병자들, 의사들은 피할 수 없이 그런 벌레먹은 병자들의 모든 부정성에 전염되어 있다. 환자로부터 오는 피할 수 없는 덤터기는 의사를 소심하고 소극적인 인간으로 만들어 버린다. 의사로서 많은 것을 깨달았을지는 몰라도 그들의 삶은 불안과 공포에 젖으며 불가능성이 주는 무력감과 허무에 전염되지 않을 수 없다. 피상적인 평안과 사소한 보람으로 포장된 그럴듯한 내면과 달리 깊은 마음속에는 어김없이 불안과 절망의 무기력함이라는 외연이 자리 잡고 있다.

의사들은 자기의 처지는 물론 자기가 하는 일을 잘 알지 못한다. 반복되는 일상적 행동들과 관습적 사고들은 S. 지젝의 이데올로기(우리를 길들이는 언어의 권력)를 형성한다. 그 습관적 삶이 어떤 사상이 되어 자기를 묶어놔도 묶인 줄 모른 채 의사들은 도리어 의술을 베풀며 살아온 휴머니스트로 자부하고 만족해한다. 괜찮아 보이는 그 현실을 유지하기 위해서 굳이 비밀스러운 트라우마를 들추어낼 필요가 없다. 인간은 어떠한 고약한 환경과 관습에 얽매여도 거기에 순응하며 그것을 긍정하는 버릇이 있다. 인간은 어떤 불우한 처지나 악조건에도 익숙해진다. 심지어 그걸 즐길 수 있다. 거기서 각인되는 얼룩을 무슨 훈장이나 예술품인 양 하는 것이다. 그러나 그러한 이데올로기 공식에는 많은 것들이 지불되어야 한다. 구하지 못한 병자와 상실된 자신을 애도하지 못하는 그들은 속절없이 멜랑콜리커가 된다.

"의사들은 치료될 희망이 없어요. 왜냐하면 그들은 삶의 활력을 되찾을 수 없기 때문이에요. 매가리가 빠져버리면서 서서히 무기물화되어 버리는 거지요."

의사들에서 그것이 불치병인 이유는, 진단과 치료의 대상이 자기이기 때문에 자기가 환자인 줄 모른다는 사실과, 알더라도 자기를 치료해 줄 수 있는 사람은 없을 것이라는 사실을 알기 때문이다. 생명의 활력소 엘랑 비탈이 말라버린 자는 환원될 희망이 없는 이미 죽은 자에 불과하다.

멜랑콜리커들의 낙원

쓸쓸한 사람들은 소극적 자기에서 벗어나 무한한 가능성에 자신을 맡겨야 한다. 좁고 컴컴한 자기만의 방에 갇힐 것이 아니라 넓은 공간에서 초라하고 고독한 자신을 직시하여야 한다. 광야에서 발가벗은 원시인으로 주위를 두리번거리며 쾌락을 창조해 내야 한다. 창조적 쾌락은 삶의 가치가 된다. 생각해 보라. 우리가 일상적으로 고개를 끄덕이며 늘 하는 짓은 모조리 관습이나 모방에서 온 것이다. 너의 것이 아니다. 너는 길들여진 대로 행동하고 남들과 똑같이 웃고 똑같이 운다. 그러나 그 이데올로기에서 탈출하여 너대로 숨을 쉬어 보라. 네가 웃고 네가 울어야 한다. 노래하는지 울부짖는지 모를 카나리아여, 새장을 벗어나 창공으로 날아가거라. 너는 원래 소리 지르는 족속이 아니라 양 날개로 훨훨 세상을 돌아다니던 고상한 존재였다.

2023년 여름 동기회 밴드에 한 사진이 떴다. 필리핀 바닷속에서 한 소녀가 알록달록한 열대어 무리들과 놀고 있었다. 춤을 추고 있었다. 김 교수였다. 바다로 세계를 넓혀 봐도 진정한 의미의 내적 해방을 가질 수는 없을 것이다. 그래도 나 홀로에서 벗어나 해방감과 자유를 느끼려는 노력은 해봐야 한다. 세상을 향한 창조적 행동이야말로 엘랑 비탈의 자기 회복이다. 나는 그녀가 멋진 바다의 사내를 만났기를 바랐다.

죽지 못해 사는 삶

절망은 자기 자신에 대하여 원한의 형태로 일어난다. 그 절망으로 자기 파괴가 이루어지지 않으면 그 절망을 어찌할 수가 없어 절망은 갈수록 강화된다. 그는 절망의 고통에서 벗어나고자 이를 악물고 자기 파괴에 몰두한다. 그러나 완벽한 자기 파괴, 죽음은 최종의 위험이다. 인간은 본능적으로 살아남기를 원한다. 절망은 내가 나에게 가하는 형벌이지만, 나는 삶을 포기할 수는 없다. 그 어떤 명분도 나 스스로를 희생시킬 만한 절대적 가치는 없다. 가치 있는 죽음이란 없다. 그리하여 절망한 사람은 온통 자기와의 싸움에 빠져든다. 죽을 수는 없으면서 죽어야 해결되는 싸움에 빠져든다. 죽으면 해결이 될까? 그러나 그 절망은 죽음의 희망조차 없는 상태이다. 그것은 살고자 하는 싸움이지만 해방될 희망이 없는 최후까지 계속되는 고통이다. 죽지 못해 사는 절망뿐인 삶, 이것은 결국 '죽음'의 의미가 아니고 무엇이겠는가. 말기 암 환자의 사투처럼 구원될 가능성이 없는 처절한 삶의 투쟁은 죽음에 이르는 병이다. 하느님인들 그를 구원할 수 있을까?

허무를 이기는 광기

하이데거의 말처럼 인간이란 아무런 이유 없이 이 세상에 내던져진 존재다. 죽음 역시 인간이 어찌할 수 있는 것이 아니다. 탄생과 죽음 둘 다 나의 소관(所管)이 아니다. 이해하고 기투하며 삶을 꾸려 보지만 모든 것은 '우연'이 결정한다. 죽음은 태어날 때부터 삶 속에 이미 내재해 있으며 삶은 죽음의 포로로 잡혀있다. 현존재의 근원적 불안과 고통 그리고 실존에서 오는 불협화음들이 인간 조건을 규정한다. 이러한 조건 앞에서 인간들은 무기력하고 허무할 수밖에 없다. 그것은 어쩔 수 없는 숙명적 비극이다. 죽음에 대한 두려움은 사람들이 마땅히 가져야 할 순진한 믿음과 위엄, 즐거움을 향한 충동, 그리고 본능적 쾌락을 파괴한다. 삶이 죽음을 향한 여정임을 생각하면 모든 것은 무가치하고 무의미해진다. 삶은 활력을 잃고 마음은 우울해진다. 의사는 평생 죽음과 만나며 맨날 병 때문에 불안하거나 절망한 사람 혹은 그 절망을 숨기는 사람들을 만난다. 의사는 은연중에 허무와 죽음의 분위기에 강하게 물들어 있다.

삶을 정당화하는 것은 아무것도 없다. 어떤 미적 종교적 노력으로도 삶의 방향을 잡을 수 없을 때 삶을 허무로부터 지켜낼 수 있는 유일한 방법은 절대적 무가치로 유턴하여 거기에 매달리는 수밖에 없다. 그것이 거짓으로 조작된 환상일지라도 변환을 꿈꾸며 정열적으로 무엇에 매달리는 자들은 삶을 이야기할 수 있다. 미치지 않는 존재함은 가치가 없다. 그들은 공허함을 충만으로 우울함을 기쁨으로 경험하는 자들이다. F. 니체는 그런 자들은 초인(Übermensch)이라고 불렀다. 초인은 원래의 자기를 찾겠다는 강력한 의지를 행사하는 자다. 그들은 웃기는 몽상가이거나 미친 자들일지는 몰라도 더 이상 조약돌은 아니다. 멜랑콜리에 빠져들지 않으려면 순진무구 천진난만한 바보로 살거나 영웅적 용기로 사는 수밖에 없다.

기인 하광태

살아 있는 모든 생물은 자기 방식대로 성장하고 변화한다. 덕목과 학식으로 충만한 현자도 좋지만, 자기만의 독특한 방식으로 자기 세계를 꾸려 나간 기인(奇人)들의 삶은 마치 눈길을 끄는 예술품과도 같이 흥미롭고 나름 음미해 볼 가치가 있다. 우리는 그런 기인들을 만나보고 싶은 것이다.

광태는 어릴 적부터 알아온 한 동네 불알친구였다. 그는 보통 아이들과 다른 독특한 세 가지 특징을 가지고 있었다. 그것은 약간 위를 향하여 노려보는 듯한 눈매와, 헤픈 웃음, 그리고 노래에 대한 뛰어난 감수성이었다. 보통 편안한 상태에서 그의 눈길은 15도 정도 위를 보며 먼 곳을 응시하는 듯하였다. 마치 먼 산을 바라보는 것 같다고 하여 동네 사람들은 어릴 적 걔를 '먼산이'라고 불렀다. 그가 위로 보는 것은 스스로 안드로포스(위를 보며 걷는 동물, 곧 모든 것을 포괄하는 위대한 원초적 인간)임을 과시하려고 그랬던 것은 아니었을 테고 안구의 어긋난 해부학적 구조 탓인 듯했다. 즉 그는 약간 위로 보아야 정면이 바로 보였다. 가끔 이유 없이 연달아 눈을 깜박거리기도 했다. 딴 데를 보는 듯한 이런 눈 구조 때문에 그는 자주 억울한 호통을 들어야 했다.

"이놈아, 어른이 이야기하는데 어디다 한눈을 팔고 있는 거야!"

꾸중을 들으면서도 그는 여전히 먼 산을 바라보고 있었다. 발작적으로 폭발하듯 하는 웃음도 그랬다. 별반 우습지도 않은 일에 그 혼자 으하하 하며 웃어젖혀 주위 사람들을 어리둥절하게 만들곤 하였다. 이것은 장래의 정신병리학적 장애를 시사하는 걱정스러운 예비 징후였다. 노래에 대한 감각도 특이하였다. 한번 들으면 그대로 몸에 배어 가사는 물론 곡조까지 빈틈이 없었다. 혼자 흥얼거리며 부르는 노래가 늘 그를 따라다녔다. 학교에서 배우는 교가나 동요 따위에는 별 관심이 없었고 라디오를 통해 들리는 성인 가요나, 놀랍게도 클래식 음악에 민감하였다. 동네 청년들도 채 모르는 최신곡을 어디선가 듣고서는 그가 먼저 부르고 있었다. 그가 처음 들려주는 노래는 며칠 지나 크게 유행하였다. 그 덕분에 우리는 초등학교 저학년의 격에 전혀 어울리지 않은 '목숨보다 더 귀한 사랑이건만……' 하는 성인 노래를 흉내 내었다. 한번은 비장한 얼굴로―어디서 주워들었는지―베토벤의 운명곡 '따다다단~' 하는 모티브를 흉내 내었다. 그때 그는 겨우 초등학교 4학년이었다.

광태는 어릴 때부터 산만하고 분답(분잡)았다. 자주 사고를 쳤다. 태중에 그의 엄마가 한약을 잘못 먹어서 그리되었다는 소문도 있었다. 그는 뭘 찬찬히 생각하며 조리 있게 일을 처리하는 법이 없었다. 항상 덤벙대며 직선적이었다. 급해지면 말을 더듬다가 끝내 말문이 막혀 어쩔 줄 몰라 하기도 했다. 지각을 해도 여차저차하여 이러저러하게 되었다는 저간의 사정을 조리 있게 설명하지 못했다. 그의 이런 성격 때문에 중학교 체육선생님에게 수시로 뺨을 얻어맞았다. 그래서 노래가 그에게 친숙해졌는지 모른다. 교실에서 누가 필통을 잃어버리면 대뜸 광태가 나섰다. 무턱대고 곁에 있는 아무나를 지목하면서 고함을 질렀다.

"이 짜슥, 빨리 안 내놓나."

그러다가 그 필통이 저쪽 책상 밑 마룻바닥에서 발견되어도 광태는 꾸짖었던 그 아이에게 조금도 미안해하지 않았다. 요즘 말로 ADHD라는 과잉행동장애가 아니었을까 싶다. 학교 성적은 한참 뒤떨어진 정해 놓은 꼴찌였다. 그러나 그런 성적 따위는 걔에게 아무런 문제가 되지 않았다. 항상 즐겁고 직선적이며 자신감에 찬 광태, 한마디로 그는 좀 모자라는 아이였다.

광태는 나를 두 번 놀라게 하였다. 첫 번째 호되게 당한 후 나는 그를 원수처럼 여기며 다시 만나지 않았다. 다만 지인을 통하여 그의 소식을 가끔씩 듣기는 하였다. 한동안 까마득히 잊고 있었는데 수일 전 그의 부음(訃音)을 받고 간 영결식장에서 그는 또 한 번 나를 아연하게 만들었다.

세간의 사람들은 그가 평생 나쁜 짓만 골라 하면서 저질스럽게 살았다고 수군거렸다. 그러나 지금 회상해 보건대 광태는 그 무엇에도 겁내지 않고 그 누구와도 타협하지 않은 용맹과 무데뽀로, 그리고 거기서 얻어지는 자유를 누리며 살았던 것 같다. 말년에 그는 내면으로 깊이 침잠하며 광기에 휩싸였다. 이 기이한 인간 하광태의 일대기를 소개하고자 한다.

먹튀 사건

시골 출신인 나는 대구 남산동 어디쯤에서 자취를 하며 갓 입학한 K고등학교를 다니고 있었다. 늦가을 어느 쌀쌀한 저녁에 느닷없이 광태가 내 자취방으로 찾아왔다. 문을 열어젖히며 고함을 지른다.

"원점아, 뭐 하노."

태어날 때 엉덩이에 푸른 점이 있었다고 어릴 적 나는 원점이 혹은 그냥 점이라 불렸다. 나는 촌스러운 그 이름이 무척 싫었다. 나중에 원식이라는 정식 이름이 지어졌는데도 광태만은 늘 나를 점이라고 불렀다.

"춥제, 내 끼 사주께(게 사줄게) 따라온나."

광태는 그만의 쾌활함과 자신만만함으로 목에 힘을 주며 날 잡아끌었다.

중학을 같이 졸업한 후 그가 대구서 따라지로 이름난 모 상고에 보결로 입학하였다는 소문은 이미 들었다. 그날 나타난 광태의 모습은 가관이었다. 고딩이 1년 차가 벌써 쫄바지에 뾰족구두를 신고 있었다. 폼이 영락없는 양아치였다. 대구에 나온 지 얼마나 되었다고, 벌써……. 참으로 빠른 촌놈의 변신이었다.

그를 따라 어두워진 남문시장 언저리 한 골목길로 접어들자 리어카 위 가판대에는 손바닥보다 더 큰 붉은 대게가 가득 실려 있었다. 카바이트등 밝은 불빛이 대게의 두둘두둘한 등짝을 비추고 있었고 한쪽에서는 구수한 냄새와 함께 김이 모락모락 나고 있었다.

광태가 다가가서 말을 걸었다.

"아씨(아저씨), 대게 좀 먹읍시다. 너덧 마리 주소."

그의 말투는 순진한 촌놈의 것이 아니었다. 어느새 학교 불량건달들과 어울렸는지 그는 그들의 말투를 흉내 내고 있었다. 우리 둘은 등받이 없는 플라스틱 의자를 당겨 앉았다. 순간 나는 뭔가 불안한 느낌이 들었지만, 오랜만에 만난 고향 친구라 반갑기도 하고 그저 '저거 아부지가 돈 좀 주고 갔는갑다'라고 생각하며 곁에 앉았다. 광태는 주인에게 '추운데 수고가 많으시다'라는 인사와 함께 '대게가 싱싱하다'며 너스레를 떨었다.

두 번째 게를 거의 다 먹어 갈 즈음 광태가 내 옆구리를 쿡 쑤시며 속삭이는 것이었다.

"내가 이쪽으로 토끼면(도망치면) 너는 저쪽으로, 알았제? 잡히면 죽는데이."

응? 이게 무슨 소리야, 먹고 튀자는 말 아닌가! 난감해할 틈도 없이 날쌘 다람쥐 모양으로 홱 하고 광태가 내달렸다. 순간적으로 나도 죽어라 반대 방향으로 도망쳤다. 캄캄한 골목길을 몇 개나 바꿔가며 빛의 속도로 숨도 쉬지 않고 달렸다. 아뿔싸, 주인은 가판대를 그냥 놔두고 우릴 쫓아올 수는 없지 않은가.

내 생전 이렇게 아슬아슬한 적은 없었다. 다시 기억하기도 싫은 일촉즉발의 악몽 같은 순간이었다. 그날 내가 머뭇거리다가 주인에게 잡혔더라면 뺨을 얻어맞으며 파출소로 끌려갔을 터이고 시골에 계신 부모님들이 호출되었을 것이다. 학교로 연락이 가서 정학을 당했을지도 모른다. 참으로 으스스하고 끔찍할 일이 아닌가 말이다.

광태 이놈이 컴컴한 골목 어디에 숨어서

'맛있었제 원점아, 먹고 튀는 재미가 어떻노?'

하며 흐흐흐 하고 웃고 있을 것만 같았다. 먹튀 사건의 억지 피해자인 동시에 피의자로서 '당했다'라는 더러운 기분이 오랫동안 가시지 않았다.

'이놈의 새끼 광태, 다시 만나기만 해봐라.'

그보다도 광태가 왜 착하디착한 나를 '먹튀 유희'에 끌여들였는지 그 이유를 아직도 나는 모른다.

하사 하광태

고등학교를 졸업하자 광태는 곧 해병대 하사관으로 자원입대하였다. 입대한 지 일 년도 채 안 되어 그는 악질 해병대 하사가 되어 있었다.

"말도 마이소. 해병은 군 속성상 원래 거칠지만, 광태 형은 사단 전체에 소문이 났지요."

비슷한 시기에 포항 사단에서 병으로 복무했던 동향 후배 하나가 혀를 내두르면 전해준 말이었다. 하사 하광태는 부하를 괴롭히는 데

악명이 나 있었다. 후배의 칭찬도 있었다.

"나름 상관들의 신임도 얻었고 병들에게 존경도 받았지요."

그 신임과 존경은 인간성이 좋아서가 아니라 해병대의 전매특허라 할 수 있는 깡다구와 작전 중에 보여준 용맹 때문이었다. 군대에서 아량이나 배려라는 단어는 필요 없다. 군인정신은 그런 사치와는 거리가 멀다. 그는 부하 사병들을 다루는 데 그만의 특별한 재주가 있었다고 한다. 그 재주는 상대방을 극단으로 몰아붙여 끝내 항복하게 만드는 악랄한 고문에 가까웠다.

진녹색 베레모에 빨간 명찰과 상어 표식이 붙어 있는 복장을 한 해병이 해병 중의 해병이라 불리는 수색대원들이다. 광태는 수색대 하사였다. 수색대는 전시에 가장 먼저 적진 깊숙이 침투하여 작전을 수행하는 특수 요원인 만큼 해상 침투나 산악 작전은 물론 공중 낙하 등 훈련의 강도는 상상을 초월한다. 싸우면 무조건 이긴다는 자부심 또한 대단하다.

그는 만년 하사였다. 광태의 입대 동기들이 중상사로 진급하는 동안 그는 자질구레한 사고를 하도 많이 쳐 매번 진급 심사에서 탈락하였다. 그러나 그는 수색대의 전설이었다. 모든 대원들은 그를 흠모하고 그를 따랐다. 광태는 수시로 부하들을 얼차려를 시키거나 따귀를 쳐서 그들을 강건한 군인으로 조련시켰다. 맞고 때리다 보면 강철 같은 전사가 되는 것이다. 군대는 이런 great sergeant가 필요하다.

그의 기이한 행동은 군대에서도 계속되었다. 때로는 대대장 전용의 지프차를 몰고 영내를 한 바퀴 돌기도 하였다. 광태가 몰고 나간 지프차가 제때 돌아오지 않아 대대장은 퇴근을 못 하고 기다려야 하기도 했다. 한번은 덮개를 벗긴 지프를 몰고 내달리다가 길에서 사단장 차와 마주쳤다고 한다. 광태는 한 손으로는 운전대를 잡고 한 손으로 거수경례를 올려붙이며 그냥 지나갔다. 별 두 개를 단 사단장이 "저놈 누구야?" 하자 부관이 "수색대 하광탭니다." 하자 "저놈이 그놈이야?" 하며 허허 웃었다고 한다. 군에서 별 두 개를 만나면 숨도 쉬지 말아야 한다. 장군이 장외로 나오면 '빵바라 빵빵빵~' 하는 군악대의 팡파르가 울려 퍼진다. 별이 떴으니 모두들 긴장하라는 신호다. 그런 사단장께서 건방진 히시 하나를 보고 웃어넘긴 데는 그럴 만한 이유가 있었다.

지금도 그런지 모르겠지만 과거의 동해안은 적과 마주하는 최전선이었다. 수시로 북에서 내려온 간첩이나 무장공비들이 동해안 해변을 넘어 육지로 침투하였다. 1968년도에는 그해 가을부터 도합 120명의 무장공비가 세 차례 걸쳐 동해안을 통하여 울진삼척 지역으로 침투한 사건이 있었다. "나는 공산당이 싫어요." 하던 이승복 어린이 가족을 비롯하여 민간인 16명이 살해되었고 작전에 동원된 아군 병사 39명이 전사하였다. 그 참혹한 만행의 상처도 이제 역사의 뒤안길로 사라졌다. 그 사건 이후에도 뉴스에 나오지 않은 소규모 침투 사건이 수시로 있었다. 밤새 비로 쓸어놓은 듯 깨끗하던 모래사장에 육지를 향하는 족적이 아침에 발견되면 비상이 걸린다. 완전무장한 해병대원들이 차떼기로 산악지역 체포 작전에 동원된다.

작전에 동원된 수색대가 산을 오르던 중 폐광으로 방치된 동굴이 나타났다. 어쩌면 이놈들이 그 안에 도사리고 있을지 모를 일이었다. 누군가가 그 동굴 안을 수색해야 했다. 중대장이 "누가 저 안에 들어가겠어?" 하자 모두들 머뭇거리는데 광태가 주저 없이 나섰다. 철모와 방탄복으로 무장은 하였지만 상대는 최고도로 조련된 무장 공비들이었다. 만약 그 안에 공비들이 숨어 있었다면 그는 죽을 목숨이었다. 광태는 동굴 입구에서 수류탄 한 발을 던져 넣고 M-16 자동소총으로 연발사격을 하며 동굴 안으로 뛰어들었다. 5분여 동안 동굴 안에서 간간히 들려오는 총소리는 밖에 있던 대원들의 애간장을 태웠다. 이윽고 동굴 입구에 광태가 람보처럼 자동소총을 비껴들고 살기등등한 눈빛으로 나타났다. 그것은 ROK MC(대한민국 해병대)의 가장 용맹스러운 모습이었다. 다행히 안에는 아무도 없었다. 영화에서는 흔히 볼 수 있는 장면이지만 그때 그것은 생사를 가르는 실제 상황이었다. 이 일로 하사 하광태는 용감한 해병의 표상이 되었다.

해병 수색대는 해마다 강원도 모처에서 동절기 산악스키훈련을 한다. 아마 지금도 계속할 것이다. 거의 동일한 기간에 육군 공수특전단들도 비슷한 지역에서 스키훈련을 한다. 이 기간 동안—이건 공공연한 비밀이지만—양 진영 간에 종종 모종의 야간 육박전이 벌어졌다고 한다. 그것은 한밤중에 상대 진영에 은밀히 침투하여 철모

따위를 훔쳐오는 탈취(절도) 작전으로 훈련의 일환이라 해도 좋을 것이다. 아무리 어두운 밤이라 해도 상대 진영에 접근하다가는 경계병에게 발각되기 마련, 그렇게 되면 쌍방 간에 백병전이 벌어진다. 한밤중 눈밭에서 피 터지고 박 터지는 소동이 끝난 다음 날 대원들은 전혀 아무 일도 없었다는 듯이 설원에서 스키훈련에 몰두한다. 이 침투 작전을 계획하고 지휘하는 일은 당연히 광태 하사의 몫이었다. 적 내무반에 몰래 숨어들어 훔치는 일에 입맛을 다시며 그 스릴을 즐기는 병사들, 싸움을 하고 싶어 안달이 난 사나이들, 반드시 이긴다는 자신감에 찬 그들이야말로 진정 용맹스러운 최정예 용사로서 더할 나위 없이 완벽한 전사들이 아니겠는가?

도망자가 된 광태

광태는 포항 해병 사단에서 백령도로 전출되었다. 지휘관들이 처음에는 그의 직선적이고 저돌적인 군인정신을 높이 사 전방에 배치하였지만, 차츰 그가 위험한 성격의 소유자란 것을 알고는 후방 사단 교육대로 보내 버렸다. 거기는 재미가 없었는지 얼마 되지 않아 자원 제대하고 말았다. 해병대 하사로서 보여준 그의 직선적 남성미와 순진무구성을 흠모하던 철없는 한 아가씨가 제대 후 그와 결혼해 주었다. 그러나 그것은 돌이킬 수 없는 크나큰 실수였다. 그녀는 '용감한 자만이 미인을 구한다'라는 격언의 순진한 희생자였다. 광태는 돈벌이를 할 만한 지식이나 기술을 배운 적도 없었을 뿐만 아니라 그럴 마음도 없는 자였다. 광태가 무위도식하는 동안 그의 아내는 사내아이를 하나 낳은 후 또순이 기질을 발휘하여 식당을 차렸다. 그녀는 매사를 알아서 척척 잘 해내는, 말하자면 다부진 여자였다. 타고난 미모에다 요리 솜씨가 좋았을 뿐 아니라 화통한 그녀의 성격 탓에 인기를 끌며 장사는 잘되었다. 그 식당 수입 덕분에 광태는 그럭저럭 지낼 만하였다. 그러나 지인들의 말에 의하면 그의 인간관계나 사생활은 최악이었다고 한다. 고주망태 알코올중독에다가 사기 치고 쌈박질하고 도망치는 것이 그의 일상적인 삶이었다. 그는 그런 짓거리를 즐기고 있었다.

전국 체전이 열리던 어느 해 가을 진료실로 전화가 울려왔다. 광태였다. 그는 대뜸 으하하하 하고 웃어젖히더니 감격한 목소리로 외쳐댔다. 전국체전에 복싱 부산대표로 출전한 자기 아들이 2회전에서 방금 상대방을 KO시켰다는 것이었다.

"점아, 내 이야기 좀 들어보래이."

광태 이 자식이 또 나를 점이라고 불렀다. 수화기 밖으로 들리는 점이라는 소리를 듣고 간호원들이 입을 가리고 웃었다.

"원투 스트레이트를 요리조리 피하다가 인파이터로 치고 들어가 복부를 가격한 다음 라이트훅 한 방으로……."

신이 나 끝없이 지껄이는 그를 가까스로 달래서 전화를 끊게 하였다.

그 후 십수 년 만에 시골 동창 하나가 유치스러운 광태의 근황을 다음과 같이 알려주었다. 제대 후 나쁜 짓만 골라 하던 그를 딱하게 여긴 삼촌이 부산항 인근에서 자기가 운영하던 자그마한 선박수리소에 취직을 시켜 주었다고 한다. 못된 놈은 고분고분 조용히 살지를 못한다. 꼭 죄 저지르기를 한다. 해체 수순을 기다리던 폐선 하나를 페인트를 칠하고 서류를 위조하여 중고 선박으로 둔갑시킨 다음 그걸 팔아먹은 것이 그만 들통이 났다. 재빨리 피신하였지만, 그는 지명수배를 받는 도망자가 되었으며 그에게는 거액의 현상금이 붙어 있었다. 해병대 출신답게 그는 자기 외에는 그 누구도 알 수 없게 자신을 은폐하였다. 광태가 자신을 숨긴 장소는 가야산 기슭에 있는 거의 폐가가 되다시피 한 암자였다. 거기서 그는 정신이 오락가락하는 늙은 주지를 도우며 머슴으로 몇 해를 은거하였다. 그 노승은—밖으로는 잘 알려지지 않았으나—불가에서 꽤 알아주는 선승이었다고 한다.

광태 도사

미네르바의 부엉이는 잠을 자지 않는 법. 광태는 수년 넘게 숨어지내면서 그 암자가 명도소송에 걸려 있다는 것을 알고는 양쪽 당사자를 좋은 말로 타이르고 반공갈로 윽박지르며 타협을 보게 한 다음, 교묘한 방법으로 그 암자를 헐값에 자기가 인수하였다. 그다음 광태는 암자의 헌 곳을 개보수하고 단청 칠도 새로 하였다. 불도저를 동원하여 암자로 들어오는 길도 넓혔다. 기초 작업이 끝난 다음 그는 장삼에 가사를 걸치고 인근 동네로 탁발을 다니기 시작하였다.

동냥이 목적이 아니라 암자 홍보 겸 신도 모으기 작전이었다.

그는 일견 준수해 보이는 상판을 가지고 있었다. 근엄한 인상과 굵고 낮은 목소리는 외견상 선승으로 합격감이었다. 거기다가 군대서 단련된 말재주와 어디서 주워들었는지 법문 비슷한 지껄임도 준비되어 있었다. 누가 알았겠는가, 그 농아리(입담)가 통할 줄을. 한때는 이백 명도 넘는 삼이웃 면 신도들이—특히 아낙네들이—광태 도사를 만나러 암자로 몰려들었다고 한다. 그는 아낙들이 '스님' 하고 부르면 돌아보지도 않았고 '대사님' 하면 거만을 떨며 알은체하였다. 아낙들치고 눈물과 한이 없는 여인들이 어디 있으랴. 광태 도사는 그녀들로 하여금 쌓였던 눈물을 쏟게 한 다음 다시 그 눈물을 닦아주는 재주가 출중하였다. 따르르-딱 하는 목탁 소리로 응어리를 풀게 한 다음 시작하는 삼류 설법은 그녀들을 일심여래장으로 끌어들이기에 충분하였다. 그가 베푸는 법보시(法布施)는—돌아서면 재생되지 않는—알쏭달쏭한 선문답과 격언을 버무린 개똥설법이었다. 하지만 그 정도가 그녀들의 수준에 적합하였다. 그들은 불교에서 큰 스승을 지칭하는 대사와 도교에서의 도사를 구분할 수 없는 정도였다. 그들에게는 대사보다 도사라는 칭호가 더 익숙하였다. 광태는 도사님이라는 칭호와 함께 영혼의 구원자로 존경을 받았다. 자연히 부(富)도 따라왔다. 그의 '스님-되기'는 성공적이었다. 그가 진짜 불법의 참경지에 진입한 선승이었는지 주술사 정도의 사기꾼이었는지 사실 나는 모른다. 그가 암자에 불목하니로 은거하는 동안 그가 모신 주지승에게 어느 정도 법문을 배웠으리라 추정해 볼 수는 있다.

어쨌든 광태의 전성시대가 도래한 것은 확실하였다.

광기의 숲에 들다

그러던 그가 돌연 어느 허름한 범부(凡夫)에게 암자를 비싼 값에 팔아넘기고 사바세계로 환속하였다. 지명수배도 흐지부지되었다. 얼마 후 그가 신내림을 받았다는 소문이 돌기 시작하였다. 그는 술과 완전히 결별하지는 않았으나 옛날과 달리 혼술을 하였다. 군대 생활을 할 때 그의 술버릇은 소문난 개구신이었다. 그렇지만 이번에는 여느 알코올중독자처럼 갈 데까지 가서 개가 되는 일은 없었다. 서너 잔 정도의 음주로 취기가 오르면, 장소에 아랑곳하지 않고 미소를 가득 머금은 채 몸을 떨며 춤을 추었다. 어딘가에서 샘처럼 솟아 나오는 흥이 그를 춤추게 하였다. 처음에는 알코올중독과 관련된 금단현상이나 섬망이 아닐까 하였지만, 절에 있는 수년간은 전혀 술을 입에 대지 않았다는 사실과 기괴한 행동이 잦아지면서 오히려 술을 끊어버린 점으로 보아 주정뱅이 알코올중독증과는 관련이 없는 것으로 보였다.

공무도하(公無度河)려니 공경도하(公竟度河)로다. 안타깝게도 그의 광증은 점차 심해져 갔다. 어떨 때는 보이지 않는 누군가와 진지한 대화를 나누면서 애원하기도 하고 타이르기도 하였다. 함박웃음을 터뜨리다가도 불같이 화를 내며 신경질적인 냉소를 퍼붓기도 하였다. 부르르 떨면서 섬찟한 신음 소리를 내거나, 때로는 황홀경에 빠져 있다가 갑자기 단말마적인 야수의 날카로운 비명과 같은 광포한 고함을 질렀다. 그러다가 어느 날부터 그는 식음을 전폐하고 아프기 시작하였다. 신열과 몸살을 앓으며 헛소리를 해대었다. 사람들은 광태가 죽어가는구나 하고 걱정하였다. 그것은 샤먼(무당)이 되기 전에 겪는 고통의 과정이었는지 모른다. 무당이 되기 전에 겪는 이러한 initiation의 고통을 성무(成巫)의 병이라고 한단다. 광태는 자리보전한 지 근 열흘 만에 거짓말처럼 홀연히 일어났다. 소리 없이 새벽에 그가 향한 곳은 뒷산 꼭대기에 있는 당산 너럭바위였다. 당산에는 키가 작고 뒤틀린 소나무 여나무 그루가 그 바위를 둘러싸고 있었으며 소나무에는 금구줄(금줄)이 둘러져 있었다. 당산은 산신을 모시는 제단 같은 곳이었다. 해마다 정월대보름에는 택일된 한 주민이 목욕재계하고 약간의 제물(祭物)을 지게에 지고 올라가 거기서 산신령께 제를 올렸다. 광태는 바람을 맞으며 하루 종일 가부좌를 틀고 바위 제단 위에 앉아 있었다. 사람들은 그런 광태가 묵언수행(默言修行)을 하는가 하였지만, 사실 그것은 일종의 내림굿이라는 절차로 그는 신탁을 받고 있었던 것이었다. 해거름 무렵 짐승 울음 같은 외마디 비명을 지르며 벌떡 일어나 허둥지둥 산을 내려오는 걸 보고 사람들은 그가 확실히 미쳐버렸음을 직감하였다. 그 후 그는 현실과 작별하고 다른 세계에 몸담은 기이한 존재가 되었다. 섬찟한 눈빛과 이상한 체취를 풍기기 시작한 그는 앞뒤가 맞지 않는 말들로 횡설수설하였다. 이전에는 그래도 지인들과 가끔씩 통하던 인간적인 관계가 완전히 단절되었다. 끝없이 조잘거리다가도 실어증에 걸린 듯 갑자기 입을 닫아 버리기도 하였다.

두루마기를 입고 중절모를 쓰고 다니던 그는 전혀 별나 보이지 않은 작대기를 하나 짚고 다녔다. 그 작대기는 동네 아이들이 소 먹이러 다니며 소 엉덩짝을 때리다 버린 것이었다. 그러나 그에게 그 막대는 단순한 지팡이가 아니었다. 가끔 그것을 바위에 기대어 놓고 중얼중얼 무슨 주문을 외운 다음 두 손을 비비며 두세 번 공손히 절을 하곤 하였다. 일출과 일몰 때는 해를 향하여 그 작대기에 침을 바른 후 두 손 받쳐 높이 들어 올렸다. 그에게 그것은 신의 계시를 받는 신성한 의식(儀式)이었을 것이다. 우리 동네 공동우물은 개울가에 좀 큰 옹달샘의 형태로 있었다. 하루는 아낙네들이 우물가에 모여 쌀을 씻고 채소를 다듬으며 이야기꽃을 피우고 있는데 갑자기 우물 뒤의 덤불에서 번쩍하는 빛이 보였다. 거기서 광인 광태는 깨어진 거울 조각으로 햇빛을 반사시켜 아낙네들의 얼굴에 비추었다.

“엄마야, 이게 뭐꼬!”

광태가 준엄한 음성으로 소리쳤다.

“신의 빛을 받으시오.”

작대기나 깨어진 유리조각은 그에게서 신의 명령을 매개하는 ‘초월의 상징’이었다. 그의 섬찟한 인상과 이상한 몸짓, 그가 내는 소리와 기괴한 주술적 행위는 주위 사람들에게 무서움을 주기도 하였지만 비의적 신비감을 느끼게도 하였다. 그가 하는 행동이 위험하지는 않았다. 불가에 몸을 담았던 그가 신을 만난다고 그를 경외하는 사람도 있었지만,

"우짜다가 저리 되었노?"

하며 인생의 덧없는 변모에 연민을 느끼며 동정하는 사람들도 있었다.

영결식

그의 부음을 받고 빈소를 찾아갔다. 영정사진에서 그는 파안대소하고 있었다. 권투하던 아들은 반대머리의 중년이 되어 있었고 미모였던 부인은 초로의 늙은 티가 역력하였다. 눈 주위의 조글조글한 주름이 미소를 지으며 조객들을 맞고 있었다. 그런데 뜻밖의 사태가 벌어졌다. 상주도 모르고 상객들 아무도 모르는 늙은 아줌마와 건장한 청년이 빈소를 찾아와 영정 앞에 넙죽 엎드리며 절을 하는 것이었다.

"저들이 누구지?"

광태의 아내는 그 청년이 엎드린 채 나직이 읊조리는 소리를 분명하게 들었다.

"아부지……."

친구들이 소주잔을 홀짝이며 킬킬거렸다.

"한둘이 아이라 카이(하나둘이 아니라니깐)……."

광태 도사는 부활을 요량하였는지 제가 무슨 제우스신이나 된 듯이 여기저기 들쑤시며 씨앗을 뿌려두었던 모양이다. 뜻밖에 혼외 이복동생을 만난 아들이 쌍심지를 켠 눈으로 그들을 노려보며 씩씩거렸으나 광태 부인은 기가 찼던지 실웃음만 지었다.

영결의 마당에서 그를 가볍게만 볼 수 없었다. 지인들의 이야기를 종합해 볼 때 그의 일생은 초지일관 세상 사람들과의 부딪힘이요 엇박자였다. 광태에게 지켜야 할 원칙이나 양심은 없었다. 그에게는 오직 격한 감정만 있을 뿐이었다. 그의 일생은 쌈박질과 배신과 기만의 연쇄였다. 누가 봐도 진흙탕 속에 평생 분탕질로 살았지만, 광태는 겁 없이 자유로움 속에 웃고 노래하며 자기 쪼(신조)대로 살다 간 용감한 자였다. 도덕의 눈치를 보지 않는 힘의 삶에서 깡이 삶의 방식이었으며 쾌락이 삶의 본질이었다. 그에게 사회공동체나 제도가 부과하는 금기 따위는 임의적이었다. 광태가 가진 자유는 오로지 주인으로서 자기가 확보한 권리 행사였다. 이러한 유형의 인간은 타인을 고려하지 않는다. 광태는 남과 동화되거나 타협함으로써 이기(利己)나 무사안일을 도모한 적이 없었다. 사람들이 지껄이는 빈말과 세인들의 헛된 호기심 따위에 섞여들지 않았다. 사람들은 자신들의 허약한 감정 때문에 자기네들끼리—친목과 상부상조라는 이름으로—그럴듯한 관계를 맺지만 그는 결코 그런 것에 관심이 없었다. 광태의 삶은 남이 볼 때 질적으로는 불량하였으나 양적으로는 다채로웠다. 이것저것 여기저기 차 안에서 즐기기에는 시간이 모자랐을 뿐이었다. 모든 탐닉과 선행 혹은 악행을 저지르며 호랑방탕하게 살았으나 놀랍게도 거기에 빠져들어 그들의 노예가 되지는 않았다. 심지어 그가 도박과 마약에 손을 댔다는 소문이 떠돌았으나 그것들도 그를 파멸로 끌어들이지 못했다. 제멋대로의 그 힘은 놀랍게도 자기를 다스리고 극복하는 데도 충분하였다.

제멋대로였던 만큼 그는 고독한 인간이었다. 어쩌면 고립에 대한 보상으로 자유정신이 필요했는지 모른다. 방임적 절대 자유는 충동과 혼란을 야기하고 자칫 인간을 파멸로 끌고 간다. 그는 더 이상 자유가 방해받지 않는 그런 극단으로 들어갔다. 그곳은 무제한으로 확장된 자유 그 자체인 광기의 세계였다. 그는 영매(靈媒)의 야생조가 되어 보통 사람은 접근조차 못 할 힘의 왕국 광기의 숲을 날아다녔다.

영결식장은 묘한 곳이다. 한쪽에는 죽은 자와 산 자 사이에 이별의 슬픔과 존재 사멸에 대한 경건함이 있고, 다른 쪽에서는 살아 있는 자들의 웃음과 떠들썩함이 있다. 장례식장인지 혼인 잔치인지 구분이 되지 않는 장이 펼쳐진다. 소주병이 즐비하고 심지어 구석에서는 고스톱 판도 벌어진다. 노래를 부르는 취객도 있다. 제의적 의례(儀禮)에 담긴 심리는 결코 경건하지만은 않다. 출상(出喪) 때 상여는 화려한 연꽃으로 장식되고 하늘 높이 만장(輓章)이 펄럭인다. 천국을 향하는 마지막 축제가 벌어지는 것이다. 꽃가마 타고 시집가는 것과 비슷한 행차(行次)다.

그것은 죽음의 상반된 이중적 의미에서 비롯된다. 죽음이란 자아의 관점에서 보면 본인에게는 대재앙이요 지인들에겐 상실과 이별의 슬픔이지만, 죽는 자의 영혼의 측면에서 보면 고통에서 해방이요 축복이다. 인간의 수명으로 살다가 존재의 연속성으로 되돌아가는 부활이 죽음이라면 결별의 슬픔은 한편으로는 기쁨이기도 한 것이다. 광태는 이제 육신이라는 굴레를 벗어던지고 대극의 갈등이 없는 귀신들의 세계, 저승으로 편입되었다. 그곳은 자연과 영혼이 통합되는 곳이었다. 죽음을 존재의 연속성으로 보았던 칼 융은 죽음이 하나의 축제라며 다음과 같이 말하였다.

> 하지만 다른 관점에서 보면 죽음은 하나의 즐거운 사건으로 여겨진다. 영원의 관점에서 죽음은 실존의 결혼이며 융합의 비의다. 영혼은 이를테면 자신에게 결여된 반쪽에 도달하여 통합을 이루게 된다.

죽음은 '없음 혹은 공백'으로서 처음부터 한 개인의 탄생과 삶에 함께하여 왔다. 공백의 존재와 죽음은 등치한다. 모든 존재자는 그 공백에서 시작하여 그 공백과 함께하다가 그 공백으로 되돌아간다. 그러므로 공백은 존재의 고유명이다. 존재의 근원적 비극과 고통 그리고 절대적 불안은 궁극적으로 이 죽음이라는 피할 수 없는 존재 가능성에서 비롯된다. 그렇다면 평생을 따라다니던 그 죽음의 공포를 생물학적 죽음으로써 벗어던지면 구원이 될 수 있을까? 구원의 대상인 존재 자체가 없어지는데 어떻게 구원이 이루어질 수 있다는 말인가? 존재자의 사멸 앞에서 구원의 문제는 상정조차 되지 않는다. 피의자가 죽으면 공소권이 없어지듯이 인간이 죽으면 인간이 따지고 자시고 할 일이 없어진다. 부활 혹은 회귀는 우리 인식의 밖에 있는 추상으로서 탈존적 무한성이다.

그 떠들썩함 속에는 광태에게 소 판 돈 수천만 원을 변제받지 못한 디기재 사는 곽 형도 앉아 있었고 결혼식장에서 광태에게 뒤통수를 얻어맞은 소라골 심재수도 끼어 있었다. 곽 형은 장기간에 걸친 법정 소송으로 광태와 원수지간이 되어버린 한 해 선배였다. 그러나 전생에 얽혔던 모든 껄끄러움은 이제 없던 일로 되어버렸다. 한 존재의 소멸 앞에 속세에서 벌어졌던 모든 허물은 원천무효가 되고 오직 영결의 숙연함만 있을 뿐이었다.

심재수로 말할 것 같으면, 그는 어릴 때 광태와 절친했던 초등학교 단짝 친구였다. 동향 가운데 출세하여 모 재벌 회사의 부사장이 된 한 동기가 서울 고급호텔에서 자녀 결혼식을 올리던 날이었다. 신부가 지나갈 식장 중앙 통로는 온통 하얀 백합으로 치장되어 있었다. 꽃향기 가득한 그 통로 곁 하객석에 뒷머리만 보이던 재수를 광태가 알아내고 반가워 달려들었다.

"야 이 문디야(문둥이야)."

하며 광태가 재수의 뒤통수를 철퍼덕하고 후려친 것이었다. 그 소리에 깜짝 놀라 하객들이 일제히 쳐다보았다. 광태는 아랑곳하지 않았다. 그는 진정으로 재수가 반가워 죽을 지경이었다. 어릴 때 보고 처음이었던가 보다. 불시에 일격을 당한 재수가 일어나 광태를 향하여 검지를 입에 대며 조용히 할 것을 지시한 다음 사방으로 꾸벅꾸벅 절을 하며 하객들을 안심시켰다. 해후의 반가움에 대한 경상도식 표현이 서울 사람들에게는 경악과 공포를 일으키기에 충분하였다. 하객들은 불안해하며 한동안 그 둘을 조심스럽게 지켜보았다. 가끔씩 무슨무슨 연유로 결혼식장에서 난투극이 벌어지는 일들이 있지 않던가.

장지에서는 산 자와 죽은 자 사이에 의미 있는 대결이 벌어진다. 산 자들은 죽음 앞에서 경건한 마음으로 의식을 치르고 전생에서의 그의 업적에 대한 과장된 거짓 찬사를 던지며 경외심을 가지지만 사실 이것은 산 사람으로서 능가할 수 없는 죽음에 대한 공포의 다른 표현일 뿐이다. 산 자들은 죽어 부패되며 사라질 시신이 보내는 원한과 증오를 진정시킬 목적으로 예식을 치른 다음 '영면에 편안할지어다'라고 위로하며 땅속 깊숙이 그를 매장한다. 비석을 땅에 박으며 그를 영원 속에 가둔다. 이제 가시 세계에서 그의 존재는 그 돌에서만 머문다. 남근을 닮은 비석은 죽음을 넘어 지속되는 그의 영혼을 상징하며 부활을 약속한다. 산 자들이 베푸는 마지막 선물이요 기억이다.

광태 부인

작년 가을에 그녀가 경영하는 식당에서 광태 부인을 만났다. 그녀는 해인사 가는 길 어디쯤에서 소박한 식당을 열고 있었다. 그가 경영하는 식당 '초막'은 찻길을 벗어나 약 백여 미터 안쪽 개울이 흐르는 숲속에 있었다. 미리 전화를 해두면서 식당 위치를 설명 들었기에 길 입구를 찾기에 어려움은 없었다. 때는 한가을이라 숲길은 붉게 타오르는 단풍들이 화려한 터널을 이루고 있었다. 애기 손가락 같은 빠알간 단풍만 있는 것이 아니었다. 노란색, 갈색, 주황색…… 모든 색깔들이 어울려 흔들고 노래하며 잔치를 벌이고 있었다. 오후 늦은 시간이어서인지 초막 마당에는 주차된 차가 한 대밖에 없었다.

식당 문을 밀고 들어서자 카페 마담 풍의 여인이 겸연쩍게 미소 지으며 나를 맞는다.

"처음 뵙겠습니다. 저는 광태 친구 이원식이라고 합니다."

"네, 어서 오세요. 기다리고 있었습니다. 아빠한테 여러 번 들어서 (원점 씨를) 알고는 있었습니다만, 직접 뵙기는 처음이네요."

광태가 나에 대해서 무슨 내용인지 몰라도 이야기를 했던 모양이었다.

광태 부인은 나를 이층 응접실로 안내하였다. 응접실 마루에는 난초와 수석들이 가득하였고 어항에는 멸치 새끼만 한 열대어가 헤엄치고 있었다.

광태 부인이 부엌으로 들어가 차를 달여 내왔다. 들어도 모를 무슨 야생초를 말렸다가 우려낸 것이라고 했다.

"마셔 보세요. 이거 귀한 거예요. 제가 직접 산에서 채취하여 만든 거예요."

한 모금 마셔 보니 쓴맛만 가득했다. 무슨 향을 찾아보려고 했으나 도무지 그런 건 없었다. 그래도 "향이 좋네요."라고 인사치레 말을 하자 그녀는 수상한 눈으로 날 흘낏 바라보며 짓궂은 미소를 지었다. '너 표정은 그렇지 않은 것 같은데?' 하는 듯이.

50대 중반의 광태부인은 나이에 어울리지 않게 주홍색 무릎치마와 레이스가 요란한 아이보리색 블라우스를 입고 있었다. 가만있어도 웃는 듯한 얼굴은 처음 만난 사람을 편안하게 해주었다. 그녀가 미소 지을 때는 눈가에 잔주름들이 빗살무늬처럼 나타나 같이 웃었다. 조금 야한 끼 같은 느낌이 들기는 하였지만 전체적으로는 우아하고 중후한 분위기를 가지고 있는 중년 부인이었다. 그녀는 경기도 어디 출신으로 광태가 백령도 군부대에 근무할 때 친구들과 함께한 단체 미팅에서 그를 처음 만났다고 하였다.

그녀는 자기만의 굳건한 세계가 있는 듯 품위와 자기 확신감에 차 있었다. 이런 사람들은 부정성을 초월한 사람들이다. 그녀가 경영하는 식당, 빼어난 요리 솜씨, 그녀가 가꾸는 향기 나는 난초와 기묘한 수석들, 올망졸망 귀여운 눈을 가진 열대어, 거기다가 어쩌면 스스로 자신감에 차 있을 미모 등이 천진난만함과 우아함을 함께 어우르고 있었다. 이 모두가 나름대로 무의식적 상징성을 갖고 있다. 이러한 의미상(像)들은 그녀의 세계 속에서 천연적인 전일성을 이루고 있을 것이었다. 전일성과의 동일화에서 삶은 안정되고 아쉬움은 잊힌다. 그녀의 무의식이 어떠한지 그 상세한 내용은 알 수 없어도 만일 자의식과 무의식이 합일하지 못하고 충돌을 일으키고 있었다면, 그녀의 삶은 회한과 눈물로 채워졌을 것이다. 광태의 횡포에 짓눌려 폭삭 사그라들었을 것이라는 그녀에 대한 나의 예상은 완전히 빗나갔다.

내가 '억지 먹튀'를 당한 친구라고 소개하자 그러고도 남을 위인이라며 '깔깔깔' 눈물이 곁들도록 한껏 웃어젖혔다. 자기는 한평생 억지-먹튀를 당해 온 셈이라며 다시 웃었다. 어쩌면 저런 천진난만한 어린이형 웃음이 아직 남아 있을까?

겉으로 거친 사람의 내면은 의외로 따뜻할 수가 있다. 그런 걸 기대하며 부인에게 물어보았다.

"광태는 어떤 사람이었습니까?"

"이 사람은…… 거꾸로 뒤집힌 사람이에요."

"무슨 말씀이신지?"

"보통 사람은 평소에 점잖다가 술 마시면 깡패가 되잖아요. 그런데 이 양반은 술 몇 잔 들어가면 그 고약한 성질이 그럴 수 없이 다정하고 나긋나긋해져요. 어떨 때는 여자처럼 혼자 훌쩍거리기도 했어요. 사람들은 그를 깡패라고 하였지만 그는 결이 보드라운 사람이었어요. 저만 인정하지만 그는 눈물이 가득한 외로운 사람이었지요."

그녀는 우수 어린 얼굴로 씁쓸히 웃었다.

"취하면 어린이처럼 해맑아지고 다정해져요. 한번은 전생에 우리가 오누이 사이가 아니었을까 하고 착각한 적도 있었다니까요."

그때 그녀는 광태가 자신을 사랑하고 있다는 사실을 알았다고 했다. 광태 그는 나이가 들면서 가면을 뒤바꿔 쓴 자였다. 그의 가면은 —보통 사람과 정반대로—험악한 바깥과 다정한 안을 가지고 있었던 같았다.

"건강이 걱정되어 술을 말리기는 했지만, 지금 생각해 보니 취중에 행복해하는 그런 시간이 우리들에게 더 중요했던 것 같아요."

광태가 이런 사람이었다면 살아생전에 같이 한잔하면서 '먹튀 사건'의 뒤처리를 해볼 걸 싶었다. 다시 조심스럽게 물어보았다.

"그러면…… 광태하고 사이는 좋았습니까?"

그러자 광태 부인은 잠시 망설이다가 대답했다.

"그건 나도 모르겠고요."

그들의 사이가 좋았을 리 없었다. 광태의 성질과 행실을 우리 모두가 다 알고 있었다. 그걸 평생 참고 살아야만 했던 시련의 연속에서 좋은 유대감을 일관되게 유지하기란 어려웠을 것이다.

"그런데 살아갈수록 '이 인간 참 희한한 화상이구나' 싶은 생각이 들었어요."

마누라에게서조차 희한한 자, 그렇다. 광태는 누구에게나 희한한 자였다. 그러나 그녀의 그 '희한한 자'라는 말이 전하는 뉘앙스는 그에 대한 부정이 아니라 긍정이었다.

그가 어떤 유형의 인간이었던 간에 그를 이해하고 긍정하는 사람은 자신을 주체로 사는 사람이다. 광태 부인이 그러하였다. 다른 사람의 시선을 거부함으로써 생기는 어쩔 수 없는 소외감과 쓸쓸함이라는 숨겨진 광태의 그늘을 이해하고 어루만져 주었을 아내, 그녀는 ―그가 좋고 싫고를 떠나―분명 광태의 전체를 사랑한 여인이었다. 사람이 미치면 거의 폐인이 되어버린다. 광태 부인은 그런 그를 먹여주고 씻겨주고 의복을 갈아입혀 주었다. 광태는 죽는 날까지 외관은 깨끗했으며 비록 섬망에 헛소리를 해댔지만 품위를 지켰다고 하였다. 모두 그녀의 수발 덕분이었다.

광태가 죽으면서 마지막으로 한 말은 '엄마'였다. 가슴에 두 손을 모으고 잠이 드는 듯이 죽었다고 했다. 어린아이로 태어나 어른 아이로 죽은 것이다. 작별을 고하고 돌아서는 그녀의 뒷모습에서 강인한 여성성이 느껴졌다. 그것은 한 인간으로서의 아름다움과 숭고함이었다.

광태는 천진난만한 망나니였던가? 아니면 초인이었던가? 나는 모른다. 그러나 분명한 것은, 그의 정신은 아무것에도 얽매이지 않은 자유로운 상태로 있었다는 것이다. 숲길을 벗어나면서 나는 광태에게 기도하였다. '옴마니밧메훔.'

생각해 보기

도덕적인 삶과 자연적인 삶

절대적 도덕은 자연적인 감정과 욕망에 따라 살지 못하도록 삶을 방해한다. 도덕적인 삶은 생명이 제한되는 삶이어서 도리어 반도덕적 성격을 띠게 된다. 실제 삶의 현실과 도덕의 대립은 삶에 대한 폄훼가 되고 만다. F. 니체는 도덕을 단적으로 '반(反)자연'이라고 부르면서 '도덕을 믿는 한 우리는 삶에 유죄 판결을 내리는 것'이라 하였다. 도덕과 삶의 숙명적인 이율배반은 탈출구 없는 허무주의를 초래하거나 피안의 종교적 초월 세계에 매달리게 한다. 도덕을 떠나 자기 스스로 가치를 설정하고 그 가치를 창조하며 즐기는 주체가 되는 것만이 이 허무주의를 극복하는 길이다. 이러한 사람은 자신의 한계를 인정하고 긍정한다. 디오니소스적 긍정의 삶을 살았던 광태가 그런 자였다. 할 말은 아니지만, 미덕이니 선행이니 하는 삶은 차라리 위선이요 비겁함이다. 속된 쾌락이나 고상한 도덕이나 죽음(영원성) 앞에서는 둘 다 동급으로 폐기된다. 도덕적 삶은 충족되지 않는 욕망들은 놓쳐버린 삶의 기회들일 뿐이다. 즐겨라, 그것이 삶의 진리다. 그러나 제약을 벗어난 방종에는 피할 수 없는 불안정과 고통이라는 대가가 따른다. 그것이 인간 실존에 씌워지는 굴레다. 그것을 극복하느냐 순종하느냐는 각자 개인이 선택할 문제다.

어떻다고? 모든 것이 단지 인간적인, 너무나 인간적인 것일 뿐이라고?(『인간적인 너무나 인간적인』 서문, F. 니체)

존재의 연속성

태어남과 죽음은 같은 경계선을 가진다. 경계선 이쪽은 유한성의 삶이요 저쪽은 영원한 무한성이다. 인간은 경계선 넘어 이쪽으로 왔다가 다시 저쪽으로 회귀한다. 무기물에서 생긴 유기체 생명이 다시 무기물로 되돌아가는 것이다(너는 흙이니 흙으로 돌아갈 것이니라, 창세기 3:19). 조르주 바타유의 말을 빌리면, 살아 있음은 최초의 근원(무한자 혹은 일자)과 더불어 존재하는 연속성(영원)에서 잠시 떠나 불연속에 들어와 있는 것이다. 죽음은 개별적 존재로서의 불연속성을 떠나 더 이상 사라질 일이 없는 영원한 연속성 속에 드는 것이라 하였다. 그러므로 죽음은 시간을 벗어버린 영원으로의 회귀이다. 어느 시인의 노래처럼 죽음은 소풍을 왔다가 귀가(귀천)하는 것이다.

죽음은 영생에 이르는 변환이며 그것은 곧 부활을 의미한다. 일자와 더불어 존재하는 영원으로부터 이탈한 이성과 영혼은 그 영원을 반복하려는 의지를 갖는다. 우리는 개체의 연속성을 갈망한다. 인간은 영원에 대한 향수가 있다. 이른바 죽음을 향한 충동(Todestrieb, thanatos)이다. 어디론가 가야 할 곳으로 가고 있는 듯한 마음, 그 지향성이 무엇일 것 같은가? 죽음은 새로운 존재를—비록 지금과 다른 존재이겠지만—예고한다. 새 생명은 밀알이 땅에 떨어져 썩을 때 거기서 솟아난다. 부패 속에서 새 생명이 탄생하고 그 생명은 다시

부패 속으로 돌아간다. 죽음과 탄생은 무관하지가 않다. 죽음은 새 생명의 출현을 위한 약속이요 조건이 된다. 죽음과 탄생은 그렇게 순환 고리처럼 연결되어 있다. 그는 개체성으로는 죽지만 존재적으로는 후대를 이음으로써 죽지 않는다. 생물학적 개체로서 존재의 연속성을 이을 방법은 새끼를 치는 방법뿐이다.

무의식을 어루만져 주는 사소한 것들

이루어질 수 없는 것을 양보하지 못하고 거기에 매달려 사는 것은 비극이다. 불행을 초래하거나 신경증에 걸려들 수도 있다. 우리는 누구나 가지고 있는 심리적 부채라고 할 수 있는 무한한 내적 결여를 메우려고 마냥 목을 맬 수만은 없다. 그 영원에 접근한다는 것이 꼭 신화적 광기여야 하는 것은 아니다. 끝장을 보려 하기보다 여유와 미련을 가지는 적당한 '기분 좋음'에 머물거나 환상을 횡단하는 것이 바람직하다.

상징계가 만들어 내는 어떤 대상들에는 잃어버린 사물의 잔해와 비슷한 것이 작용하고 있다. 라캉의 대상 a(잉여향유)는 유한성의 상징계(현실적 경험세계)와 무한성의 실재계(접근 불가능한 초월적 세계)를 환상으로 연결해 준다. 상징계에서 경험되는 대상 a는 실재계의 쾌락을 닮은 잉여향유를 제공한다. 이 대상들로 하여금 내 일상의 욕망 너머에 나의 초(超)의식이 숨 쉴 수 있는 공간을 만들어주는 것이 좋다. 엄마 찾아 징징 우는 아이보다 시간 가는 줄 모르고 자기만의 소꿉놀이에 빠져든 아이는 즐겁다. 그 아이는 소꿉놀이에 무의식의 환상을 끌어

넣는다. 아이는 행복해한다. 그 놀이에서 아이의 무의식적 내용물들이 드러난다. 이것은 칼 융이 말하는 '적극적 명상'과 유사한 것으로 개성화(무의식의 의식화)라고 할 수 있다. 심리 치료에 동원되는 미술치료도 이 원리를 이용하는 것이다.

순진무구한 사람들은 본능적으로 세상을 사랑하기 때문에 그들은 삶에 동화되어 삶과 조화를 이루며 살아간다. 나름대로 만족을 주는 올망졸망한 즐거움, 그것이 비록 보잘것없는 유한한 것이더라도 끊고 사는 홀가분한 삶이 좋은 것이다. 이러한 전의식(의식 바로 아래에 있는 얕은 무의식)의 의식화로 즐거움에 빠져드는 순간에는 시간을 잊는다. 시간이 무효화된 순간은 삶의 초월로서 영원한 현재이며 실존이다. 거기서 사물들은 존재 그 자체의 매력으로 다가온다. 순간순간의 가능성을 맛보며 사는 사람들은 행복하다. 소박하고 사소한 지금의 일상생활에서 찾는 즐거움은 잉여향유로 다가온다. 천진난만함이 구원이 된다.

광태 부인은 그녀가 가졌을 여러 감정 배후에 숨어 있는 무의식의 이미지를 의식의 세계로 끌어올려 그들과 함께 어울려 살고 있는 것 같았다. 난초, 수석, 어항 속의 열대어 같은 사소한 대상들에서 잃어버린 어릴 적 어머니와의 사랑을 향유한다. 그 예쁨들은 상상계를 침입하려는 실재계의 광적 위험을 누그러뜨려 준다. 망각된 사물(원초적 쾌락)의 잔해들이 작용하는 이러한 대상들과 그녀가 느끼는 자긍심이 주는 상징들이 가진 정동의 힘은 그녀 마음속에 충돌하는 대극들을 화해시키고 재통합을 이뤄줄 것이다. 무의식 속의 감정을 좋은 이미지로 바꾸는 일은 내적인 안정을 이루는 데 매우 중요하다.

광기의 저변
— 기인 하광태를 생각하며 —

무의식(내 안에서 나도 모르게 나를 지배하는 타자)

우리들의 마음은 의식과 무의식의 두 층으로 되어 있다. 의식은 내가 아는 세계이며 그 중심에 자아(ego)가 있다. 자아는 의식의 모든 개인적 행위의 주체라 할 수 있다. 자아는 의지, 욕망, 행동의 중심으로서 자신을 체험한다. 즉 자아는 자기의식이다. 자아는 의식의 장에서 주인공으로 나타나지만 의식의 장에서 반드시 자아가 나서는 것은 아니다. 예를 들면, 우리가 영화를 볼 때 처음 얼마간은 그 배경과 인물들을 무심히 보아 넘기지만 조금 지나면서 우리는 영화 속의 주인공과 동일시되어 감정이 활성화한다. 자아가 나서서 행동하는 것이다.

무의식은 내가 모르지만 그 실체가 있는 어떤 심리적 상태이다. 사람들은 '무의식이 어디에 있어?' 혹은 '내가 모르는 정신이 내 안에 있다고 가정하는 자체가 허구'라고 하며 의식되지 않는 정신세계를 거부한다. 프로이트에 따르면, 의식이 어떤 심리적 표상을 억압하면서 자신의 영역 밖에 묻어버린 것이 무의식이다. 추방된 표상은 의식의 문턱을 넘어오지 못한다. 혹시 넘어오더라도(예: 꿈) 의식의 검열을 받아 압축과 전치를 통하여 위장된 모습(은유와 환유)으로 의식의 장에 나타난다.

분석심리학에 의하면, 우리의 의식은 원초적인 무의식의 어둠에서 발달해 나왔다. 그래서 무의식이 주체가 된다. 분별하고 개념화하는 능력을 가진 의식이 심상(心相)이라면 자각되지 않는 무의식은 심성(心性), 즉 인간의 본성이라 할 수 있다. 무의식적 형태들은 우리의 사고와 감정과 행위에 끊임없이 영향력을 행사한다. J. 라캉은 "무의식은 스스로 말하는 지식(앎)이다."라고 하면서 "나는 내가 있지 않은 곳에서 생각한다. 그리므로 나는 내가 생각하지 않는 곳에 있다."라고 하였다. 이 말은 무의식적인 나, 말하는 주체는 무의식의 층위에서 생각(사고)한다는 뜻이다. 이와 같이 라캉은 데카르트의 코기토(cogito, 인식주관)를 전복한다. 무의식적 과정들이 개인의 행동을 통해 표현된다. 무의식은 한마디로 '자기 안에서 자신도 모르는 사이에 자신을 움직이게 하는 동력'이다. 나도 모르게 튀어나온 말실수나 헛소리는 무의식의 '나'가 한 말이기에 그것은 심리학적 진리라 할 수 있다. 그렇게 헛소리한 '나'가 진정한 나이다.

편의상 무의식을 몇 단계의 층위로 나눌 수 있다. 의식의 뒷면에 숨어 따라다니는 무의식을 그림자라고 하며 이는 어둠 속에 가려진 자아의 부끄럽고 사악한 일부분이라 할 수 있다. 지킬 박사의 이면 하이드 씨와 같은 존재다. 그림자 아래로 아니마/아니무스라는 내적 인격이 있고 더 깊은 핵심부에 자기(selbst, self)라는 영혼의 핵이 자리 잡고 있다. 무의식에는 개인적 무의식과 심층부의 집단적 무의식이 있다. 의식과 개인적 무의식에는 콤플렉스들이 산재해 있으며 더 아래쪽에는 시간과 공간을 초월해서 모든 인간에게 보편적으로 나타나는 생태적 집단 무의식이 있다. 정신의 근원적 유형인 집단적 무의식을 원형(元型, archetype)이라고 부른다.

무의식적 내용들은 의식의 그것들과 완전히 다르다. 무의식은 의식에 의해 억압된 표상과 그것의 충동들이 벌이는 비밀스러운 활동으로 구성된다. 의식은 지배적인 어떤 원리가 있으며 합리적인 질서를 갖고 있지만, 무의식적 현상들은 질서가 없이 혼란스럽고 체계화를 보이지 않는다. 무의식 안에는 우리가 규정할 수 없는 수많은 내용들이 있다. 자기 자신도 자신의 무의식의 내용을 전혀 모른다. 무의식의 언어와 내용은 상징(의미像)이고 그 의사소통의 수단은 꿈이다. 이 어둡고 비밀스러운 무의식의 내용물들은 본능적이요 동물적이다. 그 힘과 크기는 강력하며 무한한 범위를 가지고 있다.

원형적 무의식은 정동(情動, affect)의 원천이다. 밤에 꾸는 꿈은 물론이고 환상, 공상, 그리고 온갖 감정들뿐만 아니라 창조적 재능들이 무의식에서 쏟아져 나온다. 무의식의 심연은 나의 원형이요 신성(신)이다. 프로이트는 무의식을 의식의 억압과 성충동으로 보았으나 칼 융은 무의식을 지성의 논리를 초월하는 상징의 언어(원형, 베르그송의 본능)요 지혜의 보고로 본다. 베르그송에서 본능이란 생명의 자기인식으로서 원형에 대한 인식을 통해서 작용한다. 본능을 활성화시키는 원형 이미지들은 선험적으로 타고난 직관의 형식들이다.

전체 정신 구조들은 선험적으로 아득한 옛날에서부터 미래로 발달해 가는 역사적 양상을 가진다. 특히 무의식은 장구한 시간을 살아 내려오는 인류의 역사를 반영한다. 자아의식이나 개인 무의식은 한 개인에서 그의 생명과 함께 곧 소멸하겠지만 집단적 무의식은 전 인류에게 공통되는 영혼의 원형, 타고난 생명으로서 자손을 통하여 미래로 계속 이어진다. 베르그송은 그의 지속 이론에서 한 개인이 태어난 후부터 경험했던 것 외에 우주적 시간의 흐름에 의하여 생기고 축적되어 온 방대한 객관적 내용(기억)들이 인류의 무의식 속에 지속하고 있다고 본다. 그는 의식의 여과(검열) 작용은 인정하지만, 무의식에 대한 프로이트의 '의식에 의한 억압설'을 뛰어넘어 융에서와 같이 무의식의 범위를 확장시킨다. 베르그송에 의하면, 무의식에 포함되어 있는 방대한 기억의 풀 가운데 어느 특정한 일부만 의식이 활성화시키고 있을 뿐 대부분은 소외된 채 무의식 속에 생동하는 지혜로운 침묵의 생명으로 남아 있다. 어떤 특수한 상황에서 그 차단벽이 약해지거나 와해되었을 때 놀랍게도 풀 속의 잊힌 기억들이 의식의 장으로 되살아난다. 또한 매 순간의 새로운 현재 속에 언제나 과거 전체가 들어오면서 새로운 창조가 이루어진다. 그 창조의 생명은 본래부터 능동적인 내재적 활동성(소위 엘랑 비탈)을 가지고 있다. 그리하여 생물들이 온갖 우여곡절을 겪으면서도 그것이 지향하는 뚜렷한 진화의 방향성이 있다는 것이 그의 유명한 저서 『창조적 진화』가 뜻하는 바이다.

무의식은 야누스의 두 얼굴을 가지고 있다. 과거의 얼굴과 미래를 내다보는 얼굴이 그것이다. 무의식은 전(前)의식의 선사시대의 세계를 가리키기도 하고 예지몽(豫知夢)에서와 같이 잠재적 미래를 예고하기도 한다. 무의식은 미래적 요소를 가지고 있다. 미래에 일어날 일들은, 지금까지 일어난 것들에 대한 기억의 흔적들을 바탕으로 하기 때문에 운명을 결정짓는 요인들이 본능적으로 작동할 수 있다. 이와 같이 의식이나 지성이 할 수 없는 일을 무의식이 한다.

안과 밖의 균형

모든 대극들이 그러하듯이 의식과 무의식은 상호 의존한다. 무의식 없이는 그 어떤 자기의식도 없으며 그 역도 마찬가지다. 이 두 쪽은 합일하여 하나의 전체가 되어야 한다. 정신의 분열을 막고 하나의 전체로 이끄는 것이 정신의 핵인 자기이다. 의식과 무의식 중 어느 하나가 다른 하나에게 억압되고 상처받으면 둘 사이에 통합이 불가능하다. 현상적 경험세계를 살아가는 자아가 의식적인 것으로 대변된다면, 내면의 영혼은 무의식으로 대변된다. 돌이켜 보면 광태에게 지나친 점이 없잖아 있었다. 그에게 사랑하는 가족과 친밀한 친구, 그리고 즐겨 일할 직업과 같은 현실적 토대가 단단했어야 했다. 그는 그렇지 못했다. 누구와도 정상적인 관계 맺음 없이 평생을 아집과 외톨이로 살았다. 현실적 발판이 결여된 그는 차츰 현실과 멀어지며 괴리를 일으켰을 것이다. 그렇게 되면 정신은 균형을 잃고 자기만의 내면세계로 매몰되기 십다. 현실과의 단절이 그에게 내적 자유를 주었을지는 몰라도 한편으로 이것은 의식과 무의식 간에 심각한 불균형을 초래하는 일이 된다. 우리는 귀찮고 고통스러워도 무의식과 조화를 이루면서, 자의식의 밝은 빛(지혜의 빛)을 따라 반성하며 현실에 발을 딛고 남들과 어울려 살아야 한다. 우리들의 일상적인 삶은 모두 의식의 장에서 펼쳐진다. 의식만이 무의식이 주는 이미지의 의미와 가치를 구체적인 현실 속에서 인식할 수 있다. 살아가는 데 실질적으로 중요한 것은 자아의 의식 세계이다. 의식이 펼치는 세계가 우리 삶의 현장이다.

그러나 한편 무의식에서 멀어져 자의식에만 머물러 살면 어떻게 될까? 삶을 흔들리지 않게 잡아주는 앵커(anchor) 역할을 하는 영혼은 무의식의 영역에 거주하고 있다. 어떤 사람들은 지나치게 밝은 의식과 명철한 지성을 가지고 늘 깨어있음의 긴장 속에 산다. 기계와 같은 삶을 살고 있다. 현대인의 특징이라고도 할 이런 부류의 사람들은 보통 무의식이라는 감정의 샘이 메말라 있다. 그들은 세속적으로 성공했다고 자부할지 모르지만 내적으로는 가난하며 외부적 충격을 받았을 때 이를 완충할 능력이 없다. '의식의 깨어 있음'에만 늘 붙잡혀 있는 사람은 인생을 망친 자들이다. 근원을 잃은 그들은 자신이 하는 일에 의미를 찾을 수 없으며 늘 불안해하며 방황한다. 삶의 가치나 의미는 물론 우리를 위무하는 정동과 생명력은 항상 무의식적 원천에서 나오기 때문이다. 그들은 뿌리 없이 떠밀려 다니는 부초와 같다. 그뿐만 아니다. 한 개인이나 사회집단의 의식이 무의식의 본능적 토대로부터 멀리 벗어나면 반대급부로 그들은 쓰나미처럼 강력한 무의식의 충격을 받게 된다.

무의식의 역할도 중요하지만, 그러나 한편 사람은 절대로 '지혜의 불빛'을 나르는 의식의 기반을 잃어버려서는 안 된다. 불빛을 잃은 자아가 부정적인 무의식적 원형에 동일시되면 의식은 붕괴되고 과대망상적 자아 팽창이 일어난다. 초인 차라투스트라가 그 좋은 예이다. 심하면 병적인 광신자나 정치적 선동자가 된다. 만일 무의식적 욕망과 충동이 의식의 장으로 범람하여 자아를 장악하면 그는 무의식의 내용물에 빙의되어 의식적 정신은 분열되고 광기에 빠져든다. 이런 상태를 조현병(정신분열증)이라고 부른다. 정신병의 요소는 더 이상 무의식을 통제하지 못하는 의식의 분열됨에 있다. 따라서 모든 무의식을 의식 속으로 조화롭게 통합시키는 것이 필요하다. 무의식의 산물들을 자아가 이해하고 동화시키는 것도 중요하지만 그보다 자아를 강화하는 것이 더 중요하다. 무의식을 동화시키는 일도 결국 자아가 나서서 해야 할 일이다.

종합적으로 정리하자면, 의식은 무의식으로부터 멀리 벗어나서도 안 되고 축소되거나 무시되어서도 안 된다. 의식과 무의식의 균형 잡힌 통합은 매우 중요하다. 무의식의 의식화는 전일성(전체성, 개성화)을 이룬다. 인간의 완전성은 무의식과 의식이라는 두 인격이 하나로 전체성을 이루는 통합에 있다. 개성화란 세속적인 삶에서 형성되는 평균적인 인간에서 자신의 고유한 개성으로 되돌아가는 자기실현의 과정이다. 이것은 초기 유아 시절의 어머니에게로의 '성숙한 회귀'를 뜻한다. 무의식은 순수한 자연이다. 되돌아가고 싶은 고향과도 같은 곳이다. 원래의 나로 나는 돌아가야만 한다. 그 길은 매우 힘든 여정이 된다. 열등한 의식기능과 무의식 속 그림자의 힘든 극복, 투사의 의식화와 관조, 나아가 아니마/아니무스와 관계 지으며 원형적 집단 무의식을 헤쳐 나가 자기를 체험하는 길이다. 의식과 무의식의 갈등과 협력 속에 자기를 찾아가는 '자기실현'의 고된 단련 과정을 칼 융은 망치와 모루 사이에서 벼려지는 쇠에 비유하였다.

누미노제

사람이 도(道)의 경지에 도달하려면 금욕과 고행을 통한 수행의 과정을 거쳐야 한다고들 한다. 많은 시간을 들여 노력하여도 도를 깨우치기란 참으로 어려운 것이나. 인간적 이해의 도달 거리 안에서 신적인 변환을 이루기 위해서는 징벌과 고뇌, 그리고 죽음(자아망실)을 겪어야 한다. 진정한 깨우침은 '깨달음'이 아니라 오직 '깨어짐' 혹은 '불타 버림', 즉 경험적 자신의 파멸에서 온다. 실존의 껍데기가 깨어지고 불타 버리면 더 이상 파괴될 수 없는 영혼의 본체라는 자기가 드러난다. 무의식의 가장 심층부에 있는 자기는 어떤 영원한 것으로서 강력한 힘을 가진 영혼의 원형이다. 자기는 그가 가진 자율성과 초월성으로 스스로 전체를 일관되게 유지하는 자력(磁力)과 같은 본성을 가진다. 자기는 공백으로 나타나는 실재계의 존재개념과 비견될 것이다.

도를 깨우친다는 것은 자기에 다다르는 것이다. '자기 원형'은 의식적으로 순간적인 누미노제로 경험된다고 한다. 누미노제는 존재의 성스러움에 두려움과 전율을 느끼며 신비감 속에 매료되는 직관적 체험이다. 그것은 마치 자신의 가장 밑바닥의 확고한 토대 위에 신체적 죽음조차 어찌할 수 없는 어떤 내적 영원성 위에 서 있는 것과도 같은 느낌을 준다(폰 프란츠). 자기와의 합일은 신적인 혹은 우주적인 존재와 하나 됨(主客一如)을 의미한다. 이문열의 소설 『금시조』에서 서화가 고죽은 죽기 전에 자신의 삶이자 자신의 역사와도 같은 작품들을 되사들였다. 그는 자기 목숨이 꺼져가는 순간 그 작품들을 마당에 모아놓고 불을 지른다. 분별적인 것들이 사라지는 찰나에 고죽은 불빛 속에서 날아오르는 금시조의 환영 누미노제를 본다. 그것은 진여(眞如)를 끌어낸 깨우침, 즉 여래장(如來藏)이었으며 헤겔의 절대지(絶對智)였다. 시간도 공간도 사물도 초월한 모든 것의 근원인 우주의 생명 자연의 빛을 본 것이다. W. 벤야민은 경험적인 것을 태우는 불길 속에서 깨우침이 아름다운 빛으로 날아오름을 다음과 같이 묘사한다.

> 이념들 속으로 들어온 껍질들이 타오르고, 그것을 태워버리면서 그것은 최고의 빛을 발하게 된다.

그러나 내가 알기로 광태 도사는 그런 증득(證得)의 행로와는 거리가 한참 먼 사람이다. 광태는 정신병리학적으로 다른 길로, 말하자면 신들림(빙의)이라는 옆길로 유사 누미노제적 경지에 다다랐을 터였다. 무아지경의 극적 순간은 득도의 경지이기도 하지만 광기의 한 형식이기도 하다. 개성화를 설명하는 칼 융에게는 실례가 되는 말이지만 신들림이란 영혼 속의 신적인 것, 즉 집단적 무의식 가운데 고약한 것들이 원시적인 방법으로 의식계로 커밍아웃하는 것인지 모른다.

광기의 폭력성

의식이 병적인 상태가 되면 무의식 속의 인격화된 형상들이 의식 속으로 침범한다. 무의식의 원형적 방식은 중립적인 것이 아니기 때문에 의식이 이들을 동일시하면 비정상적인 인격의 변화가 일어난다. 무의식적 감정에 자신을 맡겨버리면, 무의식의 부정적 난폭성이 자신을 산산이 부숴버릴 것이다. 반대로 의식이 그 감정(무의식)을 과도하게 억압하면 그는 신경증에 걸려들게 된다.

인간은 어쨌든 동물이다. 현대인은 자신이 동물이라는 사실을 망각하고 있다. 인간 속의 동물성이 광기다. 그 동물성 혹은 야만적 본능이 깊은 무의식층에서 발로하여 의식을 쓰나미처럼 휩쓰는 것이 광기요 정신병이다. 미치면 그의 자의식은 분열되고 그는 본능과 야만이 지배하는 짐승의 수준으로 전락한다. 그 폭력적인 야만성은 인간을 엄습하면서 인간의 내면에 감춰진 진실을 자신에게 드러내 준다. 광기는 비의적(祕儀的)인 동시에 모름, 즉 죽음의 앎이다. 이 앎은 지금 여기 현실과 관계없고 우리의 언어로 통하지 않는 비밀과도 같은 어둠에 휩싸인 무의식의 내용이다. 무의식은 의식적 자아가 아는 앎이 아니다. 나도 모르게 의식에게 알려지는 그 무엇이다. 꿈이나 명상에서의 현시(顯示)와 무관한 영원의 앎이 상징적 암시를 주기도 하지만 광인은 이 환상(망상)을 현실로 지각한다. 무의식이 현실이 되어버리는 것이다. 다시 말하면, 무의식은 숨겨져 있지 않고 주체를 점령하기 때문에 자아와 무의식 간의 구분이 없어지면서 주체성은 붕괴된다. 무의식이 의식화되고 무의식은 없어진다. 그는 현실과 괴리되어 완전히 다른 세계에서 다른 개체가 된다. 정신병자는 우리와 같은 언어를 쓰지만 그들의 문법은 우리의 것과 다르다. 그들의 문장은 질서 지어진 의미작용으로서의 담화가 아니어서(상징화되지 않는 문자로서, 즉 실재의 언어로여서) 인형들처럼 고독하게 조잘거리며 횡설수설로 들린다. 광기는 충동(특히 죽음충동)과 결합하면서 유령처럼 주체를 파편화한다.

광기는 금지된 앎이지만 매혹적이다. 이 내적 흥분, 본질적 광란은 전염성이 강하다. 어느 시대 어느 곳에서나 광기는 인간을 현혹시키고 유혹해 왔다. 광기는 다가가고 싶은 신성의 다른 얼굴이다. 우리 모두 미치고 싶다. 저 너머 실재계의 신성(神性)의 앎에 휩싸이고 싶다. 자신을 버리고 신과 하나이고 싶다. 니체식으로 말하면 디오니소스적 도취와 광분이다. 그 비밀스러운 신성은 부정적이고 폭력적이며 무질서하고 유해하다.

신화의 발생

태곳적 유년기 인류는 원시적이었지만 또한 그러하였기에 그들은 신의 영역에 함께 있었다. 그때 그곳에는 인간과 신과 세계가 함께하는 친숙한 드라마가 펼쳐졌었다. 인간은 신이 만든 세계, 곧 자연을 객관적 실재가 되게 하는 역할을 하였다. 온갖 아름다운 것을 아름답게 보아 주는 존재가 인간이었으며 경이로움과 잔혹한 공포 앞에 놀라며 고통스러워하는 자도 인간이었다. 인간이 있었기에 자연은 드러났고 살아 숨 쉬었다. 인간은 신에 이어 제2의 세계를 재창조하는 존재였다. 신은 하늘에 있었고 인간은 대지에 있었으므로 인간의 의지와 의도보다 신의 신비한 섭리가 저 높은 곳에 먼저 있었다.

인간은 신과 함께 살았다. 그들이 보기에 하늘을 지나가는 태양은 황금마차를 탄 신이었다. 고대 원시인들은 높은 산봉우리나 지붕 위에 올라 해돋이나 해넘이 때 그 신을 맞이하며 그들만의 독특한 방법으로 신과 대화하였다. 신과 나는 남이 아니라 친숙한 관계였다. 태양은 뜰 때와 질 때 신으로 모셔졌다. 즉 내가 그를 '신이여' 하고 부를 때 그는 나의 신이 되었던 것이다. 신과 나는 종속의 관계라기보다는 나의 영향력이 미치는 상대적 관계였다. 신과의 '나와 너'라는 유대감이나 동일시는 인간에게 신적 위엄을 부여한다. 신과 함께 하였으므로 인간은 지극히 숭고하였고 누미노제(신성)를 간직하게 되었다. 사람들은 새벽잠을 거스르고 지리산 정상이나 동해 바닷가에서 일출을 맞는다. 하늘과 대지와 신의 사방세계 속에서 인간의 지위는 영원히 신과 함께할 것이다.

과연 신은 어디에 있는가? 높은 하늘 구름 위에 앉아있는 old man인가? 신은 내가 인식하므로 그 신은 사실 내 안에 있다. 내 마음속의 신성이 객관화된 것이 신이다. 바꾸어 말하면, 신은 나의 신성(神性)이 의인화된 것이다. 인간 안의 신이요 신 안의 인간이다. 신과의 이야기는 신화로 간직되었다. 이 신성과 신화는 인류에게 성배와 같은 유산이다. 세상이 어떻게 바뀌어도 그 유산은 마음속 깊은 곳에 집단적 무의식의 원형(archetype)으로서 자손 대대로 전수되어 왔다. 성배는 죽은 과거의 역사로서가 아니라 살아있는 현재와 다가올 미래로서 우리 누구나가 마음속에 품고 있다. 그 성배가 곧 원형적 자기요 다이몬(신)이다. 무의식 원형은 신화적 상징들을 포함한다. 이 원형적인 인격들은 보통 사람들에게 전혀 알려지지 않은 신화적인 사상들과 연결을 맺고 있다. 무의식의 발로(의식화)라 할 수 있는 광증에는 신화적 상징들이 연동(聯動)한다. 무의식의 밑바닥에서 올라오는 신화적 상(像)을 만난다는 것은 매우 위험하다. 광적인 상태에서 의식화되는 원형적 인격들은 섬뜩한 가면이나 귀신과도 같다. 그것들은 의식의 세계에 이방인으로서 광기의 두려움을 퍼뜨리는 침입자로 남는다.

신과 같이 살았던 원시인들은 지적으로는 미개하였으나 위엄과 자기 확신 속에 살았다. 고대 원시인들은 신과 교감하는 영혼을 믿었으나 현대인들은 그것을 거의 무시한다. 오늘날 고도로 발달한 과학 위주의 합리주의와 이성주의 나아가 교조주의에 경도된 현대인들은 오로지 이성이나 지식으로 삶의 의미를 찾으려 한다. 그러나 가치나 의미는 영혼의 뿌리에서 구현되는 것이지 이성이나 지성에서 찾아지는 것이 아니다. 현대인들은 신과 신화를 잃어버렸다. 무의식의 상징으로 기능하는 신을 잃으면 삶의 가치를 잃는다. 신화는 성인들이 간직해야 할 영혼의 충전물이다. 이성중심주의의 인간들은 삶의 허무함과 불안에서 벗어날 수 없다. 이성의 앎보다 감성의 방황이 더 심각한 것이다. 먼 과거에는 무의식이 의식을 분열시키는 정신분열증이 흔하였으나 근대 사회에서는 삶의 가치 상실로 일어나는 염세주의적 허무주의의 소산으로 우울증과 같은 신경증이 범람한다.

신성(神性)

고대 원시시대에서 신은 잔혹하고 폭력적인 무소불위의 절대 권력자였다. 어떤 위대한 인간 영웅보다 잔인한 야수가 더 떠받들어졌고 신성시되었다. 원시 종교에서 신은 항상 피를 요구하였으며 신을 만나기 위해서는 희생제물이 필요했다. 신(엘로힘)은 아브라함에게 그의 아들 이삭을 희생제물로 요구하였고 폭력적 신성은 예수 그리스도의 십자가 처형을 요구하였다.

잔혹하고 폭력적인 원시 신앙에 윤리적 의미를 부여하고 도덕을 들여놓은 것은 칼 야스퍼스가 말하는 소위 축의 시대(기원전 900~200년)에 나타났던 현자들이었다고 카렌 암스트롱은 주장한다. 하느님, 니르바나, 브라만, 그리고 도(道)가 그들의 신령(神靈)에 자리 잡았으며 그리하여 종교는 사랑과 자비가 되었다. 서구 전통 기독교는 사랑과 동시에 죄를 벌로 다스리는 신을 모셔왔다. 그러나 인간들은 그들이 만든 교회를 통하여 악한 신은 추방하고 착한 신만을 만나려 하고 있다. 신성(神性)에 대한 칼 융의 이야기를 들어보자. 이는 '좁은 문'이 생명에 이르게 한다는 복음과 일치한다.

위험에도 불구하고 저지르는 위반만이 신성의 세계로 문을 열어 준다. 이것은 신성이 순결한 신성(神聖)과 악, 즉 불경(不敬)으로 구성되어 있음을 시사한다. 방탕아가, 죄지은 자가 무기력한 인간보다 神性에 더 접근한다. 오늘날 악마의 존재에 대해 무관심해졌다. 이는 악마, 즉 검은 불순한 神聖은 언급할 필요조차 없어졌다는 의미이다. 이제 神性은 神聖일 뿐, 그 안에 저주받을 것이 없다(『원형과 집단 무의식』, C. 융).

신의 본성으로부터 악마(폭력성)가 사라질 수 있을까? 인간이 만들어온 기독교 교회는 어둠과 악의 실체를 신성으로부터 추방하였다. 추방된 악마(사탄)는 사멸되지 않고 인간 속으로 기어들어 왔다. 이제 사악함은 신의 책임이 아니라 인간의 책임이 되었다. 악은 선의 부재나 결핍이 아니다. 선과 악 둘 다 우리 몸 안에 존재하고 있으므로 어느 것이 나서느냐에 따라 선행과 악행이 나타난다고 할 것이다. 사악함을 뒤집어쓴 인간은 그것에 대항하기는커녕 도리어 그 악마에게 달콤한 말로 속삭인다.

"넌 선에 비해 그리 나쁘지 않아. 너는 진보의 효과적인 도구야. 때로는 네가 필요해."

그렇게 뱀파이어가 된 사악한 인간들은 피의 역사를 기록하였다. 애초에 입증할 수 없는 신이라는 초월적 존재를 인간의 이성으로 일자로 상정하려는 데서부터 잘못이 시작되었다.

신을 만나려는 인간의 광기

인간은 그들의 신에게 굴복하기도 하였지만 한편으로 접근하고자 하였다. 인간들은 그 야만적 폭력성의 신을 만나기 위해서는 그들이 지켜왔던 금기를 깨어야 했다. 금기란 어떤 특정한 행위를 엄격히 금지하는 것으로 살인 금지나 성행위 금지가 그 예들이다. 그들은 금기를 깨거나 방임하여 신을 만나려 하였다. 금기를 깸으로서 신—어쩌면 자기 내면에 있을지도 모를—에 접근하려는 것이다. 종교 의식에서 살인 금시를 깨는 희생제의(犧牲祭儀)가 그것을 반증한다. 고대 원시시대에 당연시되었던 속죄양과 같은 동물희생은 살인 금지를 위반하는 보편적인 종교 관행이었다. 그 희생제의의 잔재는 오늘날까지 남아 있다. 인육을 먹는 데서 기원되었다는 카니발 축제나 고대 그리스에서의 디오니소스적 주신제는 금기를 깨는 광란의 유희였다. 광란의 주연(酒宴)은 불길한 쪽에서 효과가 나타나며 파괴와 미망(迷妄)과 탈주를, 그것도 지극히 위험한 극도의 일탈을 부른다. 디오니소스 축제는 단순히 술 취하고 노래하며 춤추는 정도가 아니었다. 광란의 디티람보스 축제에서는 망아지경의 인간이 그의 내면 깊숙한 야만적 파괴적 본능에까지 내려가—기록에 의하면—난교와 수간(獸姦), 심지어 모친 살해까지 벌어졌다고 한다. 그곳에서는 고통이 쾌락으로, 기쁨이 경악으로, 상실이 습득의 즐거움으로 변화는 감정의 이중성이 공속하였다. 망아지경에서 모든 개별화와 이중성은 사라진다. 그것은 죽음과 신성에 다가가는 광기였다. 신성은 항상 폭력성과 동물적 야만성을 대동한다. 금기 위반의 광란은 파괴와 잔인성을 통과하는 신성체험이었다. 신과의 동일시를 통하여 느끼는 야만적 엑스터시는 피안(彼岸)에서 신이 되는 경험이었다.

성스러움과 폭력성은 공속한다. 르네 지라르는 성스러움을 '인간이 그것을 잘 지배할 수 있다고 믿을수록 더 확실히 인간을 지배하는 모든 것'이라고 하였다. 성스러움은 모든 것을 쓰러뜨리는 폭력성을 내재한다. 신이 아니라 인간의 내면에 감추어져 있는 폭력성도 역시 성스러운 것이다. 성스러움의 핵심과 본질을 이루고 있는 것은 폭력이다. 위험한 이 폭력성을 희생제의가 감추어 준다. 희생제물은 인간 속에 내재하는 폭력을 숨기는 방법으로, 바꾸어 말하면 복수할 능력이 없는 약한 희생양을 바침으로써 그들의 폭력성을 누그러뜨리고 숨겼다는 것이다. 만만한 양이 폭력의 배출구 역할을 한 것이다. 양을 잡기 전 인간은 양에게 용서를 구하고 그를 애도하였다. 부족 내의 모든 갈등과 고난들은 희생제물로 전이되었으며 제사 후 부족의 단합과 결속을 이루어낼 수 있었다.

희생제의에 대한 또 다른 견해도 있다. 남미 아즈텍 제국들이 벌인 전쟁은 영토 싸움이 아니었다. 신에게 바칠 포로들을 확보하기 위해서였다. 포로 혹은 노예들은 신에게 바쳐지는 영예로운 꽃이었다. 심지어 경쟁에서 이긴 자들이나 왕이 기꺼이 제물로 나서기도 했다. 이 모든 것들은 광기에서 비롯되었다. 그들에게 희생제의는 세계의 존재와 질서를 유지하는 힘이 고갈되었을 때 그 힘을 재생하는 방법이었다. 적의 인육을 먹는 관습은 그들의 영혼을 부여받아 고갈된 에너지에 신성한 활력을 되찾고자 함이었다. 이것은 삶과 죽음, 창조와 파괴가 서로 얽혀 있다는 원시적 믿음에서 비롯하였다. 그들에게서 희생 혹은 파괴는 삶과 창조로 이어진다. 죽음이 부활로 이어지는 것이다. 새로운 것은 항상 죽음 뒤에 오며 죽음에는 반드시 새로운 생명이 탄생한다. 이러한 관점에서 보면 폭력과 희생을 어찌 단순한 정신병적 광기로만 치부할 수 있겠는가! 프로이트는 광기를 삶의 충동(libido)과 죽음충동(thanatos)과의 신화적 싸움으로 보았으며 그 광기는 결국 자신을 파멸로 이끈다고 하였다. 우리 누구나 잠재된 광기를 가지고 있다. 대부분이 인간들은 이성과 지혜로 광기의 유혹을 이겨내지만, 광인은 그의 순진함과 어리석음으로 광기와 교우한다, 그래서 광인을 어리석은 광대 혹은 우신(遇神)이라 부르기도 하였다.

광기의 역사

미셸 푸코의 『광기의 역사』에 의하면, 르네상스시대(15~16C) 이전의 광기는 우주 질서에 대한 하나의 직관적 인식으로서 비극적이고 우주적인 경험으로 받아들여졌다. 그것은 차라리 신비스럽고 비밀스러운 앎이었다. 그러던 것이 시대의 흐름에 따라 인간에게 도덕적 비판적 의식이 강해짐에 따라, 광기 혹은 광인은 자기 내부의 정신이 돌아버린 사람(또라이)에 지나지 않으며 맛이 간 폐인으로 점차 평가 절하되었다. 광인들은 쓸모없고 귀찮은 존재로 인식되며 급기야 배에 실려 강제로 추방되었다. 광인의 배는 라인강 일대를 떠돌았으며 그들은 아무도 반기지 않는 처량하고 불쌍한 신세가 되었다. 그 후 광인들은 백치들이나 죄인들과 함께 시설에 감금되어 비참한 생애를 감호소에서 마감해야 했다. 백치들이나 죄인들은 교화하여 세상에 내보내도 되었지만 환원 불가능한 광인은 죽을 때까지 격리되어야만 했다. 대감호소가 병동(병원)으로 변하여 의사와 간호사의 보살핌을 받게 된 것은 최근에 와서야 이루어졌다. 이처럼 광기의 에피스테메는 시대에 따라 그때의 담론에 따라 큰 차이를 보이며 변천하였다.

히에로니무스 보스, 「바보들의 배」, 1490~1500년경.

누가 미쳤는가?

이성과 비이성의 경계는 정상과 비정상의 경계가 그러하듯이 명확하지가 않다. 우리 주변에 겉으로는 멀쩡해 보이는 비이성적인 사람들이 부지기수로 많고 비이성적인 듯하나 사실 올곧은 사람도 드물지 않다. 다수는 정상이고 소수는 비정상이라고 말할 수도 없다. 정상이라는 범주는 일반적으로 보편적 다수를 말하며 그 다수는 힘과 권력을 갖지만 그 내용은 보통 어리석으며 평균적인 수준은 낮다. 우리는 수시로 이성과 비이성 혹은 정상과 비정상의 영역을 넘나들며 살고 있다.

심리학적으로 말하면 모든 인간들은 신경증적(히스테리적이거나 강박적)이라고 말할 수밖에 없다. 어느 누구도 개별자로서 비정상 혹은 심지어 광기로부터 자유롭지 못하다. 광기와 예술 사이 혹은 깊은 신앙심과 광신 사이의 경계가 분명하지 않으며 중첩되는 수도 많다. 경계가 있는지도 확실하지 않다. 차라리 인간은 비이성과 비정상이 함께 버무려져야 정상적으로 살 수 있다. 미쳐버리면 그는 순백의 세계를 살게 된다. 뒤집어 말하면 순백의 세계는 광기에 근접해 있다는 말이다.

중심과 주변, 현존과 부재, 자연과 관습, 현실과 이미지, 밝음과 어둠, 남성과 여성, 정신과 육체, 일치와 차이, 거짓과 진리, 선과 악, 심지어 삶과 죽음까지 모든 이항대립이나 이분법적 사유방식은 차별과 배제를 일으킨다. 그러나 이러한 대극들은 상호 배타적이 아니라 도리어 서로 상관적이며 호혜적이다. 밤이 없으면 낮도 없고 죽음이 없으면 삶도 없다. 이항대립으로 나타나는 요소들은 대척의 관계를 떠나 본질적으로 다르지 않으며 대립쌍들이 융합될 때 안전성이 보장된다. 삶의 현실은 이러한 대립들이 겹치는 회색지대에 놓여 있으며 그 양의성은 존중되어야 한다.

우리는 주체로 살지 못한다. 우리들의 일상적 삶은 타자의 욕망과 그들이 펼쳐놓은 질서와 관습이라는 제도에 종속되어 있다. 그러나 미시적으로 보면, 그럼에도 불구하고 그 속에서 사람들은 자기의 관점에 따라 각기 다른 생각과 느낌을 가지며 각자의 고유한 방식으로 삶을 꾸리고 있다. 그러므로 삶을 살아가는 데 정당한 혹은 표준화된 기준이 따로 있을 수 없다. 각자 삶의 다양성이 다채롭고 아름다울 뿐이다.

살 그리고 사랑

소프라노가 내는 천상의 목소리나 무용수가 짓는 춤 동작은 모두 몸에서 나온다. 그것을 듣고 보는 우리는 의식을 동원하여 그 의미를 알아차리기에 앞서 우리 몸이 먼저 감응하고 지각한다. 연인의 감미로운 입술이 나를 무한히 행복하게 한다. 노모의 앙상한 손길이 딸의 고뇌를 어루만지며 우는 아기는 젖내 나는 엄마의 가슴을 만지며 울음을 멈춘다. 몸이 느끼는 감각이 영혼을 치유하는 것이다. 거기에 어떤 지혜로운 지성이나 반성과 해석이 필요하지 않다.

영혼이 깃든 몸은 이성이 모르는 신비한 능력을 가지고 있다. 몸이 취하는 감각은 어떤 것보다 앞서며 인간의 언어가 아닌 다른 무엇으로 감응한다. "우리 몸은 정신보다 훨씬 많은 것을 알고 있다." 메를로퐁티의 유명한 말이다. 퐁티는 "나는 나의 신체이며 내 몸이 지각한다."라고 말한다. 몸은 마음에 앞서 있다. 의식이나 학습에 의한 경험에 앞서 우리 몸이 감각으로 세계를 체험하며 그들과 소통한다. 쾌락도 근본적으로는 정신보다 신체가 즐긴다. 사랑하고 사랑받으면 활짝 핀 백합처럼 얼굴이 피어난다. 세상에 이보다 더 자연스럽고 이보다 더 아름다운 것이 또 있을까? 비단 인간들에서뿐만 아니다. 인간과 세계, 즉 모든 존재자들 사이에는 들숨과 날숨이 있다. 밭에서 자라나는 농작물은 농부의 발길을 느끼며 화초는 음악에 반응한다. 농부는 작물을 닮고 작물은 농부를 닮는다.

눈에 보이는 모든 존재자들은 눈에 보이지 않는 의미를 가진다. 즉자적 실존에서 대자적 실존으로의 추이는 동물이나 인간에게 국한되는 것이 아니다. 그러한 대자적 실존은 순전히 내적 체험이다. 그것은 선(先)의식적이요 선반성적이다. 몸과 세계가 함께 살아 숨쉬는 근원적인 상태를 퐁티는 살(la chair)이라고 하였다. 너와 내가 살로서 만나는 회색지대에는 주체와 객체가 따로 구분되지 않으며 전체와 부분을 구별할 수 없다. 이분법이 사라진 그곳에 참존재의 관계가 있다.

"말씀이 사람이 되시어"는 살의 개념이다. 신의 말씀 로고스는 성자 예수 그리스도의 몸을 통하여 인간에게 전달될 수 있었다. 그러므로 성자께서는 사람의 아들인 동시에 하느님의 아들이시다. 성찬예식에서 '이것은 너희를 위하여 내어줄 내 몸이니라'라며 그리스도의 몸 성체를 나눠준다. 그 몸을 먹고 그 몸과 함께하며 한 몸이 된다. 이 몸은 너와 나의 관계이며 사랑의 나눔이다. 하느님은 육화된 살이 주는 사랑으로서 현성용(顯聖容)하는 것이다.

퐁티에 의하면, 살은 물질도 정신도 실체도 아니다. 이 비가시적(非可視的)인 살은 진정한 존재 유형이요 존재 방식이다. 형체나 의식 이

전의 '기관 없는 신체', 즉 원형질 같은 근원적인 것이다. 살은 모든 지각적 경험의 원리이며 본질로서 일반적인 진리로 발전한다.

이성이나 의식은 인간의 본질이 아니다. 인간들이 스스로를 '이성적 동물'이라고 자부하는 것도 가소로운 과대평가이다. 인간은 그렇게 이성적이지 않을뿐더러 이성이 시키는 대로만 살지 않는다. 이성적 합리주의를 자처하는 인간들의 행위는 어리석고 어중간하며 자기 혼란에 빠져들기 쉽다. 니체의 통찰대로 이성은 몸이 만들어 내는 본능적 충동과 정동을 다스리기는커녕 사후 변명과 의식적 합리화, 나아가 거짓이나 위조에 이용되기 일쑤다. 우리는 코기토가 주는 판단에 못지않게 몸이 주는 지각을 따라야 한다. 현존재는 어디까지나 살로서 세계와 함께 존재하기에 호모사피엔스는 고귀하고 성스럽다.